PHYSIK

Band 7/8

Gymnasium
Niedersachsen

Schroedel

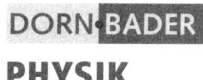

PHYSIK

Band 7/8

**Gymnasium
Niedersachsen**

Herausgegeben von
Heinz-Werner Oberholz

Begründet von
Prof. Dr. Franz Bader, Prof. Friedrich Dorn †

Bearbeitet von
Dirk Blaß
Peter Drehmann
Gunnar Friege
Ruprecht Eysholdt
Heinz-Werner Oberholz
Werner Wegner
Holger Wendlandt

© 2015 Bildungshaus Schulbuchverlage
Westermann Schroedel Diesterweg
Schöningh Winklers GmbH, Braunschweig
www.schroedel.de

Druck A[1] / Jahr 2015
Alle Drucke der Serie A sind im Unterricht parallel verwendbar.

Redaktion: Armin Kreuzburg
Grafiken: Dirk Hinrichs, Liselotte Lüddecke, newVISION! GmbH, Domke Grafik,
diGraph Medienservice Fontner-Forget
Umschlaggestaltung: elbe-drei, Hamburg
Typografie, Layout und Satz: Fa. Lithos, Dirk Hinrichs, Wolfenbüttel
Druck und Bindung: westermann druck GmbH, Braunschweig

ISBN 978-3-507-86772-7

Inhaltsverzeichnis

Energie

Die mit „▪" gekennzeichneten Seiten beinhalten ergänzende Vertiefungen, Themen und Projekte.

Mechanik

Elektrik

Anhang

„Wenn du eine ausführliche Antwort haben willst, dann hole Papier und Bleistift", sagt Ingas Opa immer, wenn sie mit einer Frage zu ihm geht. Meistens muss sie bei der Suche nach der ausführlichen und verständlichen Antwort auch noch ein Lexikon oder ein bestimmtes Buch aus dem Bücherschrank holen.

So ein idealer Opa steht nicht allen und meist auch nur selten zur Verfügung. Aus diesem Grund ist es hilfreich, wenn du früh lernst, Antworten auf deine Fragen selbst zu suchen.

Dieses Physikbuch ist dafür geschrieben, dir ausführliche und verständliche Erklärungen zu liefern. Es ist also vorteilhaft, wenn du dich in deinem Physikbuch gut zurecht findest.

Im **Inhaltsverzeichnis** dieses Buches findest du die Themen für all das, was du am Ende deines Physikunterrichts der Klassen 7 und 8 von Physik verstehen sollst und wo im Alltag du die Physik wiederfindest.

Physikbücher enthalten ganz hinten auch ein **Stichwortverzeichnis** ① – das ist ein alphabetisches Verzeichnis der Wörter, die man benutzt, wenn man über die behandelten Themen redet. Dort findest du zu jedem Wort eine oder mehrere Seitenzahlen. Sie sagen dir, wo du das Wort im Buch wiederfindest.

Auf manchen Seiten findest du ganz unten den Hinweis www.dorn-bader.de ➜, gefolgt von einem kurzen Code ②. Hier kannst du über das Internet vertiefende Informationen oder Hilfen finden.

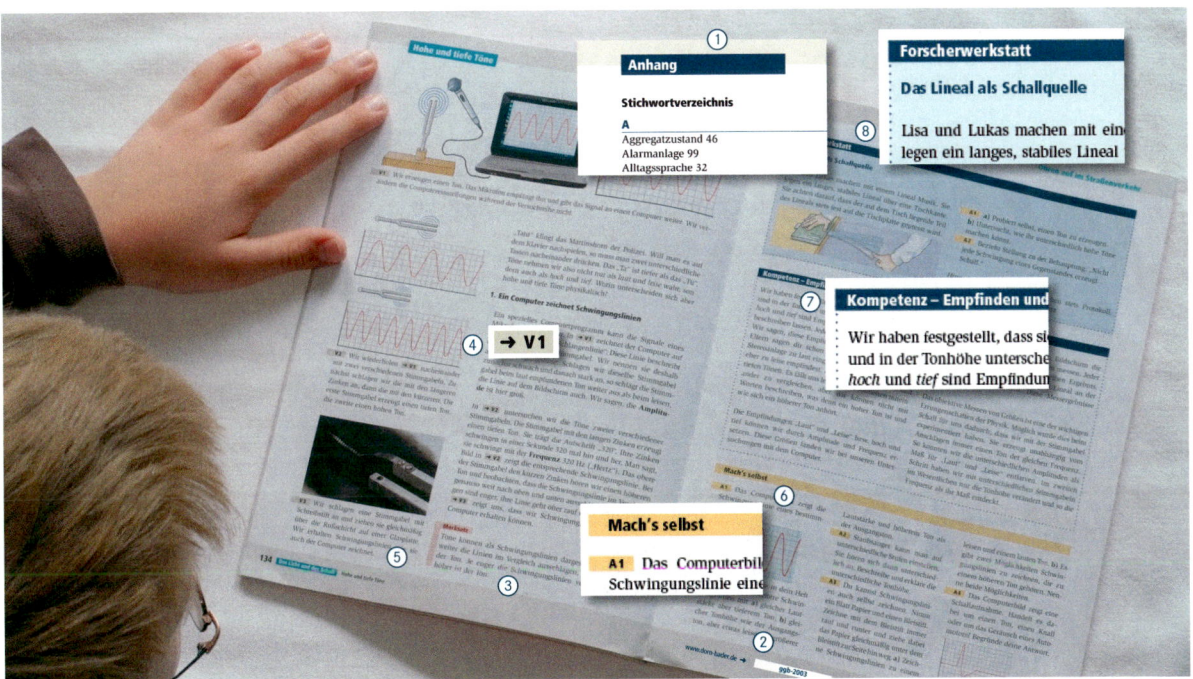

Der Text auf einer Seite ist meistens in eine Hauptspalte und eine Nebenspalte aufgeteilt.

➜ In der **breiten Hauptspalte** ③ findest du die Hauptgedanken zu einem Thema: Was wollen wir wissen? Welche Überlegungen müssen wir anstellen? Welche Ergebnisse finden wir durch Experimente?

➜ Ein Pfeil ➜ ④ in der Hauptspalte lenkt dich zu Experimenten in der **schmalen Nebenspalte** ⑤. Sie sind für das Verständnis von Physik unentbehrlich. Dort findest du auch erläuternde und unterstützende Bilder und Tabellen.

Aufgaben findest du unter den **Mach's selbst** ⑥ Kästen in der rechten Außenspalte.

In blau gerahmten Kästen findest du zusammengefasst, was du an Können (**Kompetenz**) ⑦ erworben hast.

Für zusätzliche Physikstunden findest du **Vertiefungen**, Lesetexte mit interessanten **Informationen und Projekte** für eigenes Experimentieren. Zudem findest du **Ergänzungen** und **Forscherwerkstätten** ⑧ mit weiteren Experimenten und Hinweisen zum Unterrichtsthema.

Energie

Das kannst du in diesem Kapitel erreichen:

■ Du kennst die physikalische Bedeutung des Begriffs Energie.

■ Du benutzt Temperaturerhöhung als Merkmal für die Zunahme der inneren Energie eines Körpers.

■ Du kannst erläutern, wie ein Flüssigkeitsthermometer funktioniert und wie man Thermometer richtig benutzt.

■ Du schreibst klar gegliederte Versuchsprotokolle.

■ Du wirst Energieabnahme bei einem Körper immer mit Energiezunahme bei einem anderen Körper in Verbindung bringen.

■ Du nennst Beispiele dafür, dass Energiezufuhr nicht nur Temperaturerhöhung bedeutet.

■ Du stellst die Wege der Energie mit Energie-Übertragungsketten dar und berücksichtigst dabei die Erhaltung der Energie.

■ Du erklärst an realen Vorgängen, dass Energie in die Umgebung strömt und dort nicht mehr genutzt werden kann.

■ Du kannst erklären, warum man das „Verkrümeln" von Energie in die Umgebung nur behindern, nie aber ganz verhindern kann.

A1 Findet Bildunterschriften zu den obigen Bildern.
Eine Recherche unter www.kinder.niedersachsen.de/natur/energie-in-niedersachsen kann helfen.

A2 Sammle eine Woche lang Überschriften in Tageszeitungen, die etwas mit Energie zu tun haben. Sortiere die Überschriften und begründe die gewählte Einteilung.

A3 Sucht Beispiele dafür, dass die von 1900 bis 2000 eingetretenen Veränderungen der alltäglichen Lebensweise sehr oft mit Energie zu tun haben. Beschreibt positive und negative Auswirkungen.

A4 Viele Bequemlichkeiten unseres heutigen Lebens hängen mit Energie zusammen, z. B.
• immer eine warme Wohnung haben,
• ohne Mühe von A nach B reisen,
• körperliche Anstrengungen vermeiden,
• Information und Unterhaltung überall verfügbar zu haben.
Sucht Beispiele und lasst euch von Eltern und Großeltern Unterschiede zwischen früher und heute berichten. Stellt eure Ergebnisse auf einem Poster dar.

A5 Lass dir zuhause erklären, welche Energiekosten vom Familieneinkommen zu bezahlen sind.

A6 Sammelt und ordnet euer Wissen über die verschiedenartigen Leuchtmittel, die in euren Wohnungen in Lampen verwendet werden.

Glühlampe
Energiesparleuchte
Halogenleuchte
LED-Leuchte

A7 Führt Interviews durch: „Warum heißen Energiesparlampen Energiesparlampen?" Stellt die Ergebnisse auf einem Poster dar.

A8 Die Idee einer Solarheizung für die Fingerspitzen stammt aus der ZDF-Sendung Löwenzahn. Erkläre, wie diese Heizung funktioniert.
Sei vorsichtig, wenn du sie ausprobierst, es kann schnell heiß werden.

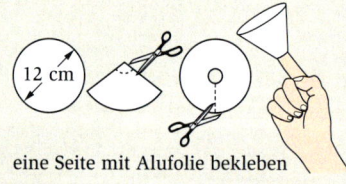

12 cm

eine Seite mit Alufolie bekleben

A9 Welcher der beiden Schneebälle schmilzt schneller?
Vergleicht eure Erfahrungen und entwickelt begründete Vorhersagen.

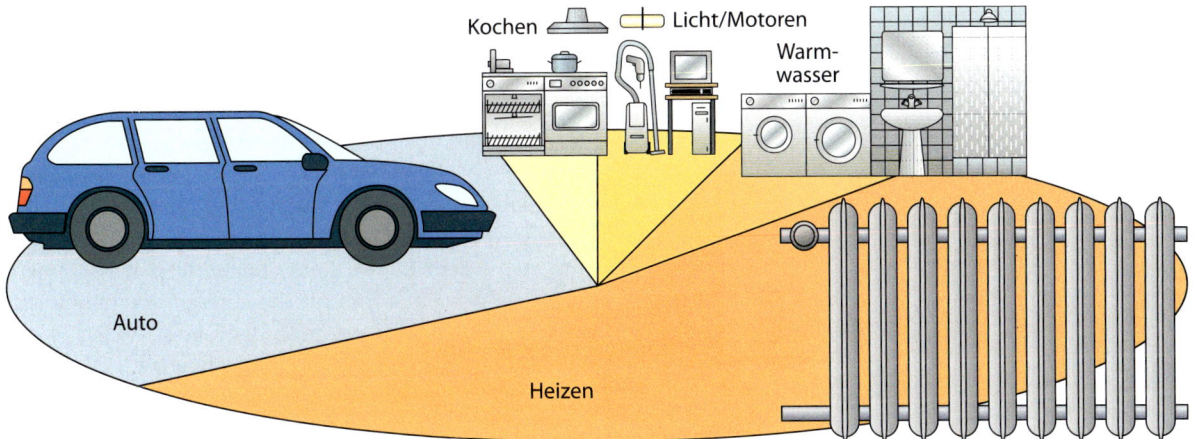

Kochen Licht/Motoren Warm-wasser

Auto

Heizen

B1 In jedem Haushalt wird Energie genutzt.

1. Energie – alltäglich und physikalisch

Energie kennen wir aus dem Alltag. In jedem Haushalt werden Elektrogeräte mit Energie versorgt. Autofahrer tanken Benzin und kaufen so Energie. In vielen Häusern wird in einem Heizkessel Öl oder Gas verbrannt.

Energie muss bezahlt werden. Bei jeder in → **B1** dargestellten Energienutzung wird irgendwo gemessen und berechnet: an der Tankstelle, am Gaszähler → **B2** , am „Stromzähler" → Vertiefung. Auch unsere Nahrung müssen wir bezahlen.

Energienutzung im Alltag hat oft mit *Beleuchten, Erhitzen, Bewegen* zu tun. Dahinter verbergen sich die Bequemlichkeiten, auf die niemand verzichten mag. Wir können darüber in zweierlei Hinsicht reden.
1. Im Alltag ist wichtig, dass für den gewünschten Zweck Energie zur Verfügung steht und bezahlt werden kann.
2. Die Physik fragt auch, wo die Energie herkommt und wo sie bleibt, wenn sie etwa beim Erhitzen unseres Duschwassers ihren Zweck erfüllt hat. Oft wird uns in der Physik der Weg der Energie interessieren.

2. Temperaturerhöhung bedeutet Energiezufuhr

Was ist die Ursache, dass unser Duschwasser erhitzt wird? Wir wagen eine Behauptung:

Beim Erhitzen wird dem Wasser, (aber auch jeder anderen Flüssigkeit, jedem Körper) **Energie zugeführt**. Wir denken uns: Die Gasflamme liefert die Energie, das Wasser bekommt die Energie. Ob diese Annahme hilft, Naturphänomene und Beobachtungen an Experimenten zu beschreiben und zu verstehen, muss sich zeigen. Wir schauen uns dazu andere Vorgänge an, bei denen auch im Alltag von Energie die Rede ist.

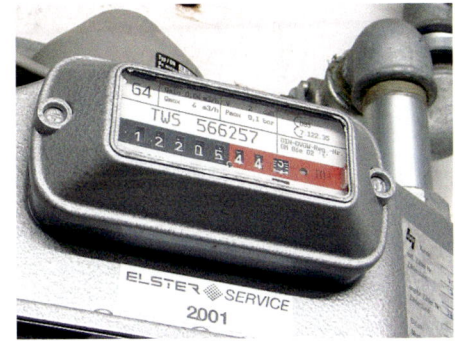

B2 Der Gaszähler misst die gelieferte Gasmenge.

Vertiefung

„Energie aus der Steckdose" wird im Alltag als *elektrische Energie* in *Kilowattstunden* gemessen. Von „Strom zählen" kann dabei keine Rede sein.

Kilowattstunden

Wo mit Gas gekocht oder geheizt wird, findet man auf der Abrechnung die Umrechnung in Kilowattstunden. Auf die *mit dem Gas gelieferte Energie* kommt es an!
Die mit der Nahrung aufgenomme Energie wird nicht in Kilowattstunden gemessen. Du findest Angaben darüber in Kilojoule (kJ) oder in Kilokalorien (kcal):
3.600 Kilojoule = 1 Kilowattstunde.
1 Kilokalorie = 4,19 Kilojoule.

B1 Auf dem Campingplatz wird Wasser auf dem Gaskocher erhitzt.

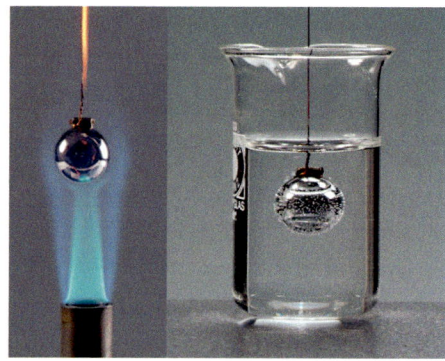

V1 Die Eisenkugel wird in der Gasflamme erhitzt und anschließend in das Becherglas mit dem kalten Wasser getaucht. Jetzt kann man mit dem Finger die Temperatur testen – die des Wassers und die der Kugel.

3. Beim Erhitzen nimmt die innere Energie zu

Wir stellen uns vor, dass die zugeführte Energie im Inneren eines Körpers steckt und sagen deshalb, beim Erhitzen hat die **innere Energie** des Körpers zugenommen.

Bei ➜ **B1** erhitzt die Flamme erst den Topf, dann den Inhalt. In der Energiesprache heißt das: Erst wird dem Topf Energie zugeführt, dann dem Inhalt. Beide haben jetzt mehr innere Energie. Es sieht so aus, als ob die Energie weitergereicht würde – von der Flamme zum Topf, dann zum Wasser ➜ **Vertiefung**. Wie sagen wir das in der Energiesprache?

4. Energiezufuhr ist Energieübertragung

In der Physik liefern übersichtliche, klug geplante Experimente Klarheit. Im zweiteiligen ➜ **V1** sind neben der Gasflamme eine Kugel und eine Wasserportion beteiligt. Wir *beobachten* genau, sprechen aus, was unsere Sinne mitteilen und was wir in der Energiesprache *denken*:

Was wird gemacht?	Was sagen uns unsere Sinne?	Wie denken wir in der „Energiesprache"?
Die Kugel wird am Haken in die Flamme gehalten.	Die Kugel wird heiß, man würde sich beim Anfassen verbrennen!	Die innere Energie der Kugel hat zugenommen.
Die erhitzte Kugel wird in das kalte Wasser getaucht.	Die Fingerprobe zeigt: Das Wasser ist erwärmt worden, die Kugel ist abgekühlt.	Die innere Energie des Wassers hat zugenommen, die innere Energie der Kugel hat abgenommen.

In ➜ **V1** wird erst die Energiezufuhr bei der Kugel beendet. Dann beginnt die Energiezufuhr beim Wasser, seine Temperatur steigt. Zugleich wird die Kugel kälter, sie gibt offenbar Energie ab! Diese Beobachtung können wir verallgemeinern:
1. Ein Körper gibt von seiner inneren Energie ab, wenn seine Temperatur sinkt.
2. Energie wird von einem heißen Körper auf einen kälteren **übertragen**.

Merksatz

Temperaturerhöhung eines Körpers bedeutet Energiezufuhr mit Zunahme seiner inneren Energie.
Heiße Körper können Energie an kältere Körper abgeben. So wird Energie übertragen – *von Heiß nach Kalt*. Danach ist der heißere Körper weniger heiß, der kältere weniger kalt.

Unsere Energiebetrachtung erlaubt die Vorhersage, dass bei ➜ **V1** keine Energie mehr übertragen wird, wenn Kugel und Wasser gleiche Temperatur haben. Dass die Energiebetrachtung noch mehr leistet, zeigt die ➜ **Vertiefung**.

5. Energiesprache mit Kontobildern

Wärmt man wie in → **B2** seine kalten Finger an einer heißen Tasse, muss man nicht unbedingt an Physik denken. Schaden kann es aber auch nicht.

Wir wollen die Aussage „Energie wird von der Tasse auf die Finger übertragen" in einem Bild darstellen und denken an Geldkonten: Wenn Max sein Taschengeld bekommt, wird Geld übertragen – aus dem Portemonnaie seiner Eltern in seine Spardose. Vielleicht musste vorher jemand zum Bankautomaten gehen, um Bargeld zu besorgen, dann ist der Weg des Geldes noch etwas länger: von einem Bankkonto auf ein Bargeldkonto und dann auf ein Taschengeldkonto.

Bei der Energieübertragung von Heiß nach Kalt nutzen wir diese Konto-Sprechweise: Jeder der beteiligten Körper in → **B3a** hat sein **Energiekonto** für innere Energie.

Bringt man sie in Berührung, so wird Energie übertragen, vom Konto für innere Energie des heißeren Körpers zu dem des kälteren. Den Energie-Kontostand kennt man meistens nicht. Man weiß nur → **B3b** , dass der Kontostand (grauer Balken) bei A abgenommen und bei B zugenommen hat.

Die **Energie-Übertragungskette** in → **B3c** drückt dies mithilfe des roten Blockpfeiles in einem einzigen Bild aus.

Bei der Geldübertragung auf das Taschengeldkonto ist die Situation ganz ähnlich. Weder müssen wir den Bargeldbestand der Eltern, noch den Taschengeld-Kontostand kennen, um die Auswirkungen der Geldzahlung zu beschreiben.

Wenn Max anschließend Geld ausgibt, dann sinkt der Kontostand. Das Geld ist aber nicht verschwunden, man kann es auf dem Konto eines anderen Besitzers wiederfinden.

B2   Kalte Finger und heiße Tasse

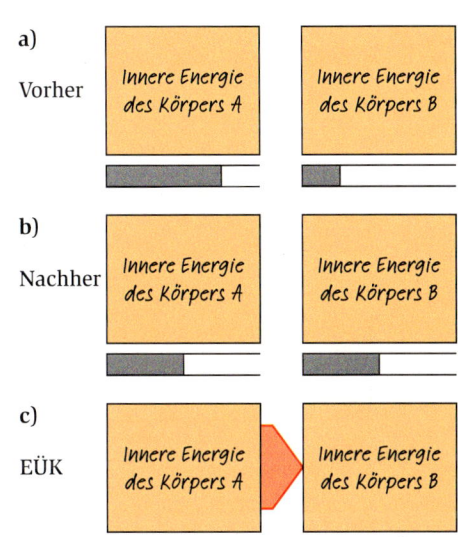

B3   **a)** Beide Körper, der heiße Körper A und der kältere Körper B, haben ein Konto für innere Energie. **b)** Wenn innere Energie von A nach B übertragen wird, nimmt der Kontostand bei A ab, bei B nimmt er zu. Mehr wissen wir nicht. **c)** Genau dies soll der rote Blockpfeil in der Energie-Übertragungskette (EÜK) darstellen.

Physik und Biologie

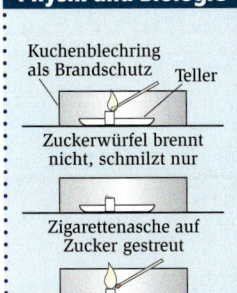

Kuchenblechring als Brandschutz — Teller

Zuckerwürfel brennt nicht, schmilzt nur

Zigarettenasche auf Zucker gestreut

Zuckerwürfel brennt

Wie man einen Zuckerwürfel anzündet, lernt man im Chemieunterricht. Man kann über seiner Flamme Wasser erhitzen. Zucker liefert dann Energie – zusammen mit dem Sauerstoff aus der Luft. Die Energie liefernde Flamme aus dem Frühstücksei dagegen ist eine Fotomontage.

Ein Frühstücksei kann man nicht anzünden. Trotzdem gibt es Tabellen, die für alle Lebensmittel den Energiegehalt angeben. Jeder kennt sie.

Seit Ende des 19. Jahrhunderts ermitteln Physiker solche Werte mit *Kalorimetern*. Das sind von Wasser eingeschlossene Öfen, in denen die Nahrungsmittel verbrannt werden. Man misst die Erwärmung des Ofens und die des umgebenden Wassers und leitet daraus den Energiegehalt des Lebensmittels ab.

B1 Bremsscheiben können so heiß werden, dass man sich daran die Finger verbrennt.

V1 Jakob stellt sein Fahrrad auf den Sattel und setzt das Vorderrad mit Muskelkraft in Schwung. Anschließend lässt er seine Hand auf dem Reifen reiben. Das Rad wird langsamer, an seiner Hand wird es heiß.

V2 Ein zweites Rad ist in einer Gabel gelagert. Jakob nähert es vorsichtig dem vorher in Schwung gebrachten Vorderrad, bis sich die Reifen berühren. Jakobs Vorderrad wird langsamer; das zweite Rad kommt dafür in Schwung. Trennt man die Räder wieder, so drehen sich beide gleichförmig weiter.

1. In der Bewegung eines Körpers steckt Energie

Heizen, *Beleuchten*, *Bewegen* – So haben wir die „Dienstleistungen" zusammengefasst, für die in jedem Haushalt Energiekosten anfallen. Versuchen wir also physikalisch zu deuten, was Bewegung mit Energie zu tun hat:

Nach heftigem Bremsen aus flotter Fahrt kann man entdecken, dass die Bremsscheibe am Fahrrad heiß ist. „Komisch", fragt Jakob, „zum Erhitzen muss Energie zugeführt werden. Woher kommt diese Energie?"
Bei → **V1** kann Jakob spüren, dass ein bewegtes Rad die Handfläche erhitzen kann. Solange die Hand am Reifen reibt, wird das Rad langsamer und die Temperatur der Hand (und des Reifens) steigt. Die Energie zum Erhitzen wird vom Rad geliefert. Sie war in der Bewegung des Rades gespeichert. Das sich drehende Rad hat ein Konto für **Bewegungsenergie**.

2. Bewegungsenergie kann übertragen werden

Im → **V2** wird das Vorderrad langsamer, wenn die Reifen sich berühren; seine Bewegungsenergie nimmt ab. Wo bleibt die abgegebene Energie? Nun, das zweite Rad hat sich in Bewegung gesetzt. Bewegungsenergie kann also übertragen werden – von einem Rad auf das andere. Alles fügt sich leicht in unsere Energiesprechweise:

Was wird gemacht?	Was sagen uns unsere Sinne?	Wie denken wir in der „Energiesprache"?
Ein Rad wird in Schwung gesetzt.	Das Rad setzt sich in Bewegung und dreht sich dann weiter.	Dem Rad wird Energie zugeführt, es hat dann Bewegungsenergie.
Das Rad wird mit der Hand gebremst.	Die Handfläche wird heiß. Das Rad wird langsamer.	Der Handfläche wird Energie zugeführt. Das Rad liefert Energie, seine Bewegungsenergie nimmt ab.
Die Hand wird vom Rad genommen. *... und wenn man lange wartet?*	Die Handfläche wird nicht mehr heißer. Das Rad wird nicht merklich langsamer. *... nur ganz langsam wird das Rad langsam.*	Der Handfläche wird keine Energie zugeführt. Die Bewegungsenergie des Rades nimmt nicht ab. *... nur ganz langsam verschwindet Bewegungsenergie.*
Das rotierende Rad wird an ein anderes gehalten.	Ein Rad wird schneller, das andere langsamer.	Bewegungsenergie wird von einem Rad auf das andere übertragen.

Merksatz

Ein Körper in Bewegung hat ein Konto für Bewegungsenergie. Er wird langsamer, wenn Energie auf einen anderen Körper übertragen wird.

3. Energie-Übertragungsketten verbinden Energiekonten

Physikalische Versuche erfordern Wiederholungen. Bei Jakobs Versuchen mit dem Fahrrad muss dabei der Vorrat an Bewegungsenergie immer wieder aufgefüllt werden. Mit seinen Muskeln bringt er das Rad erneut in Schwung. Energie aus den Muskeln wird in Bewegungsenergie gewandelt. Chemische Vorgänge stellen dort Energie bereit.

Wir geben den Muskeln ein Konto für **chemische Energie** und stellen die Versuche als eine Kette von Energieübertragungen dar – von Energiekonto zu Energiekonto:

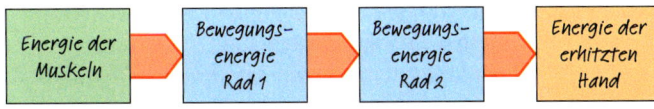

Hier sieht man, warum wir das zugehörige Bild schon in einfacheren Fällen Energie-Übertragungs*kette* genannt haben.

4. Heimliche Bremsen – Energie verkrümelt sich

Auch wenn Jakob seine „Handbremse" nicht anwendet, kommt das Rad langsam zur Ruhe. Ähnliches gilt für Körper, die wir auf ebener Bahn in Bewegung setzen und dann sich selbst überlassen. Es sieht so aus, als ob die Bewegungsenergie des Körpers einfach verschwindet.

Ist die „Energiewelt" komplizierter, als wir bisher gesagt haben? Keine Sorge, immer wenn Körper sich bewegen, gibt es Teile, die sich gegeneinander und aneinander reiben. Dies sind heimliche Bremsen, die auch beste Technik nicht restlos ausschalten kann. Reibung entnimmt dem Konto der bewegten Körper Bewegungsenergie und wandelt sie in innere Energie. Mit einem empfindlichen Thermometer kann man an der Achse eines Rades die erhöhte Temperatur messen.
Allzu heiß kann die Achse des Rades nicht werden. Vorher schon fließt die Energie in die kältere Umgebung – von alleine, von Heiß nach Kalt. Die Energie verkrümelt sich, sie verteilt sich in kleinen Portionen auf viele Körper und die umgebende Luft. Sie erhöht die innere Energie der Umgebung.

Merksatz
Bei Vorgängen mit Reibung wird Bewegungsenergie in innere Energie gewandelt.

Schwungradantrieb

Bei Rennautos der Formel 1 nutzt man die Bewegungsenergie eines Schwungrades, um weitere Zehntelsekunden schneller zu werden: Damit ein Auto vor einer Kurve langsamer wird, muss Energie vom Konto für Bewegungsenergie des Autos auf ein anderes Konto übertragen werden. Das kann das Konto für innere Energie der Bremse sein oder aber das Konto für Bewegungsenergie eines Schwungrades.

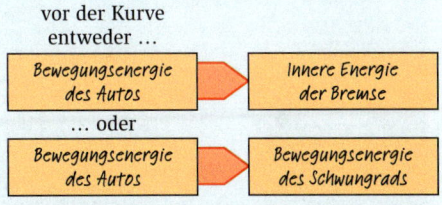

Nach der Kurve soll das Auto wieder schneller werden. Die Energie dazu stammt normalerweise aus der chemischen Energie des Benzins, das im Motor verbrannt wird.

Mit der Bewegungsenergie des Schwungrades wird bei Rennautos der Motor unterstützt, in kürzester Zeit soll wieder die Höchstgeschwindigkeit erreicht sein.

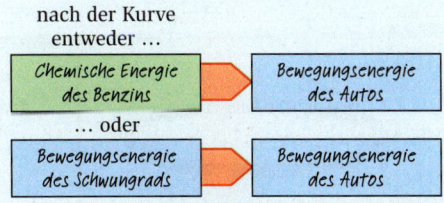

Autobauer tüfteln daran, diese Methode auf Alltagsautos zu übertragen. Der Schwungradantrieb soll nach der Kurve das Konto für Bewegungsenergie auffüllen.

Mach's selbst

A1 Auf ebener Straße hast du kräftig in die Pedale getreten. Nun rollst du im Freilauf dahin. Und nun? Schreibe auf, was du beobachtest und was ein Beobachter mit „Energiebrille" denkt.

A2 „Das ist ein Tropfen auf den heißen Stein." Was meint man mit diesem Spruch? Erkläre den physikalischen Sinn.

A3 Jakob zündet fünf Teelichter an und fragt:
„Liefern *fünf* Teelichter *fünffache* Energie oder ha*ben sie fünffache Temperatur?"* Erörtere den Unterschied zwischen Temperatur und Energie.

B1 Halfpipe-XXL: Sobald die Fahrgäste eingestiegen sind, wird der Wagen von einem Motor nach oben gezogen. Weiter geht es im Freilauf: bergab, bergauf, bergab, … Wenn der Wagen bergab schneller wird, verliert er an Höhe, wenn er wieder bergauf fährt, gewinnt er Höhe und wird langsamer. Wenn der Wagen oben umkehrt, steht er einen kleinen Augenblick lang still.

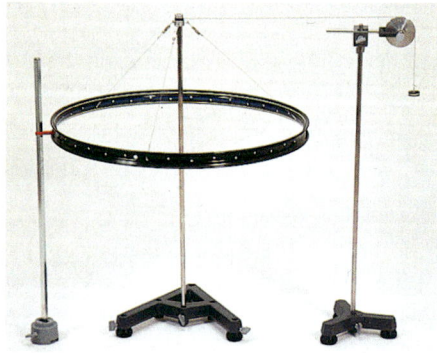

V1 Gibt man das Rad frei, so beginnt es sich zu drehen, wird immer schneller, während das Wägestück sinkt. Hat das Wägestück den Boden erreicht, so wird das Rad nicht mehr schneller, dreht sich aber weiter.
Man kann das Wägestück unterwegs mit der Hand auffangen und bestätigt so die Erwartung: Das Rad wird solange schneller, wie das Wägestück an Höhe verliert.

1. Körper haben ein Konto für Höhenenergie

Der rote Wagen in **→ B1** am oberen Ende der Bahn wird losgelassen und schon beginnt die Bergabfahrt. Solange es nach unten geht, wird der Wagen schneller. Die Bewegungsenergie nimmt zu. Dies geschieht im Freilauf, ohne Motorantrieb, kein Mensch führt dem Wagen Energie zu. Kann es sein, dass die Zunahme der Bewegungsenergie eines Körpers etwas mit seinem Höhenverlust zu tun hat?

Wir prüfen diesen Gedanken mit einem Experiment: In **→ V1** hat jemand das Wägestück gehoben und an die Schnur gehängt. Wir stellen Beobachtungen und Überlegungen wieder in einer Tabelle dar und ergänzen sie um einen neuen Gedanken:

Was wird gemacht?	Was sagen uns unsere Sinne?	Wie denken wir in der „Energiesprache"?
Das Rad wird freigegeben.	Das Wägestück sinkt, das Rad setzt sich in Bewegung und wird schneller.	Das Wägestück hat Höhenenergie und gibt sie nach und nach ab. Das Rad bekommt mehr und mehr Bewegungsenergie.
Das Wägestück wird angehalten (am Boden, mit der Hand).	Das Wägestück kann nicht weiter sinken, das Rad wird nicht mehr schneller.	Das Wägestück gibt keine Höhenenergie mehr ab. Das Rad behält seine Bewegungsenergie, sie nimmt nicht mehr zu.

→ V1 liefert den neuen Gedanken: Körper können ein Konto für **Höhenenergie** haben. Nimmt die Höhe ab, so verringert sich die Höhenenergie.

2. Höhenenergie kann in innere Energie gewandelt werden

Mit etwas Übung kann man die Bewegung des Rades in **→ V1** mit leichter Hand so bremsen, dass es weder schneller noch langsamer wird. Das Wägestück verliert jetzt gleichmäßig an Höhe. Man spürt an der Hand erhöhte Temperatur. Ihr ist Energie zugeführt worden. Woher kommt sie? Es muss Höhenenergie sein, die das Wägestück abgibt, die aber das Rad nicht bekommt – es wird ja nicht schneller.

Auch mit Höhenenergie kann man heizen, von einem Konto für Höhenenergie kann Energie auf ein Konto für innere Energie übertragen werden.

Merksatz

Körper können Höhenenergie und Bewegungsenergie haben.
• Der Kontostand für Bewegungsenergie ändert sich, wenn der Körper schneller oder langsamer wird.
• Der Kontostand für Höhenenergie ändert sich bei Höhengewinn und -verlust.

3. Energie-Übertragungsketten verbinden Energiekonten

In der Halfpipe XXL **→ B1** bleibt der rote Wagen nach rasender Talfahrt nicht stehen. Ohne fremden Antrieb geht es wieder bergauf. Aber der Höhengewinn ist mit Tempoverlust verbunden. Die Höhenenergie des Wagens nimmt zu, seine Bewegungsenergie nimmt ab. Den größten Höhengewinn hat der Wagen, wenn er langsam geworden ist und umkehrt.

Bei der Fahrt in der Halfpipe sind Wagen und angeschnallte Fahrgäste für den Physiker ein Körper, der die ihm übertragene Energie auf zwei verschiedenen Konten speichert – einem Konto für Höhenenergie und einem Konto für Bewegungsenergie. Das Spaß bringende Erlebnis bergab, bergauf, bergab sieht in der Energiesprache ziemlich langweilig aus:

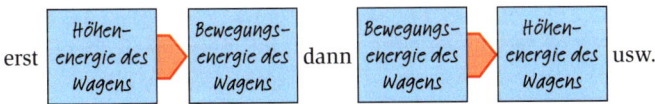

Der Fahrspaß ist irgendwann zu Ende. Wir wissen schon, dass wegen der Reibung ständig Energie auf das Konto der inneren Energie der Umgebung abgezweigt wird **→ B2** .

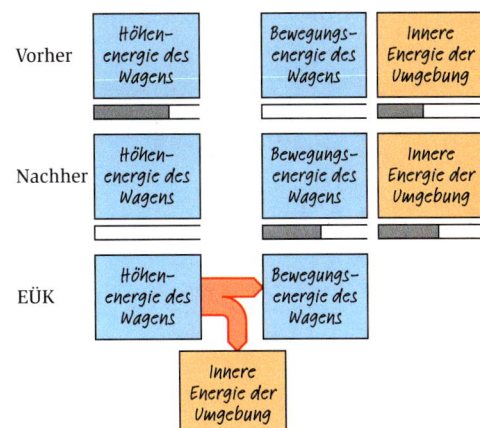

B2 Energieübertragung bei der Bergabfahrt mit „heimlicher Bremse": Vorher ist das Konto für Höhenenergie gut gefüllt, das Konto für Bewegungsenergie ist leer – der Wagen steht. Nachher ist das Höhenenergiekonto des Wagens leer, der Kontostand für Bewegungsenergie ist gestiegen, ebenso der Kontostand für innere Energie der Umgebung.

Physik und Technik

Wohin mit der Höhenenergie?

Wenn du mit dem Fahrrad steil bergab fährst, benutzt du die Bremsen, um nicht noch schneller zu werden. Bremsen wandeln Höhenenergie in innere Energie, so bleibt deine Bewegungsenergie konstant.
Vor der Werratalbrücke der A7 in Niedersachsen gibt es wie bei Gefällstrecken in Gebirgen eine Notfallspur für LKW, deren Bremsen versagen.

Eine kurze Strecke mit tiefem Kiesbett reicht aus, um die Bewegungsenergie eines zu schnell gewordenen Fahrzeugs auf ein Konto für innere Energie zu übertragen.
Du kannst ja mal probieren, mit deinem Fahrrad von fester Straße auf einen Sanduntergrund abzuzweigen. Aber Vorsicht, beginne mit kleiner Geschwindigkeit.

Mach's selbst

A1 Fertige eine Grafik an wie in **→ B2** für das Auf und Ab in der Halfpipe.

A2 Ändere **→ V1** so ab, dass man die Umkehrung zeigen kann: Bewegungsenergie wird zu Höhenenergie.

A3 Es gibt Spielzeuge mit Schwungradantrieb. Informiere dich über die Funktionsweise und beschreibe sie in der Energiesprache.

A4 „Höhenenergie wird zu Bewegungsenergie." Erzähle den Anfang der Fahrt einer Seifenkiste in der Energiesprache. Zeichne die Energie-Übertragungskette.

A5 Informiere dich über das hier abgebildete Spielzeug. Beschreibe und erkläre wie man es benutzt. Dazu kannst du auch gerne die „Energiebrille" aufsetzen.

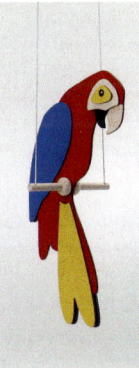

B1 Skater auf der hohen Kante – mit Höhenenergie

B2 Radfahrerin – mit ständigem Bremsen ins Tal

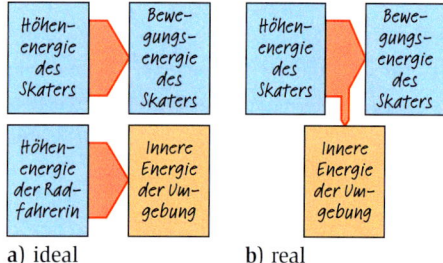

a) ideal   b) real

B3 Energie-Übertragungskette für die Bergabfahrt des Skaters → B1 und der Radfahrerin → B2 . Beim Skater kann man auch den Einfluss der „heimlichen Bremse" Reibung berücksichtigen:
a) idealer Vorgang, b) realer Vorgang.

B4 Elektrische Energie zum Beleuchten – die Lampe macht's möglich.

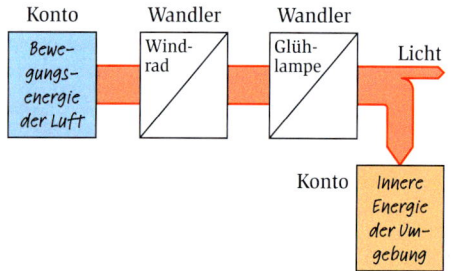

B5 Das Windrad wandelt Bewegungsenergie der Luft in elektrische Energie. Die Glühlampe wandelt diese in Licht und (leider) sehr viel Wärme.

1. Energiewandlung – von einer Energieform in die andere

Jeder Skater in → B1 hat Höhenenergie – ebenso die Radfahrerin in → B2 . Es geht aber unterschiedlich weiter, wie du vielleicht aus eigenem Erleben weißt. Wie die Physik die Vorgänge ganz sachlich darstellt, hast du inzwischen gelernt.
Die Energie-Übertragungsketten in → B3 zeigen uns diese Gemeinsamkeiten und Unterschiede, an deren Beispiel wir unsere Energiesprache noch etwas verfeinern:
- Die Höhenenergie des Skaters wird während der Fahrt bergab zu Bewegungsenergie des Skaters. Die Energie wechselt nicht den Besitzer, es findet nur **Energieübertragung** statt von einem Energiekonto auf ein anderes. Gleichzeitig wandelt die Energie auch ihre Form.
- Aus der Höhenenergie der Radfahrerin wird während der Fahrt bergab innere Energie der Bremsmaterialien, dann der Umgebung. Es findet an der Bremse also **Energiewandlung** statt. Gleichzeitig findet hier auch Energieübertragung statt, diesmal von einem Körper auf einen anderen.

2. Energie nutzen heißt Übertragungsketten zu organisieren

Wenn du wie im → B4 deine Schreibtischlampe einschaltest, willst du elektrische Energie nutzen. Hinter diesem Vorgang findest du eine Übertragungskette für Energie, die vielleicht bei einem Windrad in der Nordsee beginnt. In → B5 ist dieses vereinfacht dargestellt.
Windrad und Lampe wandeln Energie. Sie sind Beispiele für technische Geräte, die wir nutzen, um Energie-Übertragungsketten zu organisieren. In der Energiesprache heißen diese Geräte **Energiewandler**. In der Energie-Übertragungskette → B5 findest du ein neues Symbol, mit dem wir solche Energiewandler darstellen können, als Kasten mit diagonalem Strich.

Merksatz

Bei der Übertragung zwischen Konten verschiedener Energieformen wird die Energie gewandelt. Dabei können Energiewandler eine Rolle spielen.

Kompetenz – Energiesprache und Energie-Übertragungsketten

A. Merkmale der Energie

- Im Alltag wird Energie abgemessen und nach benutzter Menge bezahlt. Auch in der Physik sprechen wir über Energie immer wie über eine *mengenartige* Größe.

- Wir reden über Energie wie über Geld, das auf Konten aufbewahrt und von Konto zu Konto übertragen wird. Auch Energie ist *übertragbar*, von einem Energiekonto auf ein anderes.

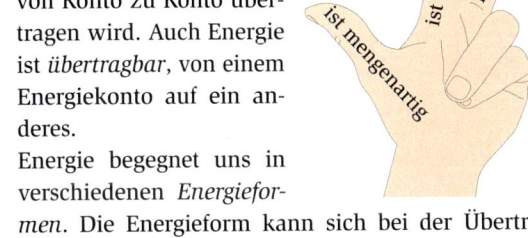

- Energie begegnet uns in verschiedenen *Energieformen*. Die Energieform kann sich bei der Übertragung von einem Energiekonto auf ein anderes ändern – Energie ist *wandelbar*.

B. Wege der Energie

Bei der Darstellung von Energiekonten geben wir in einem Kontokasten die *Energieform* und den „Besitzer" der Energie an:

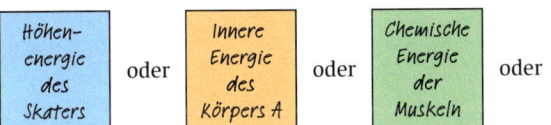

Mit den Farben ordnen wir die Energieformen in Gruppen: mechanische Energieformen (blau), chemische Energie (grün), innere Energie (orange).

Die Übertragung der Energie von einem Energiekonto auf ein anderes stellen wir mit einem Blockpfeil dar, der auch den Weg von Konto zu Konto anzeigt:

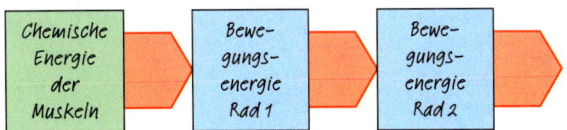

Bei vielen mechanischen Vorgängen wird im Idealfall eine mechanische Energieform vollkommen in eine andere umgewandelt. In Wirklichkeit spielt aber Reibung eine Rolle und wirkt als heimliche Bremse. Wir zeichnen dann eine Verzweigung des Blockpfeils. In solchen Bildern kann man durch die Breite der Pfeile andeuten, welcher Anteil der Energie sich in die Umgebung verkrümelt. Dabei spielt zunächst keine Rolle, ob Energie gewandelt wird oder nicht.

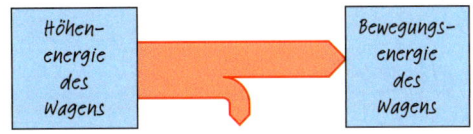

Das Konto für innere Energie der Umgebung kann man weglassen. Man weiß ja, wohin sich die Energie verkrümelt. Wenn ein technisches Gerät als *Wandler* für die Energiewandlung sorgt, zeichnen wir einen Wandlerkasten mit Diagonale:

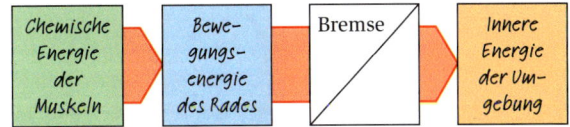

Mach's selbst

A1 Auf einer Schaukel hast du mal Höhenenergie, mal Bewegungsenergie. Beschreibe wie sich dabei die Kontostände der Energiekonten ändern.

A2 Welche Alltagsgeräte sind Energiewandler? Begründe deine Entscheidungen.

A3 Auch dieses gibt es in Wohnhäusern:

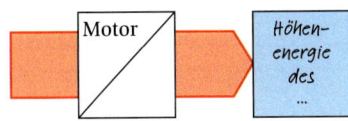

Beschreibe die zugehörige Situation.

A4 Man kann es lernen, an der glatten Kletterstange Höhe zu gewinnen – und wieder auf den Boden zu kommen.
Beschreibe den Vorgang mit Blick durch die Energiebrille, zeichne eine Energie-Übertragungskette.

A5 Eine Standseilbahn ohne Energiekosten! Suche Informationen über *Wasserballastbahnen*.

Erkläre auf einem Poster, wie sie funktionieren und woher die Fahrgäste ihre Höhenenergie bekommen.

Energieübertragung und Energiewandlung

Teilt eure Klasse in sechs Gruppen auf. Jede Gruppe beginnt mit einem der beschriebenen Experimente. Nach einer vereinbarten Zeit wechselt jede Gruppe zur nächsten Station.

Fertigt bei jeder Station ein Protokoll an mit Versuchsskizze und Beschreibung sowie den Ergebnissen der einzelnen Arbeitsaufträge.

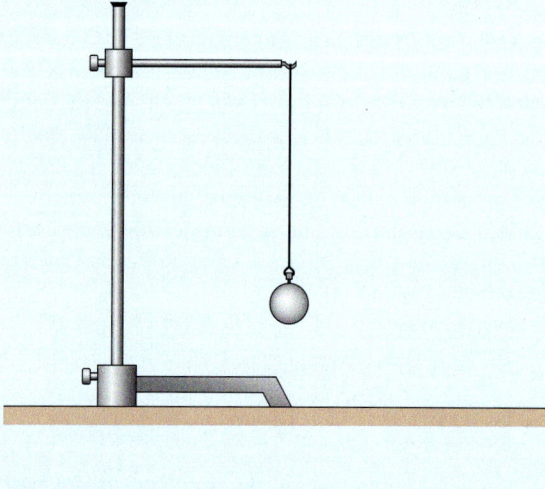

1. Station – Fadenpendel
Material:
Stahlkugel mit Haken, Faden, Stativmaterial
Auftrag:
Lenkt die ruhig hängende Stahlkugel ein wenig aus und lasst sie los. Beobachtet und beschreibt den von alleine stattfindenden Vorgang.

Begründet: Bei diesem Vorgang sind Höhenenergie und Bewegungsenergie der Kugel im Spiel. Beschreibt, was ihr durch die Energiebrille seht.

Denkt euch eine Darstellung aus, mit der ihr das Hin und Her der Energie zwischen den beteiligten Konten anschaulich machen könnt.

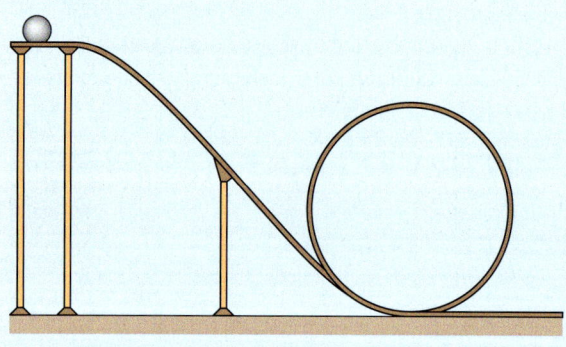

2. Station – Looping mit Kugelbahn
Material:
Loopingbahn mit Stahlkugel aus der Physiksammlung oder geeignete Spielzeug-Kugelbahn mit Looping
Auftrag:
Findet die Bedingung heraus, unter der ein Körper ohne eigenen Antrieb die Loopingbahn vollständig durchläuft. Formuliert diese Bedingung.

Beschreibt den Vorgang in der Energiesprache. Erläutert, warum man mit dem Wissen zur Energie die experimentell gefundene Bedingung hätte vorhersagen können.

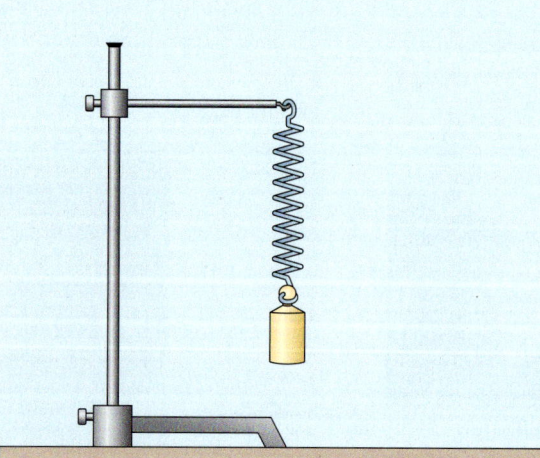

3. Station – Federpendel
Material:
Schraubenfeder, Wägestück, Stativmaterial
Auftrag:
Baut das abgebildete Experiment auf. Wartet bis alles in Ruhe ist und lenkt dann das Wägestück ein wenig nach unten aus. Lasst es los und beobachtet!

Zeichnet Kontokästen für Höhenenergie und Bewegungsenergie des Wägestücks und stellt dar, wie sich die Kontostände während des sich wiederholenden Vorgangs ändern. Begründet, warum bei dem Vorgang noch ein weiteres Energiekonto im Spiel sein muss.

4. Station – Seifenkistenfahrt im Modell

Material:

Wagen, schiefe Ebene, digitale Filmkamera, evtl. Computer mit Software für Videobearbeitung

Auftrag:

Baut das Modell für die Seifenkistenfahrt so auf, dass der Wagen auf ebenem Tisch weiterrollen kann, wenn er die schiefe Ebene verlassen hat.

Beschreibt den Vorgang in der Energiesprache, zeichnet eine Energie-Übertragungskette.

Zeichnet selber oder erzeugt mithilfe von Medien eine Bilderfolge (Einzelbilder eines Films) und erklärt, wie man an benachbarten Bildern Änderungen von Höhen- und Bewegungsenergie erkennen kann.

Lest die Bilderfolge rückwärts und begründet, warum dieser Vorgang unnatürlich ist.

5. Station – Tretmühle

Material:

Internetzugang

Auftrag:

Die Kinder haben im Deutschen Museum das Modell einer Tretmühle entdeckt. Beschreibt, was im Alltag mit der Redensart „in der Tretmühle" gemeint ist. Erklärt die Redensart.

Recherchiert historische Anwendungen von Tretmühlen und erklärt, wie damit die Höhenenergie von Körpern vergrößert wurde.

Beschreibt und erklärt auch solche historischen Anwendungen, bei denen es nicht um Höhenenergie ging.

6. Station – Haut den Lukas

Material:

Holzklotz, Nägel, Hammer, Infrarotthermometer mit Zehntelgradanzeige

Auftrag:

Bereitet den Holzklotz mit Nägeln vor wie im Bild dargestellt und wartet einen Augenblick.

Messt aus der Nähe die Temperatur eines Nagelkopfes und die der Eindringstelle. Merkt euch die Position des Thermometers. Schlagt den Nagel mit wenigen schnellen Schlägen tiefer ins Holz und messt sofort noch einmal die Temperatur (gleiche Position des Thermometers wie bei der ersten Messung). Messt nach einer Minute die Temperatur des Nagelkopfes und die der Eindringstelle ein drittes Mal.

Beschreibt und erklärt eure Beobachtungen.

Energieübertragung bei elastischer Verformung

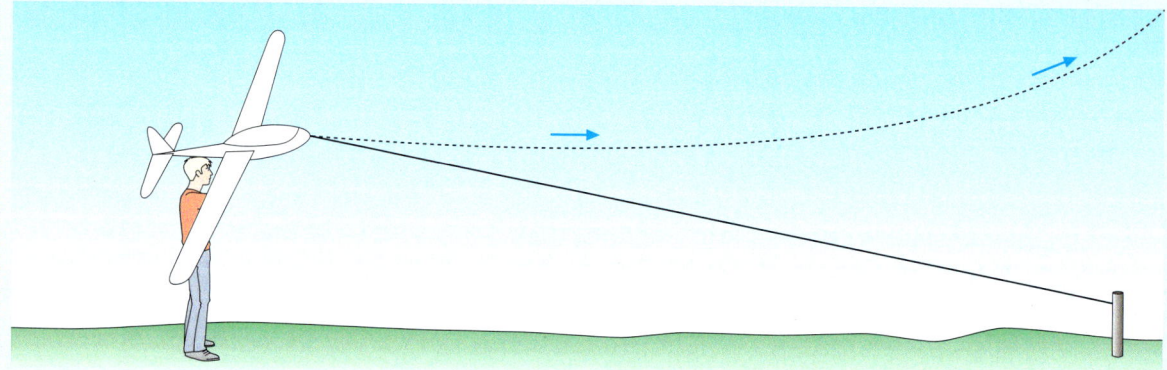

B1 Start eines Segelflugmodells mithilfe eines zuvor gespannten Gummiseils

A. Antrieb mit Gummiseil

Zum Takeoff benötigt ein Flugzeug eine Startbahn. Erst wenn es schnell genug rollt, kann es abheben. Tragflächen sorgen dann in der Luft für den nötigen Auftrieb. Motorflugzeuge benutzen für diesen „Anlauf" ihre Motoren. Das Modellflugzeug in → B1 hat keinen Motor, es wird von einem zuvor gespannten Gummiseil in Bewegung gesetzt.

Wir wollen diesen Startvorgang energetisch betrachten, in der Energiesprache beschreiben: Wir sehen, dass das Flugzeug schneller wird. Wir sagen: Seine Bewegungsenergie nimmt zu. Wir müssen fragen: Wo kommt die Energie her? Wir vermuten: vom Gummiseil. Es wurde ja zuvor gespannt, wurde dabei länger.

Wir haben es also mit Wandlung und Übertragung von Energie zu tun. Beim Flugzeug nimmt die Bewegungsenergie zu. Es bekommt Energie vom Gummiseil, sie war dort in anderer Form vorhanden.
Man kann die Energie-Übertragungskette noch verlängern: Das Gummiseil hat die Energie bekommen, als es gespannt wurde – aus den Muskeln des Freizeitpiloten.

Ein gespanntes Gummiseil hat Spannenergie. Ein elastischer Körper bekommt sie, wenn er verformt wird und gibt sie wieder ab, wenn er seine ursprüngliche Form wieder annimmt. Mit dem Namen dieser Energieform können wir die Energiekette darstellen:

B. Spannenergie nutzen – gut oder böse?

Beim Spielzeugauto mit Federmotor schiebt man das Auto mit Muskelkraft rückwärts, dann lässt man los.

Die in der gespannten Feder gespeicherte Energie wird in Bewegungsenergie des Autos gewandelt. Danach fährt das Auto noch ein Stück weit im Freilauf weiter – bis die Bewegungsenergie restlos in innere Energie der Umgebung gewandelt ist.

Beim Flipper kommt es darauf an, die Kugel so lange wie möglich im Spielfeld Punkte sammeln zu lassen. Am Anfang aber wird sie mithilfe einer Feder nach oben geschossen. Der Spieler bestimmt, wie stark er die Feder spannt. Die so gespeicherte Energie wird Bewegungsenergie der Kugel – daran ist nichts mehr zu ändern.

Vor der Erfindung des Schießpulvers wurden Steinkugeln mit Wurfmaschinen auf feindliche Mauern geschossen. Je mehr von der Spannenergie übertragen wurde, desto schneller flogen die Kugeln davon. Vorher musste das Konto für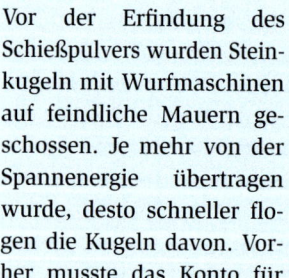
Spannenergie mühsam von Hand gefüllt werden. – Immer schon wurde Physik gebraucht und missbraucht, um im Krieg den Vorteil der besseren Waffen zu haben.

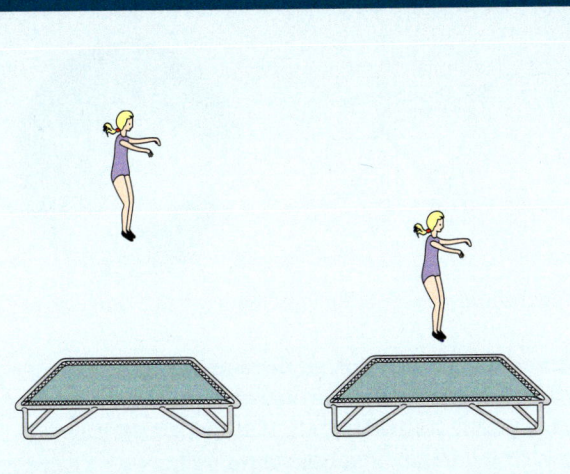

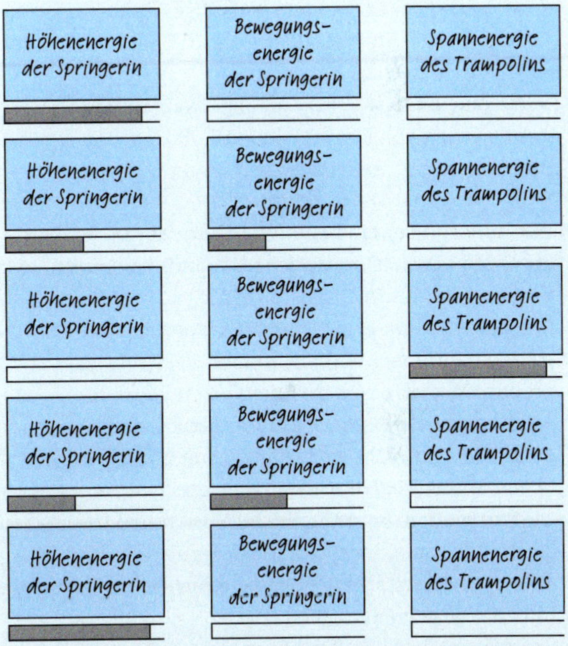

C. Energiebilanz beim Trampolin

Die Momentbilder der Trampolinspringerin weisen auf Energieübertragung und Energiewandlung hin:

- Die Springerin ist mal oben, mal unten, hat mehr oder weniger Höhenenergie.
- Die Springerin bewegt sich mal schneller, mal langsamer, hat mehr oder weniger Bewegungsenergie.
- Das Trampolin bremst die Springerin, wird verformt, bekommt also Spannenergie. Es schleudert die Springerin nach oben, macht sie schneller, gibt dabei Energie ab.

Ganz oben steht die Springerin einen Augenblick still, hat keine Bewegungsenergie, aber maximale Höhenenergie. Ganz unten ist das Trampolin verformt, hat maximale Spannenergie; die Springerin hat weder Bewegungsenergie noch Höhenenergie.

Man muss viele Worte machen und kann das fortwährende Auf und Ab des Trampolinspringens doch nur unvollständig beschreiben. Mit den Bildern der Pegelstände von Energiekonten oder einer Energie-Übertragungskette ist dies viel leichter möglich.

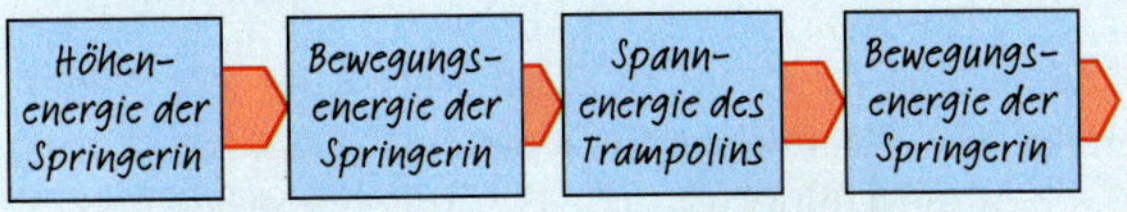

So wie wir die Energiebetrachtung für die Trampolinspringerin gemacht haben, könnte die Springerin ohne eigenes Tun das Auf und Ab genießen. Wo bleibt der sportliche Anspruch? Du weißt, dass es anders ist: Wer ohne Verlust der Gipfelhöhe Trampolin springen will, muss dafür etwas tun. Bei jedem Kontakt mit dem Gummituch muss man Energie aus den Muskeln zuführen und so die Energie ersetzen, die sich bei Auf und Ab verkrümelt hat. Dies ist vergleichbar mit einem Eimer, der ein kleines Loch am Boden hat. Wasser das heraus fließt, muss immer wieder nachgefüllt werden, wenn der Pegelstand gleich bleiben soll.

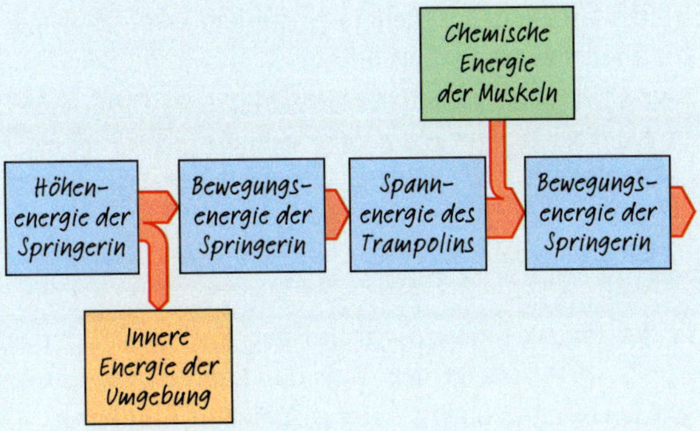

Höhenenergie der Springerin	Bewegungs-energie der Springerin	Spannenergie des Trampolins
Höhenenergie der Springerin	Bewegungs-energie der Springerin	Spannenergie des Trampolins
Höhenenergie der Springerin	Bewegungs-energie der Springerin	Spannenergie des Trampolins
Höhenenergie der Springerin	Bewegungs-energie der Springerin	Spannenergie des Trampolins
Höhenenergie der Springerin	Bewegungs-energie der Springerin	Spannenergie des Trampolins

Höhen-energie der Springerin → Bewegungs-energie der Springerin → Spann-energie des Trampolins → Bewegungs-energie der Springerin

Chemische Energie der Muskeln

Höhen-energie der Springerin → Bewegungs-energie der Springerin → Spann-energie des Trampolins → Bewegungs-energie der Springerin

Innere Energie der Umgebung

B1 Energie zum Leben – und zum Fahrradfahren. Ihr Weg beginnt bei der Sonne und endet in der Umgebung.

A. Energie ist lebenswichtig

Physik beschäftigt sich mit der unbelebten Natur und deshalb haben wir die Energiesprache am Beispiel von Körpern entwickelt, die gehoben, beschleunigt, verformt oder erhitzt werden. Ausflüge in die Chemie (Benzin für den Motor) oder Biologie (Energie der Muskeln) fanden nur am Rande statt.

Außer den Energiekosten für das Heizen, Beleuchten und Bewegen spielen im Alltag die Kosten für Ernährung eine Rolle. Auch dabei geht es um Energie:

Wie ein Auto Benzin benötigt, um zu fahren, benötigt der Organismus energiereiche Nährstoffe, um alle Lebensvorgänge aufrechtzuerhalten.

Die aufgenommenen Nährstoffe werden vom Stoffwechsel zu immer energieärmeren Verbindungen abgebaut. So wird nutzbare Energie bereitgestellt. Diese wird verwendet, um Organfunktionen und Körpertemperatur aufrechtzuerhalten sowie um alle körperlichen Betätigungen zu ermöglichen.

Die international gebräuchliche Maßeinheit für Energie ist das Joule. Im Bereich der Ernährung und Medizin ist jedoch hierzulande weiterhin die Maßeinheit Kilokalorie gebräuchlicher.

(aus einem Text über Ernährungsberatung)

Du verstehst in diesem Zusammenhang die Mitteilung, dass ein mittelgroßer Apfel 54 Kilokalorien (kcal) enthält, und du weißt, dass die Aufzählung von Nährstoffen in solchen Tabellen dir helfen kann, dich gesundheitsbewusst zu ernähren.

100 g-Äpfel liefern 54 kcal und enthalten folgende Nährstoffe:			
Kohlenhydrate	11,4 g	Vitamin C	12 mg
Balaststoffe	2,0 g	Vitamin A	6 ng
Eiweiß	0,3 g	Kalium	120 mg
Fett	0,6 g	Kalzium	6 mg
Wasser	85,0 g	Eisen	250 mg

In der Physik schauen wir auf den Energiegehalt des Apfels. → **B1** zeigt den Weg der Energie, die einige Wochen lang in einem Apfel gespeichert sein kann.

Unser Körper nutzt Energie der aufgenommenen Nährstoffe, um sich selbst „in Betrieb" zu halten und für „motorische Aktivitäten". In der Biologie spricht man von Grundumsatz und Leistungsumsatz.

Zwei für unser Leben wichtige Energieumwandlungen wollen wir uns etwas genauer anschauen.

B. Wie kommt die Energie in den Apfel?

In allen lebenden Organismen werden ständig Stoffe transportiert und in ihrer Zusammensetzung verändert. Deshalb wird in der Biologie Energieübertragung häufig zusammen mit Stofftransport und Stoffumwandlung betrachtet. Durch die Energiebrille der Physik sehen wir vor allem die Energiekonten.

Bei chemischen Reaktionen gibt es ein Konto für die chemische Energie der Ausgangsstoffe und ein Konto für die chemische Energie der bei der Umwandlung entstehenden Stoffe → **Abschnitt E**.

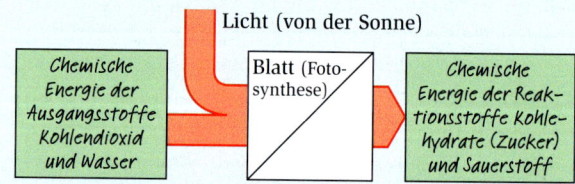

In den Blättern von Pflanzen wird die energieärmere Kombination der Ausgangsstoffe Kohlenstoffdioxid und Wasser zu der Kombination der Reaktionsstoffe Kohlenhydrate und Sauerstoff aufgebaut. Für den Zuwachs auf dem Konto der Reaktionsstoffe sorgt das Sonnenlicht. Sonnenstrahlung liefert einen Teil der Energie, die im Blatt zu chemischer Energie von Traubenzucker gewandelt wird. Man nennt diesen Prozess **Fotosynthese**.

Sonnenkollektoren für Heißwasser sind viel einfacher zu verstehende Wandler. Bei ihnen wird Solarenergie an der schwarzen Oberfläche gewandelt: Im Sonnenlicht steigt deren Temperatur, die innere Energie nimmt zu.

C. Energievorrat in unseren Muskeln

Von den sonnenbeschienenen Blättern des Apfelbaums bis in den leckeren Apfel haben Kohlenhydrate in der Form von Zucker einen langen Weg zurückzulegen. Darüber lernst du mehr im Biologieunterricht. Dabei geht es nicht nur um Energie, sondern auch um die wichtigen Funktionen der anderen in einem Apfel enthaltenen Stoffe → **Tabelle bei A.**

Mit der physikalischen Energiebrille schauen wir nun in stark vereinfachter Form den **Stoffwechselprozess** an, der das in unserer Energiesprache benutzte Konto „Chemische Energie der Muskeln" auffüllt.

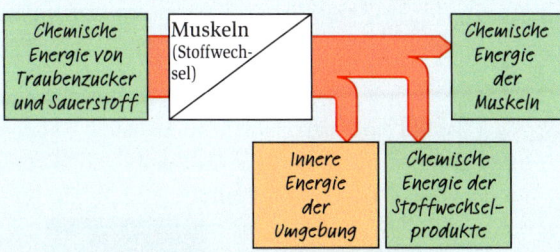

Der dargestellte Abbau der Nährstoffe zu energieärmeren Verbindungen (Stoffwechselprodukte) kehrt den Aufbau energiereicher Nährstoffe in der Fotosynthese um. Kohlenhydrate (z.B. Zucker und Stärke), die beim Pflanzenwachstum gebildet wurden, werden wieder abgebaut. Energie wird den Muskeln zugeführt.

Energiereiche Nährstoffe werden im Körper zu energieärmeren Stoffen abgebaut. Ein Teil der zugeführten Energie gelangt mit dem Stoff ATP in die Muskelfasern und kann, z.B. bei körperlichen Aktivitäten, genutzt werden. Als Ausgangsstoff ist in der Energie-Übertragungskette (oben) Traubenzucker angegeben. Man sagt: Traubenzucker geht sofort ins Blut. Man meint damit: Traubenzucker wird im Körper schnell dorthin transportiert, wo Stoffwechselprozesse Energie für Muskelaktivitäten liefern.

Dass bei Muskelaktivitäten auch Energie auf dem Konto für innere Energie der Umgebung ankommt, kennst du aus eigener Erfahrung – beim Warmmachen vor sportlichen Aktivitäten.

D. Beim Sport wird die Energie schnell knapp

Wie spürst du deinen Körper bei einem schnellen Sprint? Und wie spürst du ihn kurz danach? Während der kurzzeitigen Anstrengung steigt der Puls kaum an und die Luft wird auch nicht knapp.

Erst hinterher klopft dein Herz und du schnappst nach Luft. Diese Beobachtung kannst du so erklären: Der Energievorrat, der in deinen Muskeln als Vorrat auf Abruf bereit steht, ist sehr begrenzt und bei äußerster Belastung nach wenigen Sekunden erschöpft. Der Körper muss Stoffwechselprozesse aktivieren, die den Nachschub liefern. Dazu müssen Traubenzucker und Sauerstoff zu den Muskeln transportiert werden. Herz und Lunge sorgen für den Stofftransport.

E. Energie bei chemischen Reaktionen

Der Naturforscher M. FARADAY (1791 – 1867) war Spezialist für die Elektrizitätslehre. Auch beschäftigte er sich intensiv mit den Vorgängen in der Kerzenflamme und hielt 1861 darüber eine heute noch berühmte „Weihnachtsvorlesung".

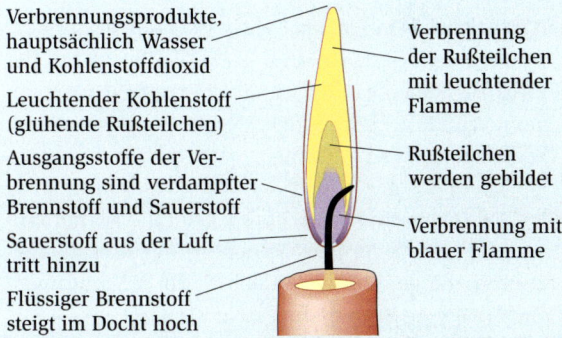

Für die Stoffumwandlungen sind geschmolzenes Wachs und Sauerstoff die Ausgangsstoffe. Wasser und Kohlenstoffdioxid sind die Reaktionsstoffe. Wenn das Wachs verbrennt, findet eine **chemische Reaktion** statt.

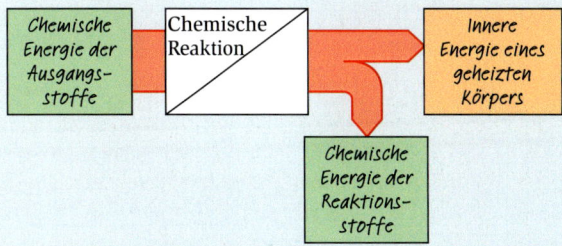

Chemiker oder Chemikerinnen interessieren sich für Einzelheiten der Stoffumwandlungen bei chemischen Reaktionen. In der Physik beschränken wir uns oft auf die Energiebilanz. Wenn du einen Finger in die Kerzenflamme hältst, spürst du: Bei der Verbrennung wird Energie in die Umgebung übertragen. Körper, die man über die Flamme hält, werden heiß. Ihrem Konto für innere Energie wird Energie zugeführt.

Temperatur im Alltag

B1 Heiß und kalt: Tiere sind perfekt an einen Lebensraum angepasst. Wir Menschen überleben überall auf der Erde dank unserer Erfindungen und unseres handwerklichen Geschicks.

A1 Überleben in Kälte und Hitze ist gar nicht so leicht. Vergleiche die Temperaturen in der Arktis und in der Sahara. Erkläre, wie sich Tiere vor extremen Temperaturen schützen. Was tun die Menschen, um in diesen Regionen leben zu können?

A2 Die Querschnittszeichnung zeigt die Körpertemperaturen für zwei verschiedene Umgebungstemperaturen. Beschreibe die Bilder. Stelle Vermutungen an, wovon die Körpertemperatur abhängt.

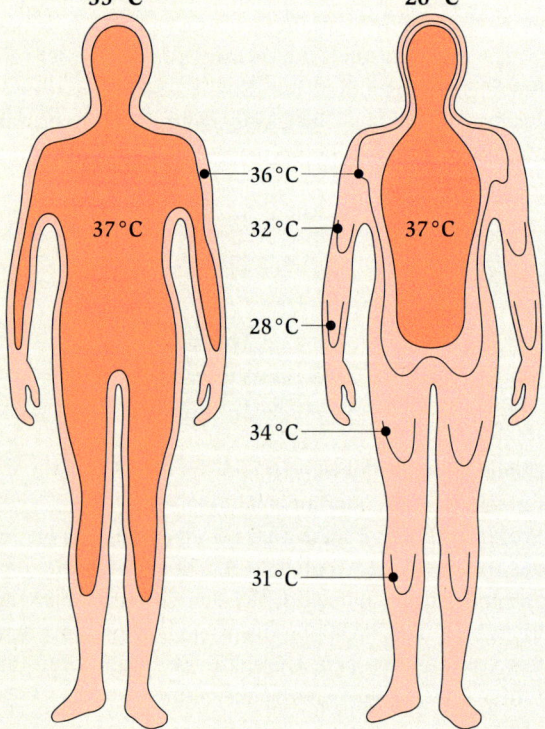

A3 Das Bild einer Wärmebildkamera macht Temperaturen sichtbar. Beschreibe das Bild und nenne Gründe für die verschiedenen Temperaturen.

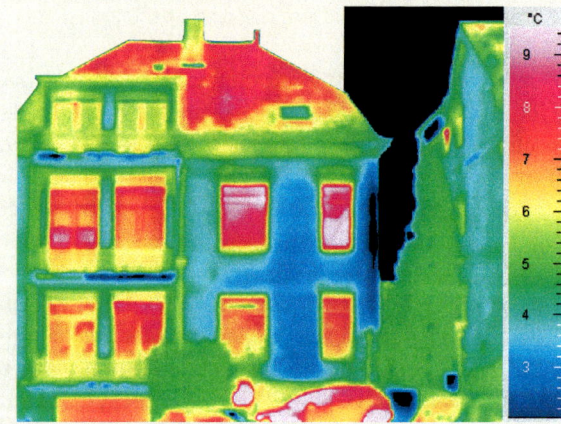

A4 Zwei harte Stahlkugeln stoßen gegeneinander. Hält man ein Blatt Papier dazwischen, so entsteht ein kleines Loch. Manchmal hat es dunkle Ränder und riecht verbrannt. Erkläre das Phänomen.

1. Heiß und kalt kann man fühlen

Temperaturen spielen im Alltag eine wichtige Rolle. Im Klassenraum soll es nicht zu heiß, aber auch nicht zu kalt sein. Beim Duschen stellt man eine angenehme Temperatur ein. Im Kühlschrank sollen Lebensmittel lange frisch bleiben, aber nicht gefrieren.

Über die Haut können wir Temperaturen spüren. Genau messen können wir damit aber nicht. Wir beschreiben unser Gefühl mit Worten wie eiskalt, lauwarm oder heiß. Für den Alltag reicht das meistens aus.

2. Den Temperatursinn verstehen

Es gibt aber auch Situationen, in denen das Temperaturgefühl uns täuscht. Daniel denkt dabei an folgende Beobachtungen:
- Tritt er im Winter vom geheizten Zimmer in den Flur, so empfindet er ihn als kühl. Kommt er von draußen in denselben Flur zurück, so erscheint ihm dieser warm.
- Wenn er sich vor dem Sprung ins Schwimmbecken warm duscht, fühlt sich das Wasser im Becken kühl an. Wenn er aber vorher kalt duscht, kommt es ihm warm vor.

Anna vermutet, dass unser Temperaturgefühl manchmal davon abhängt, in welche Richtung sich die Temperatur ändert. Also davon, ob die Temperatur zunimmt oder abnimmt. Sie führt → V1 durch, mit dem sie ihre Vermutung überprüfen will.

Zunächst hält Anna ihre rechte Hand für eine Minute in kaltes Wasser, die linke Hand in heißes Wasser. Dann taucht sie beide Hände gleichzeitig einen Moment in das lauwarme Wasser im mittleren Gefäß. Was fühlt sie? Die Hand, die vorher im kalten Wasser war, meldet jetzt warm, die Hand aus dem heißen Wasser meldet kalt. Obwohl jetzt beide Hände in demselben Wasser sind. Die gleiche Temperatur wird unterschiedlich wahrgenommen. Das Temperaturgefühl zeigt in diesem Fall nicht die „richtige" Temperatur an, sondern sagt etwas über die Richtung der Temperaturänderung. Die „Vorgeschichte" spielt also eine wichtige Rolle.

Merksatz
Der Temperatursinn hilft uns, Temperaturen zu vergleichen. Er kann aber auch täuschen. Man sagt: Der Temperatursinn ist subjektiv.

Gefühlte und gemessene Temperatur werden häufig auch im Wetterbericht unterschieden → B2 . Die gefühlte Temperatur hängt nämlich auch von der Windgeschwindigkeit und der Luftfeuchtigkeit ab. Wenn es z. B. windig ist, frieren wir viel schneller als bei Windstille, auch wenn die Lufttemperatur in beiden Fällen gleich ist.

V1 Anna hält ihre rechte Hand in kaltes Wasser, ihre linke in heißes Wasser. Dann taucht sie beide Hände in die mittlere Schale mit lauwarmem Wasser.

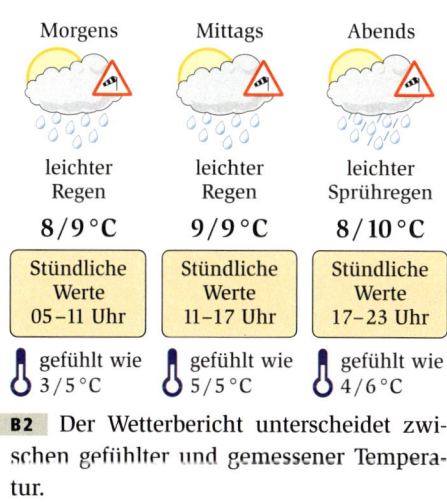

Morgens	Mittags	Abends
leichter Regen	leichter Regen	leichter Sprühregen
8 / 9 °C	9 / 9 °C	8 / 10 °C
Stündliche Werte 05–11 Uhr	Stündliche Werte 11–17 Uhr	Stündliche Werte 17–23 Uhr
gefühlt wie 3 / 5 °C	gefühlt wie 5 / 5 °C	gefühlt wie 4 / 6 °C

B2 Der Wetterbericht unterscheidet zwischen gefühlter und gemessener Temperatur.

Mach's selbst

A1 Beschreibe, wie der menschliche Körper auf Hitze und Kälte reagiert.

A2 In der Biologie unterscheidet man gleichwarme und wechselwarme Lebewesen. Erläutere den Unterschied und stelle eine Tabelle auf.

A3 Nenne Situationen, in denen es wichtig ist, Temperaturen genau zu kennen.

A4 Stelle dir vor, unsere Haut könnte nicht empfinden, ob etwas heiß oder kalt ist. Beschreibe, welche Auswirkungen das hätte.

A5 Ein Beduine und ein Inuit treffen sich in Hannover. Beduine: Echt coole Stadt. Inuit: Ja, total heiß.

B1 Die Temperatur muss genau stimmen.

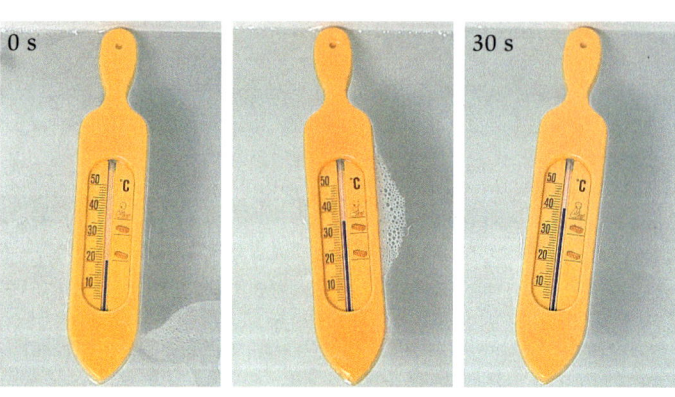

0 s   30 s

B2 Es dauert, bis das Thermometer den richtigen Wert zeigt.

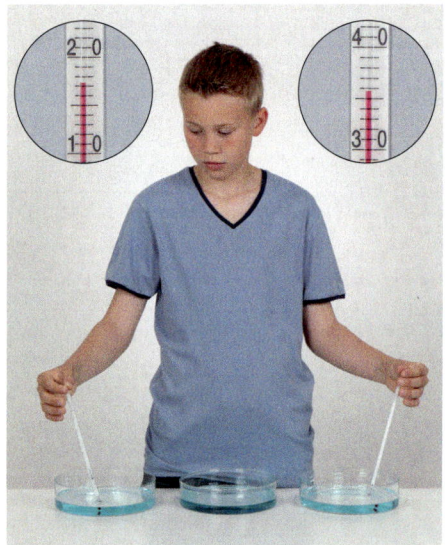

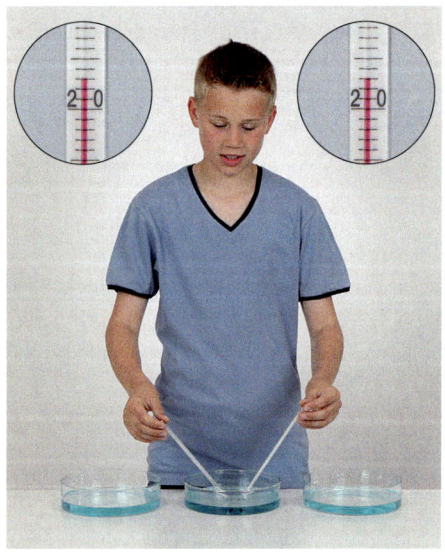

V1 Annas Versuch wird etwas abgewandelt. Die Thermometer ersetzen die Hände und messen objektiv.

1. Thermometer messen objektiv

Babys sind sehr empfindlich, deshalb muss die Temperatur beim Baden genau stimmen → **B1** . Um keinen Fehler zu machen, verlässt man sich deshalb in der Regel auf ein Badethermometer → **B2** und nicht auf das Temperaturgefühl.

Thermometer haben mehrere Vorteile:
- Die Messung ist objektiv. Das heißt, dass sie vom Gefühl der Person unabhängig ist. Jeder kommt beim Ablesen des Thermometers zum gleichen Ergebnis.
- Statt der groben Einteilung kalt – lauwarm – heiß kann man an der fein unterteilten Thermometerskala Zahlenwerte ablesen. Dadurch kann man die Temperatur genau feststellen und anderen mitteilen.
- Außerdem kann man mit geeigneten Thermometern auch Temperaturen in solchen Bereichen messen, die für unseren Körper zu heiß oder zu kalt sind.

Daniel wiederholt Annas Versuch mit zwei Thermometern → **V1** . In den beiden äußeren Gefäßen zeigen die Thermometer verschiedene Temperaturen an. Im mittleren Gefäß zeigen beide Thermometer die gleiche Temperatur an. Im Gegensatz zum Temperaturgefühl der Hände lassen die Thermometer sich nicht täuschen. Daniels Versuch zeigt auch, worauf man beim Messen mit dem Thermometer achten muss, bevor man die richtige Temperatur ablesen kann: Man muss einen Moment warten. Das Thermometer braucht etwas Zeit, um die Temperatur des Wassers anzunehmen. Außerdem darf das Thermometer das Glasgefäß nicht berühren, es darf nur mit dem Wasser in Kontakt kommen.

Merksatz

Um objektiv festzustellen, wie kalt oder heiß etwas ist, bestimmt man die Temperatur mit einem Thermometer.
Ein Thermometer zeigt erst nach einer gewissen Zeit die Temperatur seiner Umgebung an. Der Temperaturfühler muss guten Kontakt zum Messgegenstand haben.

2. Flüssigkeitsthermometer

Im Alltag sieht man häufig Flüssigkeitsthermometer. Anna möchte wissen, wie so ein Thermometer funktioniert. Warum steigt oder fällt die Anzeige, wenn die Temperatur sich ändert? Dazu führt Anna → V2 durch. Sie füllt einen Glaskolben mit Öl und verschließt ihn mit einem Gummistopfen, in dem ein dünnes Glasrohr steckt. Beim Erhitzen steigt das Öl im Glasrohr nach oben. Da keine Flüssigkeit entsteht oder verschwindet, bleibt nur eine Erklärung: Bei höherer Temperatur braucht das Öl mehr Platz, der überschüssige Anteil steigt deshalb in dem Röhrchen hoch.

Auch andere Flüssigkeiten nehmen bei hoher Temperatur in der Regel mehr Platz ein als bei niedriger Temperatur. Aus dem Platzbedarf einer bestimmten Flüssigkeitsmenge können wir daher auf die Temperatur schließen. Je mehr Platz die Flüssigkeit benötigt, desto höher ist die Temperatur. Mit einem Glasrohr kann man die Ausdehnung sichtbar machen. Je dünner das Glasrohr ist, desto stärker ändert sich die Höhe der Flüssigkeit mit der Temperaturänderung.

Merksatz

In der Regel dehnen sich Flüssigkeiten bei Temperaturerhöhung aus. Beim Abkühlen ziehen sie sich wieder zusammen.

3. Das Thermometer bekommt eine Skala

Anna möchte ein Thermometer bauen. Sie verwendet dazu ein Thermometerröhrchen ohne Beschriftung → V3 . Die Skala will sie selbst herstellen, aber wie? Sie hat gehört, dass man die Temperatur des schmelzenden Eises 0 °C (Grad Celsius) nennt und die des siedenden Wassers 100 °C. Also hält sie das Röhrchen zuerst in Wasser von schmelzendem Eis (Eiswasser) und wartet, bis sich die Flüssigkeitssäule auf eine feste Höhe eingestellt hat. Dann markiert sie diesen „Fixpunkt". Anschließend wiederholt sie das Verfahren im siedenden Wasser und erhält den zweiten Fixpunkt ihrer Skala. Mit einem Lineal misst sie nun den Abstand zwischen den beiden Markierungen und teilt ihn in zehn gleiche Teile. Dadurch erhält sie eine Temperaturskala mit Abständen von 10 °C.

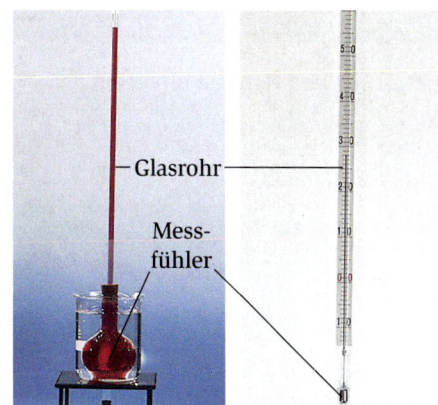

V2 Modell eines Flüssigkeitsthermometers. Das Öl im Glaskolben dehnt sich bei Erwärmung aus. Was nicht mehr hinein passt, steigt im Glasrohr nach oben. Beim Abkühlen sinkt es wieder auf die Ausganghöhe.

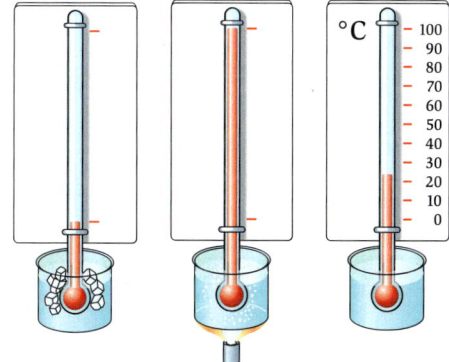

V3 So wird eine Temperaturskala angefertigt. Zuerst wird das Flüssigkeitsröhrchen in Eiswasser getaucht. Die Höhe, an der die Flüssigkeitssäule stehen bleibt, wird mit 0 °C markiert. Danach wird das Röhrchen in sie-dendes Wasser getaucht und die neue Flüssigkeitshöhe mit 100 °C beschriftet. Zum Schluss wird die Strecke dazwischen in zehn gleiche Teile geteilt.

Mach's selbst

A1 Nenne mehrere Vorteile eines Thermometers im Vergleich zum subjektiven Temperaturgefühl.

A2 Tom will mit einem Flüssigkeitsthermometer die Wassertemperatur messen. Nenne mögliche Fehler, die dabei gemacht werden können.

A3 Vergleiche den Durchmesser des Messfühlers eines Flüssigkeitsthermometer mit dem des Steigrohrs. Erkläre den Unterschied.

A4 Begründe, warum Flüssigkeitsthermometer nur für einen begrenzten Temperaturbereich verwendet werden können.

A5 Wasser verhält sich bei Temperaturänderungen anders als die meisten Flüssigkeiten.
a) Informiere dich über die Temperaturausdehnung von Wasser.
b) Begründe mit deinen Informationen, warum Wasser als Thermometerflüssigkeit nicht gut geeignet ist.

Verschiedene Temperaturskalen

Im Sommer kann die Temperatur in New York leicht auf über 90 Grad steigen. Allerdings ist das dann keine Celsius-Temperatur. In den USA wird die Temperatur in Grad Fahrenheit gemessen. Wie kommt man zu verschiedenen Temperaturskalen?

Eine Temperaturskala wird durch sogenannte Fixpunkte festgelegt. Als Fixpunkte wählt man Temperaturen, die überall auf der Welt und unabhängig vom Beobachter exakt gleich sind.

In Europa ist die Celsius-Skala üblich. Sie geht auf den Schweden Anders Celsius (um 1740) zurück. Er stellte fest:
- Schmelzendes Eis hat immer dieselbe Temperatur.
- Siedendes Wasser hat immer dieselbe Temperatur.

Diese beiden Temperaturen wählte er als Fixpunkte, da sie sich nicht verändern. (Streng genommen hängen die Temperaturen auch noch vom Luftdruck ab).

Den unteren Fixpunkt des schmelzenden Eises nennt man 0 °C (Null Grad Celsius), den oberen Fixpunkt, bei dem Wasser siedet, 100 °C (100 Grad Celsius). Das Wort Grad kommt aus dem Lateinischen und meint „Schritt".

Der Abstand zwischen den Fixpunkten wird in 100 gleiche Grade geteilt. Die Skala kann dann auch über die Fixpunkte hinaus verlängert werden. Einige Temperaturbeispiele:

Sonnenoberfläche	ca. 6000 °C
Glühlampendraht	ca. 2000 °C
Siedendes Wasser	100 °C
höchste Temperatur in Wüsten	60 °C
Körpertemperatur	37 °C
Eiswasser	0 °C
tiefste Temperatur in der Antarktis	− 89,2 °C

In den USA benutzt man die **Fahrenheit-Skala**. Sie geht zurück auf den Physiker Daniel Fahrenheit (1686 – 1736). Er wählte als Nullpunkt die Temperatur einer Mischung aus Eis und Salz. Diese Mischung hatte die tiefste Temperatur, die er damals herstellen konnte. Dadurch wollte er negative Temperaturen vermeiden. Für den oberen Fixpunkt wählte er die Körpertemperatur eines Menschen. Heute entspricht 0 °C einer Temperatur von 32 °F (Grad Fahrenheit).

Verschiedene Thermometer

Die meisten Thermometer, die man im Alltag verwendet, haben eine „empfindliche" Stelle, einen Messfühler. Er muss das Messobjekt berühren.

Flüssigkeitsthermometer zeigen nur Temperaturen an, bei denen die Füllung flüssig ist. Außerhalb dieses Bereichs benötigt man andere Thermometer.

Bimetallthermometer haben einen Metallstreifen, der sich mit steigender Temperatur immer stärker krümmt. Damit kann man Temperaturen bis ca. 500 °C messen.

Elektronische Thermometer nutzen die Eigenschaft, dass sich mit der Temperaturänderung auch der elektrische Widerstand ändert.

Daneben gibt es auch Thermometer, die berührungslos messen. Sie messen die Energiestrahlung, die jeder Gegenstand abstrahlt. Ein Beispiel ist das Ohrthermometer. Es nutzt die Wärmestrahlung des Trommelfells.

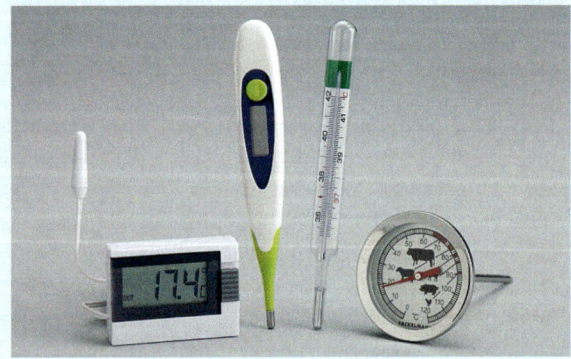

Kompetenz – Versuchsprotokoll anfertigen

Ein Versuchsprotokoll beschreibt, wie ein Experiment durchgeführt wurde und welche Ergebnisse es geliefert hat. Das Protokoll ist wichtig, damit man selbst weiß oder auch andere nach dem Lesen des Protokolls wissen, wie man zu den Ergebnissen gekommen ist. So macht man es in der Wissenschaft und so hast du es schon früher im Unterricht gelernt. Die einzelnen Schritte, die man bei der Anfertigung eines Protokolls beachten muss, sind hier noch einmal zu dem Versuch ➔ **Das Thermometer bekommt eine Skala** zusammengefasst.

Bausteine eines Protokolls

1. Ziel des Versuchs
Warum machen wir das Experiment? Wollen wir eine Vermutung überprüfen, eine Eigenschaft zeigen oder etwas messen?

2. Benötigtes Material
Welche Geräte und Materialien benötigt man, um den Versuchsaufbau herzustellen?

3. Versuchsaufbau
Wie werden die Teile zusammengefügt? Oft genügt auch eine Skizze.

4. Versuchsdurchführung
Hier werden die wichtigen Schritte des Versuchs so beschrieben, dass jeder Leser den Versuch damit selbst durchführen könnte.

5. Beobachtung/Messwerte
Hier schreibt man auf, was man beim Ablauf des Versuchs beobachtet. Die Beobachtungen sollten vollständig sein und genau beschrieben werden. Messergebnisse werden in einer Tabelle notiert.

6. Ergebnis/Auswertung/Deutung
Welches Ergebnis hat das Experiment gebracht? Wie kann man das Ergebnis erklären? Wenn man Messwerte aufgenommen hat, kann es hilfreich sein, die Werte in einem **Diagramm** darzustellen.

Anna und Daniel schreiben ein Protokoll

1. Wir wollen die Skala eines Thermometers nach der Idee von Anders CELSIUS herstellen.

2. Thermometerröhrchen ohne Skala, 2 Bechergläser ...

3. Versuchsskizze:

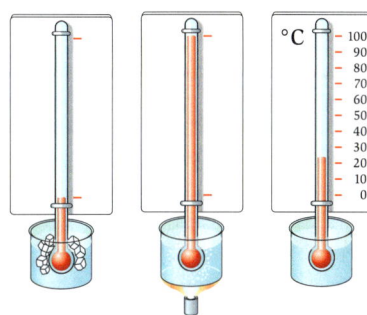

4. Zuerst halten wir den Messfühler in Eiswasser, bis die Höhe der Flüssigkeit sich nicht mehr verändert. Diese Höhe markieren wir. Dann ...

Zum Schluss messen wir den Abstand der beiden Markierungen mit einem Lineal. Wir teilen diesen Abstand in ...

5. Wir kontrollieren die Markierungen noch einmal in Eiswasser bzw. in siedendem Wasser. Dabei stellen wir fest ...

6. Wir haben aus einem Steigrohr ein Celsius-Thermometer gemacht. Damit können wir jetzt ...

Mach's selbst

A1 Gib begründet an, welche Thermometer für welche Anwendung geeignet sind.

A2 Stelle eine Tabelle auf, aus der man für verschiedene Celsius-Temperaturen die entsprechenden Fahrenheit-Temperaturen ablesen kann. Verwende z. B. das Bild auf der linken Seite.

A3 Schaue dir verschiedene Thermometer an. Notiere für jedes Thermometer den Messbereich (kleinste und größte ablesbare Temperatur). Nenne jeweils einen Anwendungsbereich.

A4 Informiere dich über typische Temperaturwerte und ergänze die Tabelle auf der linken Seite.

A5 Das Protokoll von Daniel und Anna ➔ **Kompetenz** ist noch unvollständig. Ergänze es.

A6 Informiere dich über die Kelvinskala. Vergleiche Sie mit den anderen Temperaturskalen. Gib die tiefste mögliche Temperatur in verschiedenen Temperatureinheiten an.

A. So entsteht ein Temperaturdiagramm

Wie wird das Wetter von morgen? Das ist für viele Menschen eine wichtige Frage. Deshalb messen Meteorologen in ihren Wetterstationen z. B. die Windgeschwindigkeit, die Regenmenge und die Temperatur. Mit diesen Daten können sie dann Vorhersagen über das Wetter von morgen treffen.

Eine sehr wichtige Information ist der Temperaturverlauf. Die Temperaturen eines Tages werden regelmäßig gemessen. Die Tabelle → **T1** zeigt die Messwerte. Zur besseren Übersicht werden die Messwerte in ein Diagramm eingetragen. In → **B1** sieht man so ein Zeit-Temperatur-Diagramm.

Wie entsteht das Diagramm? Man könnte zu jedem Zeitpunkt ein vollständiges Thermometer mit Skala zeichnen. Das ist aber sehr zeitaufwendig. Es reicht, wenn man nur die Flüssigkeitssäulen zeichnet, so wie es in → **B1** für die ersten Stunden gezeigt ist. Die Temperaturskala wird nur einmal gezeichnet: Als senkrechte Achse (Hochachse) am linken Rand des Diagramms. Die waagerechte Achse (Rechtsachse) gibt an, zu welchem Zeitpunkt die jeweilige Temperatur gemessen wurde.

Eigentlich sind aber nicht die ganzen Säulen, sondern nur die Endpunkte der Säulen wichtig. Diese zeigen, wie hoch die Temperatur ist. Daher markiert man meistens auch nur diese Endpunkte (z. B. mit Kreuzen) und erhält so ein Punktdiagramm.

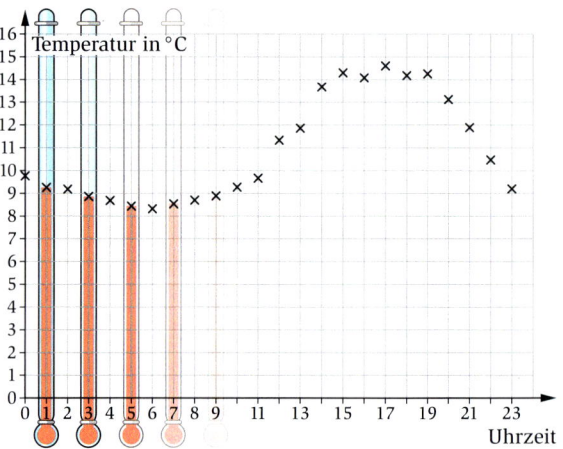

B1 Aus den Tabellenwerten entsteht schrittweise ein Zeit-Temperatur-Diagramm.

B. Zwischen den Punkten des Diagramms

Häufig werden die Punkte im Diagramm durch eine Linie verbunden. Darf man das? Eigentlich nicht, denn die Temperaturwerte zwischen den Messungen sind nicht bekannt. Wenn aber zwischen zwei Messungen nur wenig Zeit vergeht, wird sich die Temperatur dazwischen nicht sprunghaft verändert haben. In diesem Fall kann man die Messwerte durch eine glatte Kurve verbinden. Je genauer man es wissen will, desto mehr Messwerte muss man aufnehmen.

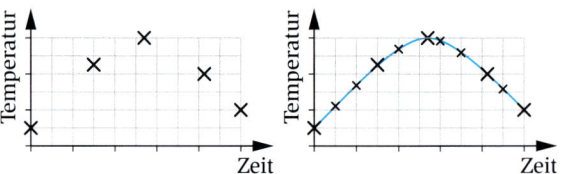

C. Diagramme geben Überblick

Aus → **T1** können Daniel und Anna einzelne Werte ablesen: Zum Beispiel wurde die höchste Temperatur um 17:00 Uhr gemessen, sie betrug 14,5 °C.

In einem Diagramm erkennt man Zusammenhänge „auf einen Blick". In → **B1** liest man um 00:00 Uhr die Temperatur von ca. 10 °C ab. Bis zum Vormittag änderte sie sich nur wenig. Ab 11:00 Uhr stieg sie merklich an und blieb von 14:00 Uhr bis 19:00 Uhr fast konstant. Ab 19:00 Uhr fiel sie dann schnell ab – bis zum Minimalwert von 9 °C um 23:00 Uhr.

Über die Ursachen kann man spekulieren. Vielleicht war es am Vormittag stark bewölkt. Der folgende Temperaturanstieg ist vielleicht dadurch zu erklären, dass die Wolken sich verzogen und die Sonne hervorkam.

Zeitpunkt	Temperatur in °C	Zeitpunkt	Temperatur in °C
0 Uhr	9,8	12 Uhr	11,3
1 Uhr	9,2	13 Uhr	11,8
2 Uhr	9,1	14 Uhr	13,6
3 Uhr	8,8	15 Uhr	14,2
4 Uhr	8,6	16 Uhr	14,0
5 Uhr	8,4	17 Uhr	14,5
6 Uhr	8,3	18 Uhr	14,1
7 Uhr	8,5	19 Uhr	14,2
8 Uhr	8,6	20 Uhr	13,0
9 Uhr	8,8	21 Uhr	11,8
10 Uhr	9,2	22 Uhr	10,4
11 Uhr	9,6	23 Uhr	9,1

T1 Tabelle mit Temperaturwerten im Tagesverlauf

D. Ein Diagramm mit dem Computer erstellen

Für ein Referat oder ein Poster fertigt man ein Diagramm in der Regel mit dem Computer an. Das kann man mit einer Tabellenkalkulationssoftware machen, z. B. mit EXCEL®.

Zuerst schreibt man die Messwerte in zwei verschiedene Spalten des Tabellenblatts. Spalte A enthält die Uhrzeit, Spalte B die Temperatur.

	A	B
1	Uhrzeit	Temperatur in °C
2	0	9,8
3	2	9,1
4	4	8,6
5	6	8,3
6	8	8,6
7	10	9,2
8	12	11,3

Dann markiert man mit der linken Maustaste alle Messwerte und wählt den Menüpunkt: *Einfügen → Diagramm*. Aus den verschiedenen Diagrammarten wählt man das Punkt(*xy*)-Diagramm **→ B2** .

Zum Schluss kann man noch den Titel und die Beschriftung der Achsen eingeben **→ B3** .

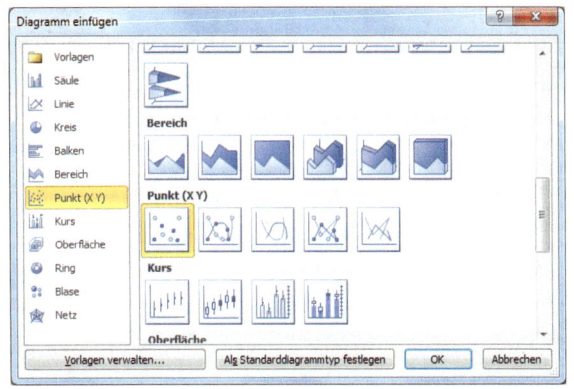

B2 EXCEL®-Menü zum Zeichnen eines Diagramms

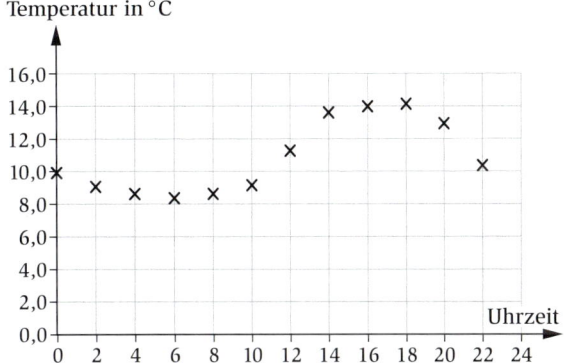

B3 Das fertige Temperaturdiagramm mit Beschriftung der Achsen

---

Mach's selbst

A1 Miss einen Tag lang jede Stunde die Außentemperatur. Halte deine Messwerte in einer Tabelle fest. Fertige ein Diagramm an.

A2 Anna und Daniel haben Wasser erhitzt und alle 30 Sekunden die Temperatur gemessen:

Zeit in s	0	30	60	90
Temp. in °C	17	20	25	28

Zeit in s	120	150	180	
Temp. in °C	32	37	41	

a) Fertige ein Zeit-Temperatur-Diagramm an. Überlege dir zuerst einen sinnvollen Maßstab für die beiden Achsen. Die Temperaturachse muss nicht bei 0 °C beginnen.
b) Die Messpunkte liegen fast auf einer geraden Linie. Zeichne mit dem Lineal eine Gerade nach Augenmaß so ein, dass alle Messpunkte möglichst nah an dieser sogenannten Ausgleichsgeraden liegen.
c) Die Ausgleichsgerade ermöglicht das Ablesen von Zwischenwerten. Stellt euch gegenseitig Ableseaufgaben.

A3 Das Diagramm zeigt Temperaturen im Klassenzimmer.

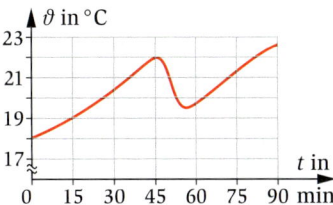

a) Lies die höchste und die niedrigste Temperatur ab.
b) Beschreibe und erkläre den Temperaturverlauf – was ist geschehen?
c) Fertige ein Temperaturdiagramm für dein eigenes Klassenzimmer an.

A. Zerstörerische Kräfte

Du weißt bereits, dass sich Flüssigkeiten beim Erwärmen ausdehnen. Diese Eigenschaft verwendet man bei Flüssigkeitsthermometern. Auch feste Körper dehnen sich bei Temperaturerhöhung aus, beim Abkühlen ziehen sie sich wieder zusammen.

Die Temperaturausdehnung kann zu großen Kräften führen. Diese Kräfte können so groß werden, dass sie einen dicken Eisenbolzen zerbrechen. Das kann man mit dem Bolzensprengapparat demonstrieren.

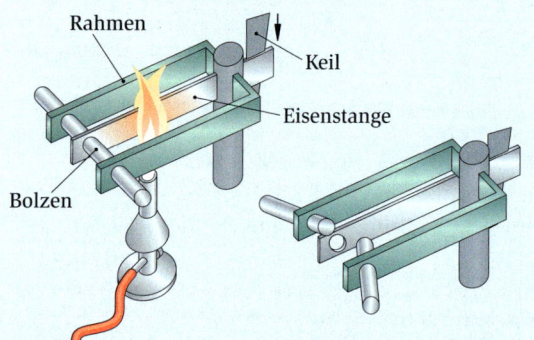

Außen hat er einen stabilen U-förmigen Rahmen aus Eisen. In der Mitte ist eine Stange fest eingespannt zwischen dem Eisenbolzen links und dem Keil rechts. Der Keil steckt in einem Spalt, der zum Teil von der Halterung verdeckt ist.

Wenn man die Stange in der Mitte stark erhitzt, dehnt sie sich aus und gibt an der Halterung ein größeres Stück des Spaltes frei. Deshalb kann man den Keil tiefer hineinschieben, sodass die mittlere Stange wieder fest eingespannt ist. Kühlt sich die Eisenstange dann ab, so zieht sie sich wieder zusammen. Dadurch wirkt auf den spröden Eisenbolzen eine starke Kraft, die so groß ist, dass er schließlich zerbricht.

B. Temperaturausdehnung überall

In unserer Umgebung finden wir viele Beispiele, bei denen die Temperaturausdehnung eine wichtige Rolle spielt.

Brücken sind im Laufe der Jahreszeiten starken Temperaturschwankungen ausgesetzt. Je nach Größe der Brücke kann das zu Längenänderungen von einigen Zentimetern bis zu einem Meter führen. Die Brücken müssen so konstruiert werden, dass die Temperaturausdehnung keinen Schaden verursacht. Deshalb liegen die Träger der Brücken auf beweglichen Lagern.

Die Fahrbahn selbst erhält Dehnungsfugen, die die Längenänderungen ausgleichen. Sie sind so verzahnt, dass die Fahrzeugräder nicht hineinfallen.

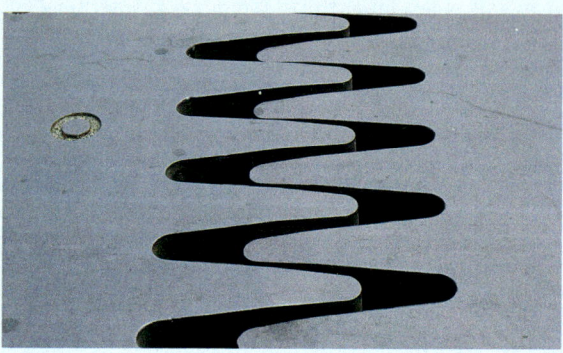

Häufig werden verschiedene Materialien eng miteinander in Kontakt gebracht. Das ist z. B. bei einem Fenster mit Aluminiumrahmen der Fall. Der Aluminiumrahmen kann sich bei Temperaturänderungen um einige Millimeter ausdehnen. In der Grafik kannst du ablesen, dass Glas sich aber viel weniger ausdehnt als Aluminium.

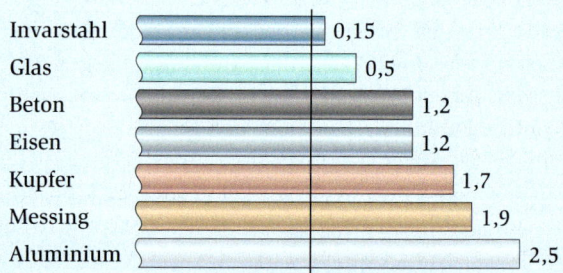

Invarstahl	0,15
Glas	0,5
Beton	1,2
Eisen	1,2
Kupfer	1,7
Messing	1,9
Aluminium	2,5

Damit das Fenster nicht undicht wird, baut man eine elastische Gummidichtung ein. So werden die unterschiedlichen Längenänderungen ausgeglichen.

Die physikalischen Gesetze gelten aber nicht nur in der Großtechnik, auch z. B. in der Medizin müssen sie beachtet werden:

Der Zahnarzt muss die Temperaturausdehnung berücksichtigen, wenn er mit einer Füllung ein Loch im Zahn repariert. Wir trinken heißen Tee und essen kaltes Eis. Dadurch haben die Zähne und auch die Zahnfüllungen immer wieder andere Temperaturen. Damit dabei keine Risse auftreten, muss das Füllungsmaterial sich ähnlich ausdehnen wie der Zahn selbst. Um die Haltbarkeit von Zahnfüllungen zu testen, werden Testmodelle bis zu zehntausend Mal für jeweils 30 Sekunden abwechselnd in 55 °C warmes bzw. 5 °C kaltes Wasser gehalten.

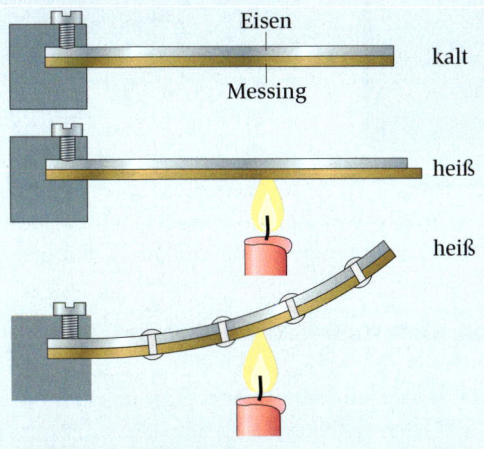

B1 Bimetallstreifen

B2 Temperaturausdehnung sichtbar machen

C. Bimetallstreifen

Die unterschiedliche Ausdehnung verschiedener Stoffe nutzt man beim **Bimetallstreifen** („Bi" bedeutet Zwei). Er besteht aus zwei Metallstreifen (z.B. aus Messing und Eisen), die in ihrer ganzen Länge fest miteinander verbunden sind → **B1** . Beide Metalle dehnen sich bei Erwärmung aus, Messing aber stärker als Eisen. Weil die Streifen fest miteinander verbunden sind, können sie sich nicht gegeneinander verschieben. Deshalb krümmt sich der Bimetallstreifen. Das Metall, das sich stärker ausdehnt, liegt außen. Wie bei einer Tartanbahn ist die Außenlänge größer, der Metallstreifen hat dort also mehr Platz. Beim Abkühlen wird der Bimetallstreifen wieder gerade.

Bimetallstreifen findet man in vielen Anwendungen. Zum Beispiel dienen sie als Schalter, die auf Erwärmung reagieren, oder zur Temperaturmessung in Bimetallthermometern. Damit kann man auch Temperaturen in der Tiefkühltruhe oder im Backofen messen, da ein Bimetallthermometer keine Flüssigkeit enthält, die gefrieren oder sieden könnte.

Mit Alufolie und Papier kannst du einen Bi-„Metall"-Streifen selbst herstellen. Klebe dazu Alufolie auf ein Blatt Papier. Schneide einen ca. 15 cm langen und 2 cm breiten Streifen aus. Halte diesen Alupapierstreifen mit der Aluseite in einem Abstand von einigen Zentimetern vorsichtig über eine Kerzenflamme. Der Streifen krümmt sich. Wenn der Streifen abkühlt, wird er wieder gerade.

Wenn du den Streifen auf einen Heizkörper oder in die Sonne legst, kannst du die Temperaturänderungen sichtbar machen. Verschiedene Papier- und Alufolienstärken beeinflussen die Stärke der Krümmung.

D. Temperaturausdehnung sichtbar machen

Die Verlängerung eines Metallstabes bei steigender Temperatur ist mit bloßem Auge kaum zu erkennen. Du kannst sie aber mit einem Trick sichtbar machen. Dazu benötigst du eine dünne Metallstange, einen großen Nagel oder eine lange Stecknadel und einen Trinkhalm. Ein Ende der Metallstange muss fest eingespannt werden, das andere Ende ist beweglich und liegt auf dem Nagel → **B2** .

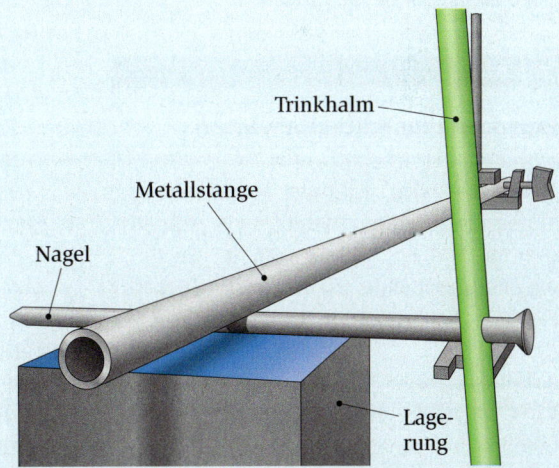

Der Zeiger besteht aus einem Trinkhalm, durch den der Nagel als Drehachse gesteckt ist (mit einem Klebestreifen oder etwas Knete hält die Verbindung besser). Wenn sich die Metallstange ausdehnt, schiebt sich ihr bewegliches Ende über den Nagel. Dadurch dreht sich der Nagel. Eine kleine Längenänderung der Metallstange führt zu einem deutlichen Drehwinkel des Nagels, die Drehung wird auch aus größerer Entfernung gut sichtbar.

B1 Kristallzucker löst sich auf: Die Teilchen werden immer kleiner, aber irgendwann ist Schluss.

B2 Farbstoff in Wasser: Die Wasserteilchen sind in Wirklichkeit 1000-mal kleiner als die Farbteilchen.

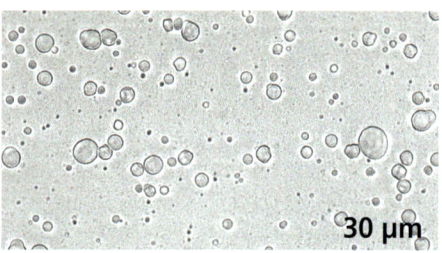

30 μm

V1 Wir geben ein wenig frische Milch in 100 ml Wasser. Einen Tropfen dieser verdünnten Milch betrachten wir bei 1000-facher Vergrößerung. Wir beobachten die Fetttröpfchen in ständiger Bewegung. Auch nach langer Zeit kommen sie nicht zur Ruhe. Die kleineren Fetttröpfchen bewegen sich schneller als die großen.

Projekt

Experiment zur Teilchenbewegung

Untersuche den Einfluss verschiedener Wassertemperaturen darauf, wie schnell sich ein Stoff im Wasser verteilt. Als Untersuchungsobjekte eignen sich Zucker, Farbstoff, Teebeutel oder löslicher Kaffee.

Arbeitsaufträge:

1 Schreibe deinen Plan auf. Er sollte die folgenden Aspekte einschließen:
- Was brauchst du für deinen Versuch?
- Was genau willst du beobachten?
- Was und wie kannst du messen?

2 Führe deinen Versuch durch und notiere die Ergebnisse übersichtlich.

3 Begründe mit deinen Ergebnissen den Einfluss der Wassertemperatur.

4 Erkläre den beobachteten Einfluss der Wassertemperatur mithilfe des Teilchenmodells.

1. Ein Denkmodell: Kleinste Teilchen und Temperatur

Viele Vorgänge lassen sich durch die Annahme erklären, dass alle Stoffe aus kleinsten Teilchen bestehen. Sie müssten so klein sein, dass man sie nicht sehen kann – auch nicht mit einem Mikroskop. Mit diesem **Teilchenmodell** lassen sich viele Beobachtungen erklären:

- Gibt man einen Tropfen Parfüm auf ein Stück Papier, kann man das Parfüm nach einer gewissen Zeit im ganzen Raum riechen. Warum ist das so? Im Teilchenmodell kann man sich vorstellen, dass die vielen kleinen Parfümteilchen sich nach und nach überall im Raum verteilen.
- Gibt man etwas Zucker in ein Glas Wasser, dann schmeckt das ganze Wasser nach einiger Zeit süß → **B1**. Im Teilchenmodell stellt man sich vor, dass sich der Zucker in kleine Teilchen auflöst, die dann gleichmäßig im Wasser verteilt werden.
- Auch Farbstoff verteilt sich in Wasser von selbst mit der Zeit → **B2**. Auch dies versteht man, wenn man sich kleine Farbteilchen im Wasser vorstellt.

Das Teilchenmodell besagt nicht nur, dass alle Stoffe aus kleinsten Teilchen aufgebaut sind. Es fordert auch die ständige Bewegung der Teilchen. In → **V1** sehen wir unter dem Mikroskop Fetttröpfchen von stark verdünnter Milch. Alle Fetttröpfchen sind tatsächlich in ständiger Hin- und Herbewegung, die kleinen schneller als die großen. Die viel kleineren, unsichtbaren Wasserteilchen müssen also noch schneller sein. Bei Beleuchtung mit einer Glühlampe sehen wir, dass die Geschwindigkeit aller Teilchen mit der Temperatur zunimmt. Damit kann man verstehen, warum sich Zucker in heißem Wasser schneller auflöst als in kaltem.

Merksatz

Das Teilchenmodell besagt: Alle Gegenstände bestehen aus winzig kleinen Teilchen.

Die Teilchen sind in ständiger und unregelmäßiger Bewegung. Je höher die Temperatur ist, desto stärker ist die Bewegung der Teilchen.

2. Teilchenbewegung und Energie

Wenn ein Gegenstand erhitzt wird, sieht man äußerlich dabei meist keinen Unterschied. Mit dem Teilchenmodell können wir uns aber vorstellen, was im Innern geschieht.

Durch Erhitzen des Gegenstandes wird ihm Energie zugeführt, seine Temperatur steigt. Nach unserem Denkmodell bewegen sich die Teilchen nun schneller. Bei einem festen Körper bleiben sie natürlich an ihrem Platz, sie zittern bei höherer Temperatur aber stärker hin und her.

Aus unseren Energieüberlegungen wissen wir schon, dass jeder sich bewegende Körper Bewegungsenergie hat. Dann hat auch jedes Teilchen Bewegungsenergie und bei höherer Temperatur eine größere Bewegungsenergie. Da der Gegenstand aus allen seinen Teilchen besteht, hat er dann auch insgesamt mehr Energie. Jetzt verstehen wir, warum ein Körper bei höherer Temperatur eine größere **innere Energie** hat.

Bei einem Kontakt zweier Körper fließt Energie vom Körper höherer Temperatur zum Körper niedrigerer Temperatur. Mit dem Teilchenmodell kann man auch dies erklären. Schauen wir uns dazu als Beispiel → **V2** an. Die heiße Eisenkugel mit einer Temperatur von z. B. 500 °C wird in Wasser der Temperatur 20 °C gehalten. Aufgrund der hohen Temperatur zittern die Teilchen der Eisenkugel stark hin und her. Dort, wo sie das Wasser berühren, übertragen sie ihre Bewegung an die langsameren Wasserteilchen. Die angestoßenen Wasserteilchen werden schneller und geben ihre Bewegung an benachbarte, langsamere Wasserteilchen ab. Nach und nach nimmt auf diese Weise die Schnelligkeit aller Wasserteilchen zu. Die Schnelligkeit der Eisenteilchen nimmt ab, weil sie einen Teil ihrer Bewegungsenergie an die Wasserteilchen abgeben. Insgesamt nimmt also die innere Energie der Eisenkugel ab, die innere Energie des Wassers nimmt zu.

Merksatz

Die innere Energie eines Körpers hängt von der Summe der Bewegungsenergien seiner Teilchen ab.

Je höher die Temperatur des Körpers ist, desto größer ist seine innere Energie.

Die innere Energie eines Körpers kann auch ohne Kontakt mit einem heißen Körper erhöht werden, z. B. durch Reibung. Du kannst dieses Phänomen spüren, wenn du deine Handflächen aneinander reibst. Besonders sichtbar wird es beim Bremsen → **B3** . Die Bewegungsenergie eines Rennwagens wird durch die Reibung an die Bremsscheiben abgegeben. Das Auto wird langsamer, die innere Energie der Bremsscheiben nimmt zu. Dadurch steigt deren Temperatur. Manchmal werden die Bremsscheiben so heiß, dass sie glühen.

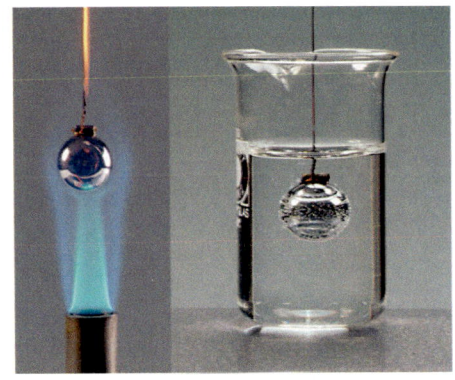

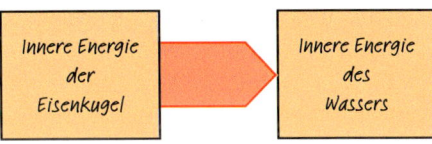

Innere Energie der Eisenkugel → Innere Energie des Wassers

V2 Eine Eisenkugel wird erhitzt. Anschließend wird sie in kaltes Wasser getaucht. Die Kugel wird kälter, das Wasser wärmer. Zum Schluss haben beide dieselbe Temperatur.

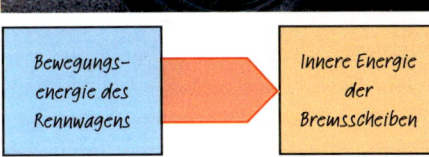

Bewegungsenergie des Rennwagens → Innere Energie der Bremsscheiben

B3 Beim Bremsen wird Bewegungsenergie in innere Energie gewandelt.

Mach's selbst

A1 Einstein erklärte → **V1** folgendermaßen: Streut man auf einen Ameisenhaufen Papierschnipsel, so können diese in größerer Entfernung gesehen werden, auch wenn man die einzelnen Ameisen nicht erkennt. Erläutere diesen Vergleich.

A2 Wenn eine Schüssel mit Wasser längere Zeit in der Sonne steht, verschwindet das Wasser. Erkläre den Vorgang mit dem Teilchenmodell.

A3 Jemand behauptet: „Eigentlich ist ein Thermometer ein Teilchentacho".
a) Nimm Stellung zu dieser Aussage.
b) Deute den Fall, dass der „Teilchentacho" auf Null steht.

A. Anomalie des Wassers

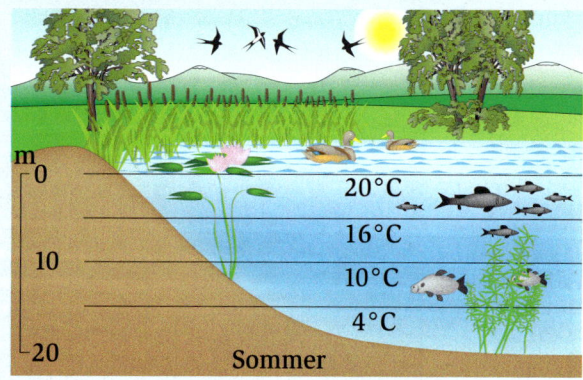
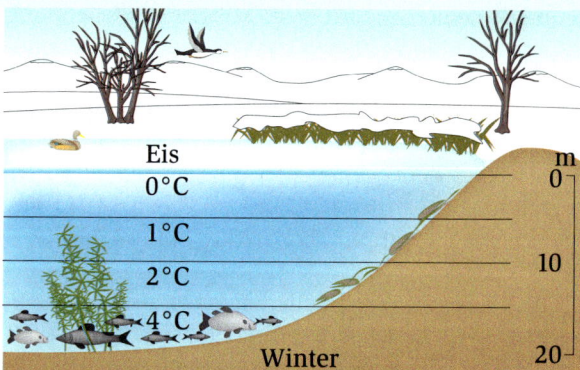

B1 Wassertemperaturen in einem See

Vielleicht hast du dir auch schon einmal die Frage gestellt, wie Fische überleben, wenn ein See bei strengem Frost zufriert. Biologen finden bei ihren Untersuchungen immer wieder Temperaturen in einem See, wie sie ➔ **B1** zeigt: Wenn oben schon eine Eisschicht auf dem See liegt, hat das Wasser unten im See noch 4 °C.

„Gut für die Fische!", sagt Anna, „aber wie passt das zur Physik? Wasser mit höherer Temperatur benötigt mehr Raum als Wasser mit niedrigerer Temperatur und müsste nach oben steigen – wie in ➔ **B1** im Sommer!"

Das Verhalten des Wassers zwischen 4 °C und 0 °C nennen Naturforscher die **Anomalie des Wassers**: Beim Abkühlen unter 4 °C nimmt das Volumen von Wasser wieder zu – ganz anders als erwartet.

Ein Versuch kann bestätigen, dass Wasser bei 4 °C am wenigsten Raum einnimmt und deshalb in einem Gewässer nach unten sinkt: In einem Thermogefäß

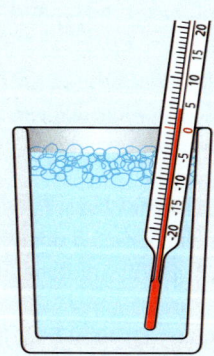

wird fein zerstoßenes Eis in kaltes Wasser getan. Es schwimmt oben und schmilzt bei 0 °C. Die Temperatur am Boden des Gefäßes nimmt langsam ab. Wenn 4 °C erreicht sind, rührt man um und wartet eine Minute. Danach hat sich die alte Temperaturverteilung wieder eingestellt: Unten 4 °C, oben 0 °C.

Man kann dieses wichtige Verhalten von Wasser näher untersuchen. Dazu wird Wasser in einen Glaskolben

mit Steigrohr gefüllt und die Höhe der Wassersäule beobachtet, wenn die Temperatur langsam steigt.

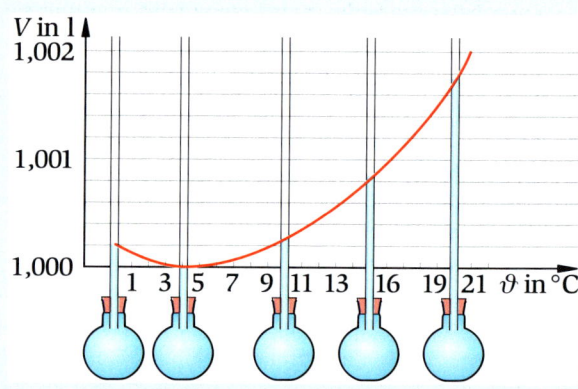

Man kann deutlich sehen, dass Wasser bei 4 °C den kleinsten Raum einnimmt.

Wie läuft ein solcher Vorgang in der Natur ab?
Wenn im Winter kalte Luft über den See streicht, kühlt die oberste Wasserschicht ab und sinkt zu Boden. Dadurch wird das Tiefenwasser nach oben gedrückt. Am Boden sammelt sich Wasser von 4 °C an. Diese Schicht kann bei weiterer Abkühlung (Eisbildung an der Oberfläche) nicht mehr verdrängt werden.
Fische und andere Wassertiere können in ihr in Winterstarre überleben.

Arbeitsaufträge:
1 Bei der Anlage von Gartenteichen wird eine Mindestwassertiefe von 80 cm empfohlen. Begründe dies.

2 Erkläre, warum Wasser als Thermometerflüssigkeit nicht geeignet ist.

B. Brüten mit System

Das Thermometerhuhn lebt im warmen Australien. Es hat eine besondere Brutmethode: Es baut einen Bruthügel.

Dazu scharrt das Huhn zuerst eine Grube und füllt sie mit Pflanzenteilen. Auf den Pflanzenhügel legt es das Nest mit den Eiern. Zum Abschluss wird alles mit einer Schicht Sand bedeckt.

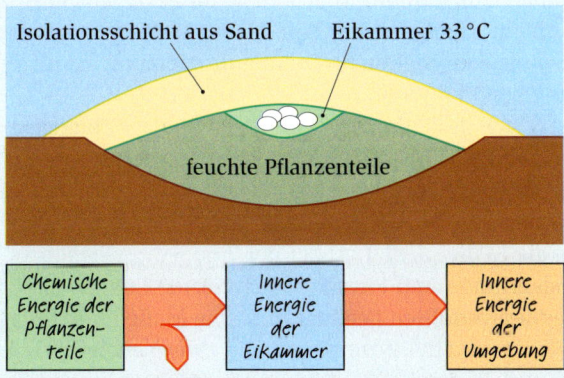

Nach einiger Zeit verrotten die Pflanzenteile. Dadurch steigt die Temperatur, ähnlich wie in einem Komposthaufen. Durch gezielte Veränderungen des Bruthügels reguliert das Huhn die Temperatur in der Eikammer auf 33 °C. Dazu überprüft es die Temperatur regelmäßig mit seinem Schnabel.

Arbeitsaufträge:

1 Nenne Vorteile und Nachteile eines sehr großen Bruthügels.

2 Nenne verschiedene Möglichkeiten, durch die das Huhn die Temperatur in der Eikammer ändern kann.

3 Erkläre mithilfe der Energieübertragungskette, wie die Temperatur in der Eikammer über 33 °C steigen oder unter 33 °C fallen kann.

C. Überleben in der Wüste

Für uns Menschen ist es schwer, in einer heißen Wüste zu überleben. Unsere Körpertemperatur muss immer etwa 37 °C betragen, sonst droht eine gefährliche Überhitzung. Steigt die Temperatur, beginnen wir zu schwitzen und wirken dadurch dem Temperaturanstieg entgegen. Dazu müssen wir viel trinken.

Im Unterschied zum Menschen ist ein Anstieg der Körpertemperatur für manche Wüstentiere kein Problem. Beim Dromedar kann die Körpertemperatur bis auf 41 °C steigen, erst dann beginnt es zu schwitzen. Das Dromedar speichert die Energie problemlos. Weil es kaum schwitzt, spart es Wasser.

Ähnlich ist es bei den kleinen Erdhörnchen. Sie ziehen sich tagsüber immer wieder in ihren unterirdischen Bau zurück – dort ist die Temperatur niedriger als an der Erdoberfläche.

Die Körpertemperaturen der beiden Tierarten verändern sich im Laufe des Tages recht deutlich. Das Zeit-Temperatur-Diagramm zeigt den Tagesverlauf.

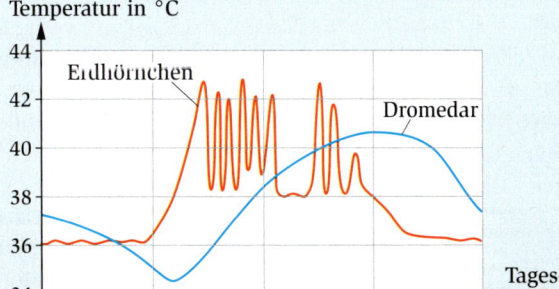

Arbeitsaufträge:

1 Beschreibe und begründe die Temperaturverläufe von Dromedar und Erdhörnchen.

2 Vergleiche die maximalen Temperaturschwankungen im Tagesverlauf mit denen eines Menschen.

3 Die Temperatur des Dromedars steigt viel langsamer an als die des Erdhörnchens. Plane ein Experiment, mit dem man diesen Effekt zeigen kann.

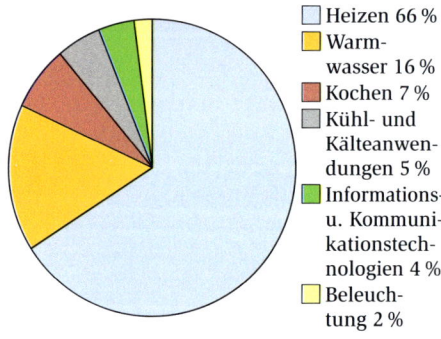

- Heizen 66 %
- Warmwasser 16 %
- Kochen 7 %
- Kühl- und Kälteanwendungen 5 %
- Informationsu. Kommunikationstechnologien 4 %
- Beleuchtung 2 %

B1 Energienutzung in privaten Haushalten – vor allem zum Heizen und Erhitzen

Startseite

Aktuelle Artikel

➢ **Das HBG: Umweltschutz und Energie sparen** sind groß geschrieben.

In jeder Klasse gibt es zwei Umweltmanager und zwei Energiemanager. Die einen sorgen für konsequente Mülltrennung, die anderen für das Einsparen von Strom, Heizwärme und Wasser.

Die **Energiemanager** beschäftigen sich mit dem Energiebedarf, decken Schwachstellen auf und machen Vorschläge für Energiesparmaßnahmen. Hier findest du weitere Informationen:

➢ Kontrolle der Raumtemperaturen   ➢ Ausstellen der Beleuchtung
➢ Überprüfung der Thermostateinstellungen   ➢ richtiges Lüften

➢ Lesen Sie mehr

B2 In vielen Schulen kümmern sich Schülerinnen und Schüler um den täglichen Energiebedarf.

Anstoß

1. Informiere dich über den Kreislauf des Wassers, das durch die Heizkörper in Wohnungen und Klassenräumen fließt. Wo findet Energieübertragung statt?
2. Im ➔ **B2** findest du rechts unten vier Vorschläge für Energiesparmaßnahmen. Was haben die genannten Maßnahmen mit Energiesparen zu tun? Erläutere jeden der vier Punkte.
3. Was würde sich ändern, wenn man ➔ **B1** für Schulen darstellen würde? Nenne begründete Vermutungen.

Vertiefung

Energiemessgerät für elektrische Geräte

In jeder Wohnung gibt es „Stromzähler" für den „Stromverbrauch". Es gibt aber auch Energiemessgeräte, um die auf einzelne Geräte übertragene Energie zu messen. Diese Geräte benutzen als Einheit meistens nicht Joule (J) oder Kilojoule (kJ), sondern **Kilowattstunde** (kWh).

Du kannst dir merken:
- 1 kWh = 3600 kJ,
- 1 kWh = 3600 · 1000 · J = 3.600.000 J
oder einfach 1 kWh = 3,6 Millionen Joule.

1. Energie kann man messen

Heizen von Räumen und Wasser füllen in ➔ **B1** drei Viertel des Tortendiagramms. Viele Gebäude haben eine Warmwasserheizung, auch dazu muss Wasser erhitzt werden.

An vielen Schulen gibt es Projekte zu Umweltschutz und Energiesparen ➔ **B2** . Anna arbeitet bei einem solchen Projekt mit. Sie weiß, dass Lehrkräfte und Schülerschaft vor allem Einfluss auf Heizung und Beleuchtung haben, und sie hat bei einem Rundgang mit dem Hausmeister gelernt, dass in der Schule sehr viel mehr Energie für Heizung als für Beleuchtung benötigt wird.

Anna fragt sich deshalb, wie viel Energie für das Erhitzen von Wasser benötigt wird. Dazu muss sie aber wissen, wie man **Energie messen** kann.

Wie für die Maßeinheit 1 °C bei der Temperatur haben sich die Physikerinnen und Physiker auch für die Energie auf bestimmte Messverfahren geeinigt und eine Maßeinheit festgelegt. Genutzt wird der Zusammenhang zwischen Temperatur und innerer Energie: Bei Temperaturerhöhung vergrößert sich die innere Energie durch Energiezufuhr.

Als Grundeinheit für die auf einen Körper übertragene oder von einem Körper abgegebene Energiemenge verwendet man heute international einheitlich 1 J (Joule). Die Bezeichnung Joule wurde zu Ehren des englischen Physikers James JOULE gewählt. JOULE hat als einer der ersten Physiker die Energiemenge bestimmt, die für eine bestimmte Temperaturerhöhung von Wasser erforderlich ist. Um die Temperatur von 1 g Wasser um 1 °C Grad zu erhöhen, muss man etwa eine Energiemenge von 4,2 J zuführen. Für 1 kg Wasser (entspricht einem Liter Wasser) werden dann etwa 4,2 kJ benötigt.

Merksatz

Energie wird in Joule (J) gemessen. Mit etwa 4,2 J kann man die Temperatur von 1 g Wasser um 1 °C erhöhen.

Mit Energiemessgeräten elektrisch zugeführte Energiemengen messen

A. Energieaufnahme eines Haartrockners

Wähle einen Haartrockner, bei dem du Ventilator und Heizung getrennt (und jeweils auf verschiedenen Stufen) betreiben kannst. Schalte ein Energiemessgerät zwischen Steckdose und Haartrockner. Verfahre entsprechend in den anderen Experimenten.

- Miss jeweils 30 s lang die Energieaufnahme in den verschiedenen Betriebszuständen und vergleiche die Ergebnisse.
- Prüfe die Behauptung: „Heizen ist energieaufwändiger als in Bewegung setzen."
- Bei allen Energiemessgeräten kann man einstellen, ob das Gerät Kilowattstunden zählen oder andere Größen messen soll. Finde heraus, was die Anzeige in Watt (W) bedeutet.
- Finde heraus, wie viel es kostet, wenn du fünf Minuten lang Haare trocknest.

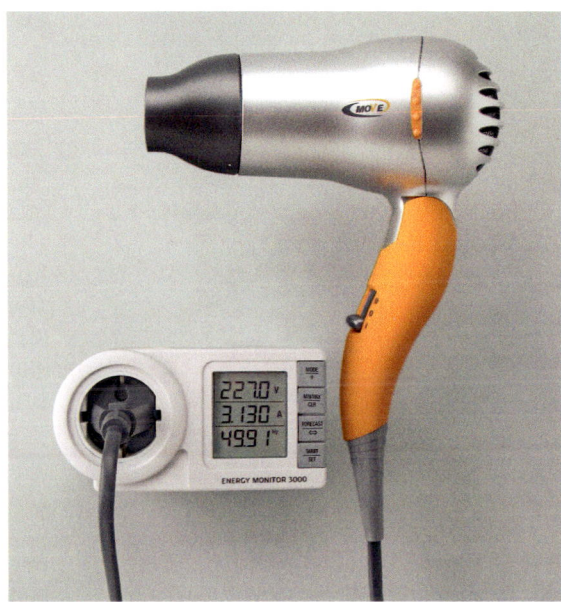

B. Wo bleibt die Energie beim Wasserkocher?

- Fülle genau 0,5 l Wasser in einen Wasserkocher und miss die Anfangstemperatur. Schalte ihn für 100 s ein, rühre anschließend gut um und miss wieder die Temperatur. Lies am Energiemessgerät die zugeführte Energie ab.
- Wiederhole das Experiment mit abgekühltem Gerät und 1,0 l Füllung. Begründe und überprüfe die (theoretische) Vorhersage: Die doppelte Wassermenge erfordert für dieselbe Temperaturerhöhung die doppelte Energiezufuhr.
- Erläutere den abgebildeten Ausschnitt der Energie-Übertragungskette und gib für beide Versuche die durch den Blockpfeil dargestellten Energiemengen an.

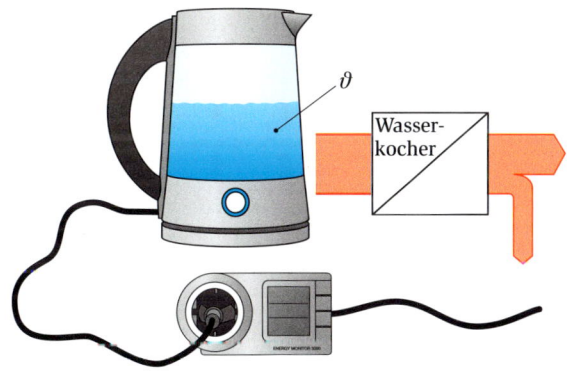

C. Wie teuer ist „Standby"?

- Wähle in eurem Haushalt ein Elektrogerät mit Steckeranschluss und Standby-Betrieb. Bestimme mit dem Energiemessgerät die heimliche Energieaufnahme.
- Berechne für dieses Gerät den Energiebedarf in einem Jahr und die zugehörigen „Stromkosten".
- Bewerte die zitierte Berechnung der „Deutsche Energie-Agentur" für sämtliche Elektrogeräte in einem Haushalt.
  Recherchiere auch im Internet, möglicherweise findest du andere Abschätzungen der Standby-Kosten.

115 € im Jahr kostet nach Berechnungen der „Deutsche Energie-Agentur" [...]
allein der Standby-Betrieb **sämtlicher Elektrogeräte** im Haushalt. Bestimmte Geräte wie TV oder PC verbrauchen auch nach dem Ausschalten Strom.
Für Verbraucher ist [dieses...]
kaum bemerkbar (evtl. gibt
das Gerät Wärme ab [...]).
Wer es genau wissen will,
muss selbst **nachmessen** (Messgerät verleiht
die Verbraucherzentrale).
(www.energiesparen-im-haushalt.de)

V1 Mit einer halben Esbit-Tablette (2 g) kann man im Outdoor-Kochgeschirr 1 l Wasser um 10 °C erhitzen.

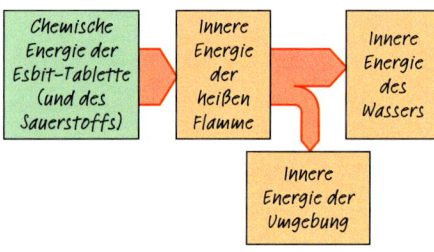

B1 Die heiße Flamme heizt das Wasser im Topf und die Umgebung.

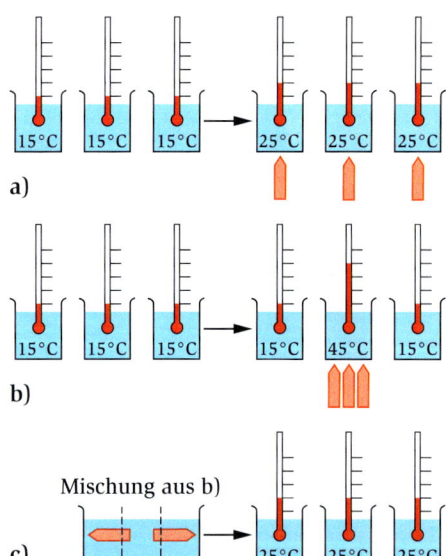

V2 **a)** In jedem Topf ist 1 l Wasser von 15 °C. Unter jedem Topf werden 2 Gramm Esbit verbrannt.
b) Dreimal 2 g Esbit werden unter dem mittleren Topf verbrannt.
c) Das Wasser aus den beiden Töpfen mit 15 °C und das heiße Wasser aus dem mittleren Topf mit 45 °C werden zusammengegossen, die Mischung wird wieder auf drei Töpfe verteilt. Jetzt misst man in allen Töpfen die Temperatur 25 °C.

1. Energieerhaltung bei Heiß und Kalt

Mit Esbit-Tabletten kann man Wasser in einem Aluminiumtopf erhitzen → **V1** . Mit jeder Esbit-Tablette hat man ein Energiekonto mit einem Guthaben zur Verfügung. Bei Verbrennung wird ein Teil dieser Energie auf das Gefäß mit Wasser übertragen, das man über die Flamme hält, ein anderer Teil verschwindet in der Umgebung → **B1** .
Jedes Mal, wenn man in → **V1** 2 g Esbit verbrennt und den Topf mit 1 l Wasser in gleicher Weise über die Flamme hält, misst man die Temperaturerhöhung 10 °C.

Anna und Daniel können ausrechnen, wie viel Energie im → **V1** der erhitzten Wassermenge zugeführt wurde: Da man für jedes Gramm Wasser und jedes Grad 4,2 J braucht, hat der Kontostand für die innere Energie des Wassers bei 1000 g Wasser und 10 °C um 1000 · 10 · 4,2 J = 42 kJ zugenommen. Es erscheint ihnen irgendwie selbstverständlich, dass genau diese Energiemenge von der Flamme auf das Wasser übertragen wurde. Sie möchten diesen Gedanken trotzdem experimentell überprüfen und denken sich → **V2** aus. Hier findet Energieübertragung so statt, dass man sowohl die abgegebene Energie als auch die aufgenommene Energiemenge vollständig ohne Abzweig in die Umgebung bestimmen kann.

Dies ist der Gedankengang hinter → **V2** :
a) Wir wissen: Drei gleiche Portionen Brennstoff liefern drei gleiche Portionen Energie an drei gleiche Portionen Wasser.
b) Wir können vorhersagen: Drei Portionen Brennstoff unter einer Portion Wasser liefern dreifache Zufuhr von Energie, also dreifache Temperaturerhöhung.
c) „Was geschieht wohl", fragt nun Anna, „wenn wir das Wasser aus den drei Töpfen zusammengießen?" – „Dann liefert das Wasser aus dem mittleren Topf die Energie, um das Wasser der beiden anderen Töpfe heißer zu machen!", sagt Daniel. „Alles wird am Ende so sein wie im Fall a)."

→ **V1c** bestätigt die Erwartung: Das Wasser in allen Töpfen hat die gleiche Temperatur. Beim Mischen überträgt das heiße Wasser Energie an das kalte Wasser. Dies geht solange bis überall im Wasser die gleiche Temperatur herrscht.

Das Wasser aus dem mittleren Topf hat zwei Drittel der vorher zugeführten Energie an das Wasser der beiden anderen Töpfe abgegeben. Und jede dieser beiden Wasserportionen hat eines dieser Drittel bekommen – nicht mehr und nicht weniger. **Die Energie bleibt erhalten**.

Merksatz

Beim Mischen von Wasserportionen mit verschiedenen Ausgangstemperaturen wird experimentell bestätigt, was allgemein gilt: Bei unverzweigter Energieübertragung bleibt die Energiemenge erhalten.

Kompetenz – Energiemaße und Energieerhaltung

Energie ist messbar und bleibt erhalten

- Die Temperaturänderung ist „Anzeiger" für die Änderung der inneren Energie eines Körpers. Wir benutzen sie, um Änderungen des Kontostandes **innerer Energie zu messen**: Steigt bei 1 g Wasser die Temperatur um 1 °C, ist die Energiemenge 4,2 Joule übertragen worden. Größere Energiemengen werden in Kilojoule (kJ) gemessen: 1 kJ = 1000 J.
- Beim Mischen von Wasserportionen verschiedener Temperaturen kann man die **Energieerhaltung** bestätigen: Bei Energieübertragung von Heiß nach Kalt bleibt die Energie erhalten.
- In Energie-Übertragungsketten stellen wir mit der Breite des Blockpfeils die übertragene Energiemenge dar. Bei Verzweigungen teilt sich die Energiemenge auf → **B1** . Die Gesamtenergie bleibt erhalten. Was hineinfließt, fließt auch heraus – nichts geht verloren.

Solche Blockpfeile mit Verzweigungen und aussagekräftiger Breite findest du nicht nur im Physikbuch. Man sieht sie immer wieder in Darstellungen, die veranschaulichen, wie Energie fließt. Ohne Energieerhaltung wären solche Bilder nicht sinnvoll. Energieerhaltung ist bei der Aufzählung (Handsymbol) ein viertes wichtiges Merkmal des Energiebegriffs.

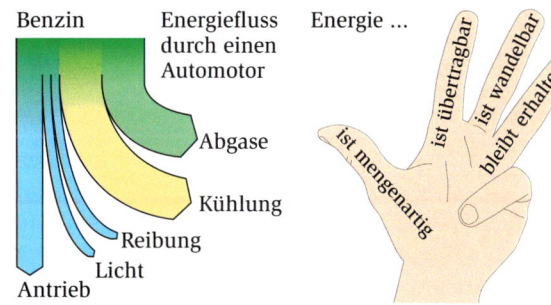

Benzin — Energiefluss durch einen Automotor — Energie ... ist übertragbar, ist wandelbar, bleibt erhalten, ist mengenartig — Abgase — Kühlung — Reibung — Licht — Antrieb

Physik und Alltag

Kilokalorie – abgeschafft, aber nicht verboten

Die Kalorie (cal) war früher die physikalische Einheit für die Energie, die nötig ist, um 1 g Wasser um 1 °C zu erwärmen, also die gleiche Menge wie 4,2 J.

Seit 1970 gilt in der Physik 1 Joule als Einheit der Energiemenge. Danach sollte es die Kalorie nicht mehr geben. Bei allen Energieangaben sollte nur noch die Einheit Joule benutzt werden.

Die Menschen wollten aber nicht auf die Kalorie verzichten. Seit 2010 gilt deshalb: Der Energiegehalt von Lebensmitteln muss zwar in Kilojoule angegeben werden, die zusätzliche Angabe in Kilokalorien (kcal) ist aber zulässig. Doch Vorsicht: Kilokalorien sind oft auch dann gemeint, wenn „Kalorien" gesagt wird.

Im Internet findet man „Kalorienrechner", mit denen man den Energiegehalt von Lebensmitteln ermitteln kann.

Bezeichnung der Lebensmittel	Menge (g/ml)	Kalorien (kcal/kj)	Eiweiß (g)	Fett (g)	KH (g)
Schwarzbeeren	100	73/307	0,90	0,50	16,00
Fisch, geräuchert	100	289/1208	28,50	19,40	0,00
Aprikosenkuchen	100	348/1462	6,04	23,52	28,10
Hühnersuppe	100	161/674	5,53	14,04	3,07
Lamm, Brust	100	381/1594	12,00	37,00	0,00

Man findet auch Kalorienrechner, mit denen man seinen persönlichen täglichen Energiebedarf ermitteln kann – als Grundumsatz und als Gesamtumsatz, bei dem der Mehrbedarf für Aktivitäten berücksichtigt wird.

Mach's selbst

A1 Erkläre mithilfe des Teilchenmodells die Vorgänge beim Mischen von Wasserportionen unterschiedlicher Temperaturen.

A2 Suche auf einer Packung Frühstücksflocken die Nährwertangaben und übertrage sie in eine Tabelle (wie → **Phsysik und Alltag**).

A3 „So ein Schokoriegel hat bestimmt eine Million Joule." Präzisiere, erkläre und bewerte diese Aussage.

A4 Zehn Liter Wasser werden über dem Feuer von 15 °C auf 60 °C erhitzt. Dann füllt jemand noch einen Liter kalten Wassers hinzu. Beschreibe die Energieübertragungen.

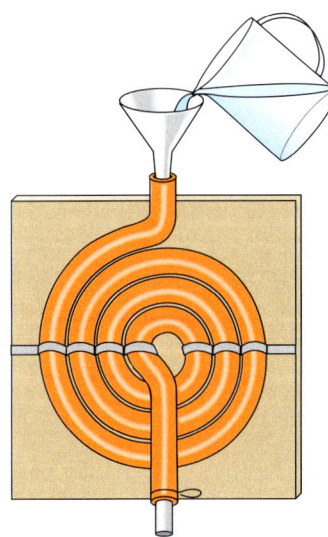

1. Von der heißen Sonne durch den Weltraum zu uns

In → V1 wird Wasser erhitzt, wenn der aufgewickelte Schlauch von der Sonne (oder einer lichtstarken Lampe) beleuchtet wird. Temperaturerhöhung erfordert Energiezufuhr, das wissen wir schon. Aber wie kann denn Energie von der Sonne zu uns gelangen, obwohl es keine Materie in dem riesigen Raum dazwischen gibt? Die Antwort auf diese Frage haben auch Physiker erst nach vielen Jahrhunderten Forschung gefunden:

Von der Sonne kommt Energie durch den leeren Weltraum als Strahlung zur Erde – **Energiestrahlung.** Man spürt die Energiezufuhr, wenn man die Handflächen in die Richtung zur Sonne hält. An dunklen Flächen wird die Energiestrahlung besonders gut in innere Energie gewandelt → **Forscherwerkstatt**.

Energiestrahlung geht auch von einer heißen Herdplatte oder einer Glühlampe aus. Sie tritt häufig zusammen mit sichtbarem Licht auf, aber nicht immer.

Am Tageslichtprojektor findet man (mit geschlossenen Augen) noch eine Eigenschaft: Mit einem Spiegel kann man die Energiestrahlung wie Licht in eine andere Richtung lenken.

Merksatz

Sonnenlicht transportiert Energie von der Sonne zur Erde. Die Energiestrahlung der Sonne wird besonders gut von dunklen Flächen aufgenommen; diese werden dabei erhitzt.

V1 Ein Schlauch von etwa 2 m Länge ist als Spirale auf einem Brett befestigt und mit Wasser gefüllt. Eine Baustellenleuchte aus dem Baumarkt scheint senkrecht auf die Schlauchspirale. Bei sonnigem Wetter kann man den Versuch natürlich auch im Freien durchführen. Nach zehn Minuten Bestrahlung öffnet man die Schlauchklemme und lässt das Wasser langsam in ein Gefäß abfließen. Dort misst man eine deutliche Temperaturerhöhung.

Forscherwerkstatt

Energiestrahlung, am besten auf eine schwarze Oberfläche

Hendrik und Janine haben beobachtet, dass Sonnenkollektoren immer schwarz sind. Den Grund wollen beide in der Forscherwerkstatt herausfinden. In ihren Aufzeichnungen steht:

Wir haben eine Halogenlampe an ein Netzgerät angeschlossen. Mit ihr haben wir dann ein großes Reagenzglas angestrahlt (aus 15 cm Entfernung). Alle 60 s haben wir die Temperatur gemessen. Zuerst haben wir ein normales Glas genommen und danach ein schwarzes. Das schwarze Glas hat mehr Energie aufgenommen, das sieht man an der Tabelle. Aber im normalen Glas ist auch Energie gelandet.
Ob man am besten nur die Rückseite schwärzt?

1 Wandelt den Versuch ab und untersucht die Frage, mit der Hendrik und Janine ihre Aufzeichnungen beenden.

	Zeit in s	0	60	120	180	240	300	360	420	480
Normales Glas	Temperatur in °C	19,4	19,6	19,7	20,0	20,2	20,3	20,5	20,8	21,0
Schwarzes Glas	Temperatur in °C	20,0	20,3	20,6	20,9	21,2	21,4	21,7	22,0	22,4

2. Energie kann in Körpern wandern

Wir verstehen jetzt, warum der schwarze Kochtopf in → **B1** im konzentrierten Licht der Sonne außen erhitzt wird. Dass danach innere Energie vom Kochtopf auf das Essen übertragen wird, wundert uns nicht. Es geschieht ja täglich viele Male in jeder Küche: Durch die Wand des Kochtopfs wird Energie von außen nach innen übertragen. Wie können wir uns diese Energieübertragung vorstellen?

Wenn wir in → **V2** die Flamme an das eine Ende der Eisenstange bringen, fallen die angeklebten Wachskügelchen *nicht sofort* und auch *nicht gleichzeitig herab*. Erst nach und nach wird es für sie zu heiß. Die Energie *wandert* also im Eisenstab entlang, immer von einer heißeren zu einer kälteren Stelle.

Als Physiker müssen wir weiter fragen: Findet diese Energiewanderung auch in anderen Materialien statt und fließt die Energie immer gleich schnell?

Diese Frage könnten wir mit anderen Stäben und der Wachskügelchenmethode beantworten, wir führen aber einen anderen Versuch → **V3** durch. Drei gleich lange und gleich dicke Stäbe aus Kupfer, Aluminium und Glas werden in die Flamme gehalten, mit den Fingern wird der Temperaturanstieg am anderen Ende „beobachtet". Bei allen drei Stäben steigt die Temperatur, irgendwann muss man jeden von ihnen loslassen, sonst „verbrennt" man seine Finger.
Beim Kupferstab ist es schnell so weit, beim Glasstab dauert es am längsten. Durch die Luft hat man nichts gespürt.

Wir fassen die Ergebnisse unserer Versuche zusammen:
- Wenn bei einem Körper an einer Stelle Energie zugeführt und die Temperatur erhöht wird, dann wandert die Energie von dort durch den Körper, immer von der heißeren zur kälteren Stelle. Man nennt dies **Energieleitung** (auch Wärmeleitung).
- Energieleitung findet in allen Materialien statt. In Metallen geht das schnell, sie sind gute Energieleiter. Glas und Luft sind schlechte **Energieleiter.**

Merksatz
Energieleitung findet in allen Körpern statt. Die Energie fließt dabei von heißeren zu kälteren Stellen.
Metalle leiten Energie gut; Glas und Luft sind schlechte Energieleiter.

Ist dir beim Kochen schon einmal etwas „angebrannt", weil du nicht umgerührt hast? Im Metall des Topfes wandert die Energie ziemlich schnell, innerhalb der Suppe viel langsamer. Durch Umrühren verteilst du die Energie mit den Bestandteilen der Suppe über den ganzen Teller.
Diesen Zusammenhang schauen wir uns jetzt genauer an.

B1 Kochen mit der Sonne: Der schwarze Topf verschluckt außen die Energiestrahlung der Sonne und wandelt sie in innere Energie. Aber warum wird das Essen heiß?

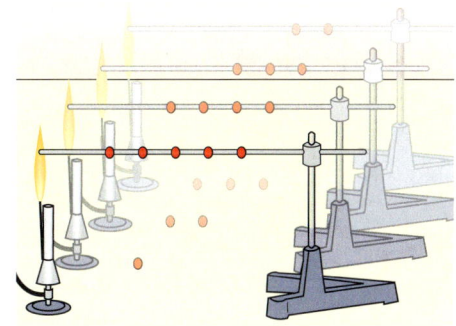

V2 Ein Bunsenbrenner erhitzt eine Eisenstange. Die Wachskügelchen tropfen herab – eines nach dem anderen.

V3 Fabian, Antonia und Lena halten Stäbe aus verschiedenen Materialien (Kupfer, Aluminium und Glas) an einem Ende fest. Das andere Ende halten sie in eine Flamme. Die Stäbe haben gleiche Länge und Dicke.
Die Energie wandert nun durch die Stäbe von einem bis zum anderen Ende. Die Metallstäbe kann man schon bald nicht mehr halten. Antonia hält den Kupferstab, sie muss als erste loslassen.

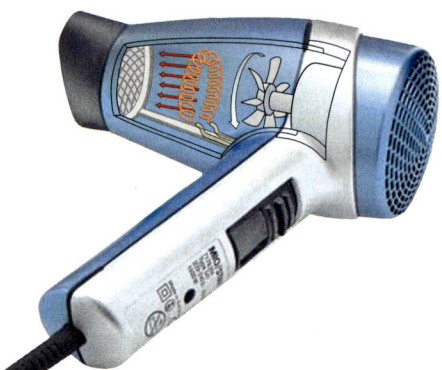

B1 Der Heizdraht heizt die umgebende Luft, ein Propeller treibt die heiße Luft zu den nassen Haaren.

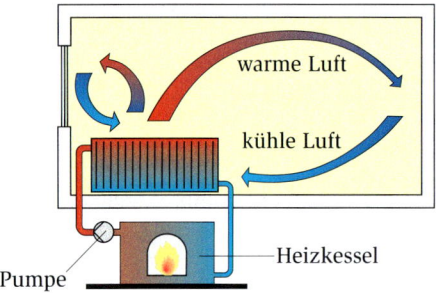

warme Luft

kühle Luft

Pumpe

Heizkessel

B2 Mit dem im Heizkessel erhitzten Wasser wird die Energie in alle Räume des Hauses geführt. Dort übernimmt die Luft die Verteilung bis in den letzten Winkel.

3. Energie kann mitgeführt werden

Mit einem Haartrockner ➜ **B1** bläst du heiße Luft in deine Haare, damit sie schneller trocknen.

Gase – auch Flüssigkeiten – sind zwar schlechte Energieleiter, wenn man sie jedoch wie der Haartrockner erhitzt und dann an eine andere Stelle bringt, nehmen sie ihre Energie mit. Diese geben sie dann in kälterer Umgebung wieder ab. Wir nennen dies **Energiemitführung.**

Bei der Warmwasserheizung eines Hauses findet Energiemitführung wie in ➜ **B2** zuerst im Kreislauf des Wassers statt. Das Wasser nimmt im Heizkessel Energie auf, wird im Kreis weitergepumpt und gibt sie an den kälteren Heizkörper ab. Die Energie wandert dann durch die Metallwand des Heizkörpers nach außen und wird dort der umgebenden kälteren Zimmerluft zugeführt – von Heiß nach Kalt.

Mit der Zimmerluft wird die innere Energie gleichmäßig im Raum verteilt. An den meistens kälteren Wänden wird leider ständig Energie abgegeben. Die Energie wandert durch die Mauern in die noch kältere Außenluft. Das merkst du, wenn du an einem kalten Tag mit dem Heizkörperventil den Wasserkreislauf stoppst und die Energiemitführung im Heizungswasser nicht mehr stattfindet.

Merksatz

Wird ein heißer Körper an einen anderen Ort gebracht, so führt er seine innere Energie mit. Am neuen Ort kann Energie auf einen kälteren Körper übertragen werden.

Interessantes

Energiemitführung mit Meeresströmung

Der **Golfstrom** ist eine gewaltige Wasserströmung, riesige Wassermengen fließen mit bis zu neun Kilometern in der Stunde zu uns nach Europa, bis hinauf nach Norwegen. Auf den Scilly-Inseln vor England lässt der Golfstrom Palmen wachsen.

Wo kommt die Energie her, mit der das Wasser des Golfstroms geheizt wird?
Am heißen Golf von Mexiko wird die Oberfläche des Meeres durch die Sonnenstrahlung erhitzt. Die Sonne liefert also Energie, um die Temperatur des Wassers zu erhöhen.

Wo bleibt das Wasser, wenn es die Energie im Norden abgeliefert hat?
Auf dem Weg nach Norden ist das strömende Wasser abgekühlt und salzhaltiger geworden. Ein Liter dieses

Wassers ist jetzt schwerer als ein Liter des umgebenden salzärmeren Wassers. Die Wassermassen sinken deshalb vor Grönland nach unten.

Dieser „Wasserfall in die Tiefsee" liefert den Antrieb für einen Kreislauf, in dem das Wasser in großer Tiefe zurück nach Süden fließt. Auf dem Umweg über die Antarktis kommt das Wasser später wieder an die Oberfläche. Dort helfen dann die Passatwinde dabei, das Wasser an der Oberfläche wieder nach Norden zu schieben.

Im Bild siehst du den Golfstrom an der Oberfläche (rot) und in der Tiefe (blau). Der Golfstrom ist Teil eines komplizierten Strömungssystems in den Weltmeeren. Forscher untersuchen diese Strömungen und ihre Auswirkungen auf unser Klima.

4. Der Erfinder der Thermosflasche hat an alles gedacht

Wir haben herausgefunden, wie Energie von heißen zu kalten Körpern gelangen kann:
- durch Energie*mitführung* mit Materie,
- durch Energie*leitung* in Materie,
- durch Energie*strahlung* ohne Materie.

Die doppelwandige Thermosflasche in → **B3** hält heiße Getränke lange heiß, weil sie alle drei Übertragungswege behindert:
- Die Luft aus dem Hohlraum zwischen innerem und äußerem Glasgefäß ist entfernt. Also gibt es keine Energiemitführung im Zwischenraum von Innenwand und Außenwand.
- Energieleitung kann nur über die lange Glasstrecke von der heißen Innenwand zur kalten Außenwand erfolgen (verfolge im Bild diese Strecke).
- Auch Energiestrahlung ist behindert: Die Doppelwand aus Glas ist verspiegelt und reflektiert die Strahlung des heißen Getränks.

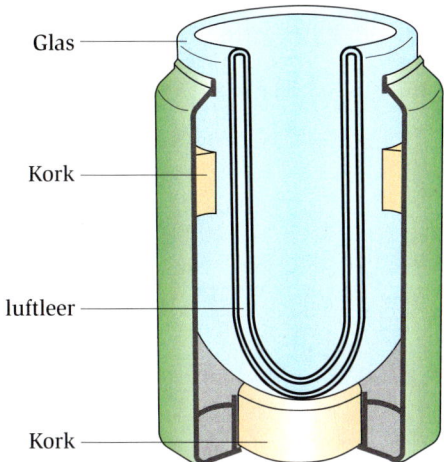

Glas

Kork

luftleer

Kork

B3 Die Thermosflasche soll die Energie ihres heißen Inhalts möglichst lange im Innern halten. Sie behindert alle drei Möglichkeiten des Energietransports von innen nach außen.

Kompetenz – Energiebegriff nutzen

a) Wir benutzen *Namen für Energieformen* und wir kennen *Merkmale für die Zunahme und Abnahme* von Energie:
- *innere Energie*   *heißer und kälter*
- *Bewegungsenergie*   *schneller und langsamer*
- *Höhenenergie*   *höher und tiefer*
- *Spannenergie*   *mehr oder weniger verformt*

Damit beschreiben wir einfache Vorgänge:
- mit Energieübertragung von einem Körper auf einen anderen,
- mit Energiewandlung von einer Energieform in eine andere.

Wir zeichnen Energie-Übertragungsketten.

b) Energie fließt von alleine immer nur von *Heiß nach Kalt*. Das geschieht bei Kontakt zwischen zwei Körpern oder auf den *Übertragungswegen für Energie:*
- Energiestrahlung
- Energieleitung
- Energiemitführung

Oft ist bei technischen Geräten Energieübertragung erwünscht: Am Beispiel des Kochtopfs, des Haartrockners und der Warmwasserheizung haben wir die Wege der Energie bei der gewünschten Energieübertragung genauer beschrieben.
In anderen Fällen soll Energieübertragung behindert werden: Am Beispiel der Thermosflasche haben wir gesehen, wie Energietransport behindert werden kann, damit das Heißgetränk heiß bleibt.

Mach's selbst

A1 Fülle zwei gleiche Gefäße mit gleicher Menge heißen Wassers und beobachte die Temperatur. Suche und beschreibe Möglichkeiten, das Sinken der Temperatur in einem der Gefäße zu behindern.

A2 Erläutere: Die Wärmflasche ist ein Gerät zur Energiemitführung.

A3 Untersuche die Griffe von Töpfen und Topfdeckeln in der Küche. Kann man sie anfassen, wenn der Topf heiß ist? Erkläre Unterschiede.

A4 Gieße 1/4 l Wasser aus der Warmwasserleitung in (1) ein Trinkglas, (2) einen Suppenteller, (3) ein Thermosgefäß. Miss in allen drei Fällen alle 15 Minuten die Temperatur. Stelle die Werte übersichtlich in einer Tabelle dar.
Beschreibe und erkläre den Unterschied der Messreihen.

A5 Im Zusammenhang mit „Solarkocher" findet man bei Recherchen auch den Begriff „Kochkiste".
Die Kochkiste hat schon früher in Zeiten knapper Brennstoffe gute Dienste geleistet.
Recherchiert zum Thema Kochkiste, befragt ältere Menschen, baut eine Kochkiste aus Verpackungsmaterial und lasst darin Kartoffeln energiesparend gar werden.

Kühlung ist immer auch Energieübertragung

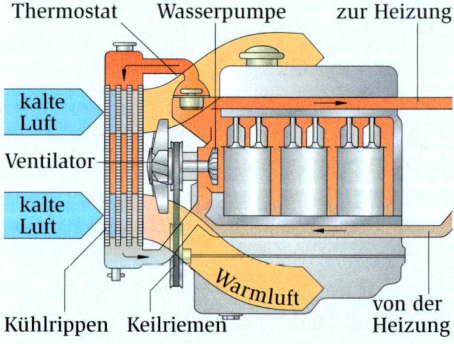

B1 Afrikanischer Elefant – mit großen Ohren **B2** Kühlkörper mit Lüfter **B3** Wasserkühlung beim Automotor

A. Warum Elefanten große Ohren haben

Afrikanische Elefanten sind die größten Landtiere. Mit ihrer Nahrung nehmen sie chemische Energie auf. Diese wird bei körperlicher Betätigung in den Muskeln umgewandelt. Wie bei jedem Lebewesen entsteht dabei auch innere Energie. In der Alltagssprache sagen wir: Wenn er sich anstrengt, wird dem Elefanten warm.

Damit die Körpertemperatur des Elefanten nicht auf gefährlich hohe Werte ansteigt, muss Energie nach außen transportiert und an die Umgebung abgegeben werden. Hunde lösen das Problem durch Hecheln, Menschen schwitzen. Elefanten können Energie über die große Fläche ihrer gut durchbluteten Ohren abgeben → **B1** . Bei Bedarf wedeln sie mit den Ohren. Dadurch wird die warme Luftschicht in der Nähe der Haut abgestreift und durch kältere Luft ersetzt. Diese übernimmt dann wieder Energie von den Ohren.

B. Wozu der Prozessor den Propeller braucht

Dem Prozessor im Computer wird elektrische Energie zugeführt, damit er Daten verarbeiten kann. Diese Energie wird in innere Energie gewandelt, die Temperatur des Prozessors steigt.

Der Prozessor darf nicht überhitzt werden, deshalb muss man Energie abführen. Im Kühlkörper aus Aluminium wird die Energie von der Oberfläche des Prozessors bis in die „Kühlrippen" mit großer Oberfläche geleitet → **B2** . An ihnen bläst ein Ventilator einen kalten Luftstrom vorbei. Die Luft nimmt die Energie auf, wird erhitzt und führt die Energie fort.
Ohne die Lüftungsschlitze im Gehäuse des Computers könnte die Kühlung im PC aber nicht lange funktionieren. Der Ventilator würde nur noch solche Luft am Kühlkörper vorbei blasen, die die gleiche Temperatur hat wie der Kühlkörper selbst. Dann würde keine Energie mehr auf die Luft übertragen.

C. Wie der Motorschaden verhindert wird

Mit dem Fahrrad einen Berg hinaufzufahren, ist anstrengend. Auch dem Motor eines Autos wird dabei mehr abverlangt als bei Fahrt auf ebener Straße. Je mehr Energie ein Automotor liefert, desto mehr Energie nimmt er selber als innere Energie auf. Seine Temperatur steigt. Wird er zu heiß, dann droht ein Motorschaden.

In → **B3** ist dargestellt, wie die Ingenieure dies verhindern: Ein Wasserkreislauf im Gehäuse des Motors transportiert Energie in den Kühler, wo Luft als Fahrtwind durch viele Lamellen (Kühlrippen) strömt und die Energie übernimmt.
Bei langsamer Fahrt steil bergauf reicht der Fahrtwind nicht aus, um kältere Luft zum heißeren Kühler zu bringen. Dann wird ein Ventilator zugeschaltet, der die Luft durch den Kühler zwingt.
Das am Motor erhitzte Kühlwasser nutzt man auch, um bei Bedarf das Fahrzeuginnere zu heizen.

- **Beim Kühlen entzieht man einem Gegenstand Energie und senkt so seine Temperatur. Andere Körper nehmen diese Energie auf, ihre Temperatur steigt.**
- **Kühlung erfordert ein Temperaturgefälle, von alleine fließt Energie nur von Heiß nach Kalt.**

Vertiefung

Innere Energie lässt sich nicht einsperren, ...

B4 Aufgeplustert mit Luft im Federkleid – so behindert die Blaumeise den Energiefluss.

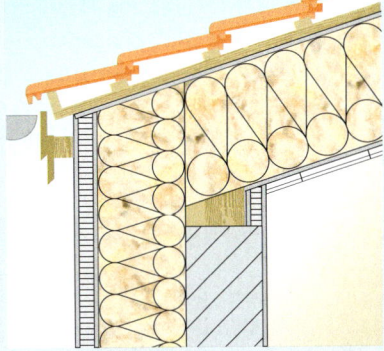

B5 Dämmstoff sorgt dafür, dass die Energie nur langsam durch die Wand kriechen kann.

B6 Inuit bauen ein Haus – einen „Iglu". Beheizt wird er durch Verbrennen von Walfett.

A ... aber man kann Energieleitung behindern

Luft leitet Energie ziemlich schlecht. Das aufgeplusterte Federkleid der Meise in **→ B4** behindert also die Energieleitung in die kalte Umgebung. Auch die Dämmstoffe, mit denen Häuser eingepackt werden **→ B5** , enthalten viele luftgefüllte Hohlräume.

Die Inuit haben früher Schnee als Baumaterial verwendet. Die im Schnee eingeschlossene Luft sorgt dafür, dass die dicke Wand des Iglus **→ B6** die Energie nur langsam in die frostige Umgebung wandern lässt.

Der Überlebensanzug in **→ B7** ist nicht nur wasserdicht. Die mit Luft gefüllten Kammern behindern die Energieleitung ins kalte Wasser und schützen so eine Zeit lang vor Unterkühlung. Außerdem ersetzen sie die Schwimmweste.

B ... und Energiemitführung verhindern.

Wer wie in **→ B8** bei kaltem Wind „überleben" will, braucht eine winddichte Jacke über dem molligen Pullover mit luftgefüllten Hohlräumen. Die winddichte Außenhaut verhindert die Energiemitführung durch den Wind.

Auch im Dämmstoff der Hauswand **→ B5** soll keine Luftbewegung stattfinden. Das Haus muss winddicht gebaut sein. Und die Luft in den Poren darf nicht durch Wasser verdrängt werden. Dämmstoffe müssen trocken bleiben.

Völlig einsperren kann man die innere Energie aber nicht. Etwas Energie fließt immer nach außen und muss ersetzt werden. Die Meisen in **→ B9** sind deshalb dankbar für das Angebot im Futterhäuschen.

B7 Die Luft im Überlebensanzug ist nicht nur eine Schwimmhilfe, sie schützt auch vor Auskühlung.

B8 Dicker Pullover und winddichte Jacke schützen bei windig kaltem Wetter.

B9 Nahrung im Futterhaus: Energienachschub nach kalter Winternacht.

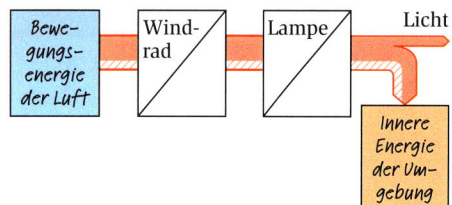

B1 Licht zum Lesen – stark vereinfachter Weg der Energie; bei einer Energiesparlampe gleicher Helligkeit fehlt der schraffierte Teil des Energiestroms.

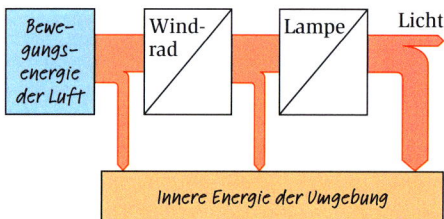

B2 An den Flügeln des Windrades wird die Luft verwirbelt, im Generator des Windrades tritt Reibung auf, Kabel werden warm. Überall wird Energie abgezweigt.

B3 Für das Licht einer einzigen Lampe wird beim Kohlekraftwerk ein Vielfaches der genutzten Energie auf den Weg gebracht.

1. Wer Energie nutzt, steht am Ende einer Kette

Du kennst die vereinfachte Energie-Übertragungskette, die den Weg der Energie für deine Leselampe beschreibt → **B1**. Du weißt aus Erfahrung: Die Glühlampe wird heiß; der größere Teil der gewandelten Energie geht unwiderruflich als Wärme in die Umgebung. Mit dem Schalter deiner Lampe bringst du Energie auf den langen Weg vom Windrad zu dir, um bei einer Glühlampe mehr als 95 % davon ungenutzt zu entwerten. Bei Energiesparlampen oder Leuchtmitteln mit Leuchtdioden wird etwas weniger Energie nutzlos auf die Reise geschickt (schraffierter Teil des Blockpfeils in → **B1**).

Mit dem Energiemessgerät kannst du die Energieaufnahme deiner Lampe messen. Stell dir vor, man könnte gleichzeitig am Windrad messen, wie viel Energie für dich auf die Reise geht. Die Messwerte würden nicht übereinstimmen. Warum? Ingenieurinnen und Ingenieure, die den Weg der Energie technisch möglich machen, wissen, dass es viele weitere Stellen gibt, an denen Energie ungewollt abgezweigt wird → **B2**. Sie arbeiten daran, dass es immer nur kleine Energiemengen sind, die sich in die Umgebung verkrümeln. Überall findet Energieentwertung statt, die du mit dem Schalter der Leselampe auslöst.

Bei Kohlekraftwerken kommt die Energie vom Konto für chemische Energie der angelieferten Kohle → **B3**. Kühltürme zeigen von weitem an, wie Energie in die Umwelt übertragen wird. Das ist leider ebenso unvermeidlich wie die Belastung der Umwelt durch Abgase (CO_2-Emission) und Feinstaub.

Aber auch hier kannst du am Ende der Energie-Übertragungskette Einfluss nehmen. Schalte die Lampe aus, wenn du sie nicht mehr benötigst!

Kompetenz – Energieentwertung

Bei Energiewandlungen, die nicht umkehrbar sind, wird Energie entwertet

Energie-Übertragungsketten realer Vorgänge enden bei innerer Energie der Umgebung oder haben Abzweigungen auf dieses Energiekonto. Die zugehörigen Vorgänge sind nicht umkehrbar. Noch nie hat jemand beobachtet, dass die Luft in der Umgebung einer Taschenlampe kälter wird und gleichzeitig die erschöpfte Taschenlampen-Batterie wieder aufgeladen wird.

Die Energie ist entwertet.

Die für die Physik wichtigen Merkmale für Energie sind jetzt vollständig:

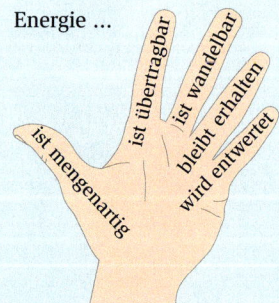

Energie ...
ist mengenartig
ist übertragbar
ist wandelbar
bleibt erhalten
wird entwertet

- Energie ist mengenartig und messbar.
- Energie wird von Konto zu Konto übertragen.
- Energiewandlung ändert die Energieform.
- Bei Energie-Übertragungsketten gilt Energieerhaltung.
- Bei Vorgängen mit Reibung und bei Energieübertragung von Heiß nach Kalt fließt Energie schließlich auf das Konto der inneren Energie der Umgebung. Sie lässt sich ohne weiteres nicht mehr nutzen, sie ist entwertet.

2. Energie sparen heißt weniger Energie nutzen

Das Beispiel der Leselampe zeigt, dass wir Energie sparen, wenn wir Energie-Übertragungsketten unterbrechen oder gar nicht erst in Gang setzen:
- Wir können die Beleuchtung im Klassenzimmer ausschalten, wenn es draußen hell geworden ist.
- Wir können statt mit dem Auto mit dem Fahrrad fahren.

Energie sparen kann man aber auch, wenn man bei Energie-Übertragungsketten prüft, wie man die Menge der strömenden Energie verringern kann. Der Griff zur Energiesparlampe hat Auswirkungen auf die ganze Energie-Übertragungskette. Was an einer Stelle hindurchfließt, muss am Anfang auch hineingesteckt werden.

3. Begrenzte Energievorräte – erneuerbare Energie

Wer Energie nutzt, setzt eine Energie-Übertragungskette in Gang, die bei wertvoller Energie beginnt und bei der entwerteten Energie unumkehrbar in der Umgebung endet. Wer auf Energienutzung nicht verzichten mag **→ B4** , muss nach den **Energievorräten unserer Erde** fragen.

In der Natur finden wir gespeicherte Energie in den sogenannten **Energieträgern** Kohle, Erdöl, Erdgas, Uran. Die Energieträger müssen aufbereitet werden, damit der Mensch sie nutzen kann. Die in Kohle und Uran gespeicherte Energie wird in elektrische Energie gewandelt und weitergeleitet; Erdöl wird zu Benzin, Diesel oder Heizöl verarbeitet. Zusätzlich dient es als Grundstoff zur Produktion vieler Dinge des täglichen Lebens.
Wir fördern heute aus der Tiefe der Erde, was vor Millionen von Jahren gewachsen ist. In sehr viel kürzerer Zeit, nämlich in kaum mehr als 150 Jahren sind große Teile dieser Vorräte gefördert und verbrannt worden. Im menschlichen Zeitmaßstab erneuern sie sich nicht mehr, sie sind also **erschöpflich** **→ B5** .

Von **erneuerbarer** (oder regenerativer) **Energie** spricht man, wenn es nicht Millionen Jahre dauert, die Energie-Übertragungskette zu durchlaufen.
Sonnenstrahlung, Wind und Regen (der einen hochgelegenen Stausee füllt) liefern Energie, die sofort genutzt werden kann:
- Sonnenkollektoren und Solarzellen wandeln die von der Sonne kommende Energie,
- Windräder wandeln Bewegungsenergie der Luft,
- Wasserkraftwerke wandeln Bewegungsenergie des bergab strömenden Wassers.
Ob derartige Kraftwerke zum Energiesparen beitragen, hängt davon ab, wie viel Energie aufgewendet werden muss, um ihre Bauteile herzustellen und wie viel Energie von ihnen umgewandelt werden kann **→ B6** .

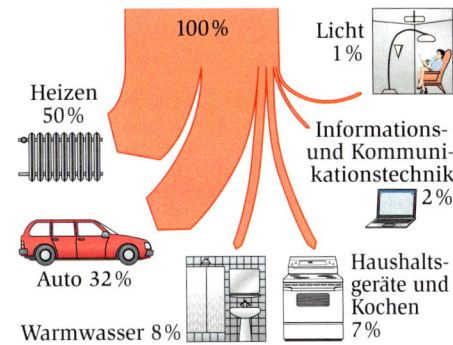

B4 Nutzung von Energie im Haushalt

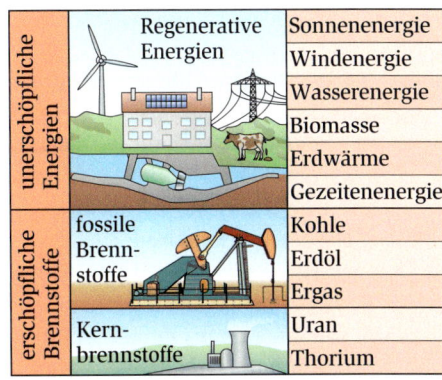

B5 Energieangebot in der Natur

B6 „Energieernte" auf dem Dach

Mach's selbst

A1 Suche Informationen über den jährlichen Energiebedarf in Deutschland und über die Verfügbarkeit von Energie in unserem Land. Vergleiche deine Ergebnisse mit denen für andere Länder.

A2 Bereitet eine Befragung vor: „Was weißt du/wissen Sie über die Energiewende in Deutschland?" Führt die Befragung arbeitsteilig durch, stellt die Auswertung auf einem Poster dar.

Das ist wichtig

1. Temperatur

Mit Thermometern kann man die Temperatur von Körpern objektiv bestimmen. Flüssigkeitsthermometer nutzen für die Messung die Ausdehnung von Flüssigkeiten bei Temperaturerhöhung.

Im Teilchenmodell stellen wir uns vor, dass alle Körper aus winzig kleinen Teilchen bestehen, die in ständiger unregelmäßiger Bewegung sind.

Höhere Temperatur ist gleichbedeutend mit größerer (mittlerer) Teilchengeschwindigkeit.

Um die Temperatur eines Körpers zu erhöhen, muss man ihm Energie zuführen. Dabei nimmt seine innere Energie zu. Im Teilchenmodell: Die mittlere Bewegungsenergie je Teilchen wächst.

2. Energie und Energieformen

Du kennst die Energieformen Höhenenergie, Bewegungs- und Spannenergie, auch chemische Energie der Muskeln. Bei einer Temperaturerhöhung eines Körpers erhöht sich dessen innere Energie.

Du kennst die Maßeinheit der Energie 1 J (Joule). Um 1 g Wasser um 1 °C zu erhitzen, benötigt man etwa 4,2 J.

Energie eines Körpers kann von einer Energieform in eine andere gewandelt werden. Sie kann auch von einem Körper auf einen anderen übertragen werden – in gleicher oder in anderer Energieform.

3. Übertragungswege für Energie

Von einem Ort zum anderen gelangt Energie
- durch Energiemitführung mit Materie,
- durch Energieleitung in Materie,
- durch Energiestrahlung ohne Materie.

Energie-Übertragungsketten beschreiben den Weg der Energie.

4. Eingeschränkte Nutzung von Energie

Vorgänge, bei denen z. B. Bewegungsenergie in Höhenenergie oder Höhenenergie in Spannenergie gewandelt wird, sind umkehrbar, wenn keine Umwandlung in innere Energie stattfindet.

Bei allen realen Vorgängen aber ist es unvermeidlich, dass sich Energie in die Umgebung verkrümelt. Sie vergrößert dort den Vorrat an innerer Energie.

Das hilft bei der Verständigung

Kommunizieren

Du kennst die Fachwörter der Energiesprache und beschreibst damit Vorgänge mit Energieübertragung und Energiewandlung.

Wenn z. B. ein Fahrrad abgebremst wird, sagst du in der Energiesprache: Die Bewegungsenergie des Fahrrades nimmt ab, die innere Energie der Bremsen nimmt zu.

Du kannst die Behauptung „Fast alle der von uns genutzten Energie stammt von der Sonne und gelangt schließlich in die Umgebung" mithilfe von Beispielen verständlich machen.

Dokumentieren

Du veranschaulichst die Transportwege für Energie mit Energie-Übertragungsketten und benutzt dabei die Symbole für Energiekonten und Energiewandler.

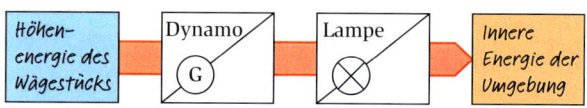

Du fertigst übersichtliche Versuchsbeschreibungen an und benutzt dabei die erlernte Fachsprache.

Du kannst Diagramme in verschiedenen Formen anfertigen und lesen.

Bewerten

Du kannst alltägliche Aussagen über „Energie nutzen" und „Energie sparen" auf deine häusliche Situation übertragen und die Bedeutung von Ratschlägen dazu bewerten.

Da kannst unterscheiden zwischen der gewünschten Erhaltung der Energie längs einer Energie-Übertragungskette und der meist nicht gewünschten Abzweigung von Energie auf das Konto der inneren Energie der Umgebung.

Das Vorgehen hat sich in der Physik bewährt

Physikalisch argumentieren

Du benutzt die beobachtbaren Merkmale verschiedener Energieformen, um Aussagen über Zunahme und Abnahme der Energie eines Körpers zu begründen.

Du weißt warum man innere Energie nicht einsperren kann und erklärst an Beispielen aus dem Alltag, wie man die Übertragung von Energie in die Umgebung behindern kann.

Aus Bewegungsenergie wird beim Bremsen innere Energie.

Probleme lösen

Du kannst erklären, warum an kalten Tagen in unseren Wohnungen die Raumtemperatur nicht steigt, obwohl die Heizung ständig Energie zuführt.

Elektrisch zugeführte Energie kannst du mit einem Energiemessgerät sachgerecht ermitteln.

Mit Modellen arbeiten

Du kannst mit dem Teilchenmodell beschreiben, wie Energie von einem heißen auf einen kälteren Körper übertragen wird.

Energieübertragungen kannst du grafisch darstellen.

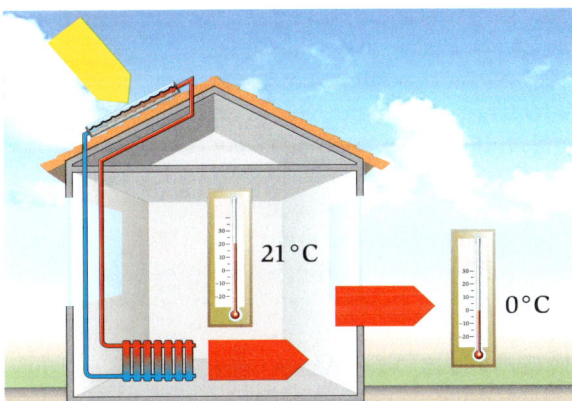

Energie fließt durch das Haus. Man sieht an den Energiepfeilen, dass das Haus länger geheizt worden ist.

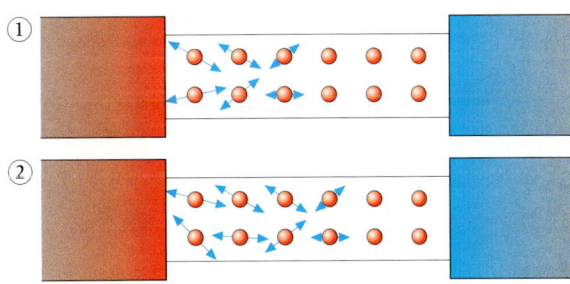

Energie kann in Körpern wandern.

Planen, experimentieren, auswerten

Du kannst ein Experiment planen, mit dem man untersucht, wie Energie in einem Körper wandert.

Du kannst mit Alltagsgeräten zeigen, dass von der Sonne Energiestrahlung zu uns kommt.

Wenn Zweifel an der richtigen Anzeige deines Thermometers entstehen, kannst du dies in einem Versuch klären. Das Protokoll dazu schreibst du selbstständig.

Mathematisieren

Du verwendest für die Energie die Einheit 1 J (Joule) und für die Temperatur die Einheit 1 °C (Grad Celsius).

Für Wasser kennst du den zahlenmäßigen Zusammenhang zwischen zugeführter Energie, Wassermenge und Temperaturerhöhung.

Du kennst die Regeln, nach denen die Celsius-Skala für die Temperaturmessung festgelegt sind.

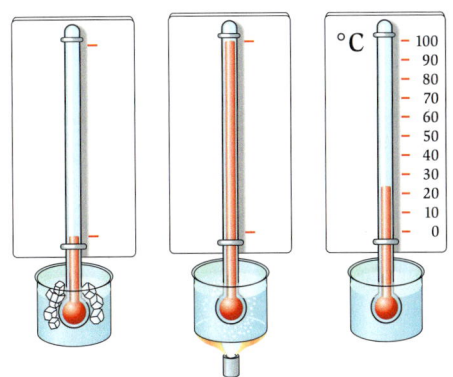

Ein Thermometer bekommt eine Celsius-Skala.

Kennst du dich aus?

A1 Anna sitzt mit dicker Jacke im Klassenraum und jammert, dass es kalt sei, während Klaus nur mit einem T-Shirt bekleidet ist und das Fenster öffnen möchte. Nenne mögliche Erklärungen des Widerspruchs.

A2 Nenne Vor- und Nachteile von Thermometern gegenüber der Körperempfindung.

A3 Bei einem Thermometer ist die Skala gegenüber dem Steigröhrchen verrutscht. Wie kann man die Temperatur 0 °C wieder richtig einstellen? Beschreibe wie du vorgehen würdest und wie du anschließend überprüfst, ob auch die 100 °C-Marke wieder stimmt.

A4 a) Fülle 0,5 l Wasser von 20 °C in einen Kochtopf und stelle ihn auf eine Herdplatte. Erhitze das Wasser, bis es 60 °C erreicht hat. Miss dabei alle 30 s die Temperatur.
b) Wiederhole den Versuch mit 1,0 l Wasser.
c) Trage die Werte beider Versuche in ein Zeit-Temperatur-Diagramm ein. Deute das Ergebnis.

A5 Aus welchen Abschnitten besteht eine Versuchsbeschreibung? Zähle auf und gib an, zu welchem Teil die Messergebnisse gehören.

A6 Für Tanklastwagen mit brennbaren Flüssigkeiten gelten strenge Sicherheitsmaßnahmen. Sie dürfen im Sommer niemals vollgefüllt werden. Begründe diese Vorschrift.

A7 Erkläre mit dem Teilchenmodell die Regeln für das Messen mit Thermometern.

A8 Daniel sagt: „Im Pullover wird mir heiß." Liefert sein Pullover Energie wie ein Heizung? Erläutere Daniels Aussage aus der Sicht der Physik.

A9 Täglich beobachtest du, dass ein heißes Getränk von alleine abkühlt.
a) Zeichne für diesen Vorgang eine Energie-Übertragungskette.
b) Erkläre, warum die Temperatur der umgebenen Luft nicht spürbar steigt, obwohl die Temperaturabnahme bei dem Getränk ziemlich groß sein kann.

A10 Auf der Federwippe sind mehrer Energieformen im Spiel. Wenn die Kinder nichts dagegen unternehmen, schaukelt die Wippe langsam aus. Beschreibe die Energieumwandlungen dabei möglichst genau.

A11 Suche Beispiele, bei denen folgendes passiert:
a) Energie wird von einem Körper auf einen anderen übertragen, aber nicht gewandelt,
b) Energie wird übertragen und gewandelt,
c) Energie wird gewandelt, aber nicht auf einen anderen Körper übertragen.

A12 Der Winterschlaf kann einen Igel vor dem Erfrieren schützen.
Recherchiere und berichte.

A13 Max läuft eine Treppe hinauf und rutscht anschließend auf dem Treppengeländer wieder hinunter. Diskutiere mit Klassenkameraden, warum der Vorgang nicht umkehrbar ist.

A14 Bereite mit einem Partner ein Kurzreferat zu dem Thema „Temperatur und innere Energie am Beispiel des Kachelofens" vor.

A15 Gefrierkost kann man in Styroporboxen transportieren. Begründe, warum das sinnvoll ist.

A16 Man kann das Auf und Ab einer Achterbahnfahrt in einem Streckenprofil darstellen und daran Höhengewinn und Höhenverlust der ganzen Fahrt ablesen.

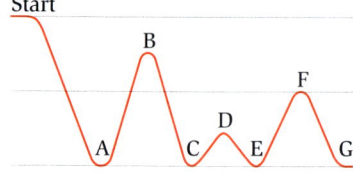

Beschreibe das Hin und Her von Höhen- und Bewegungsenergie der im Bild „abgewickelten" Achterbahnfahrt.

A17 Mühsame Arbeit: Dem Wasser aus dem Fluss muss Höhenenergie zugeführt werden – z. B. mithilfe eines Laufrades. Beschreibe und erkläre die Energie-Übertragungskette.

A18 „Auf los geht's los!" sagt Ingas Opa und schon rollt die Keksdose ein Stück die Rampe hinauf und gewinnt dabei an Höhe.

Du kannst diese „Zauberdose" mit etwas Schwerem (z. B. einer größeren Schraubenmutter) und Klebeband nachbauen.
Erkläre dann, woher die Keksdose Höhenenergie bekommt.

A19 In jeder Hand hält Inga einen Stab. An den Enden der beiden verschiedenen Stäbe beobachtet Lena mit zwei Thermometern die Temperatur.

Stelle Planung, Durchführung und Auswertung dieses Experiments ausführlich dar.

Methode - Aufgaben mit gestuften Hilfen

Was sind Aufgaben mit gestuften Hilfen?

Unter „**Mach's selbst**" findest du in diesem Buch auf vielen Doppelseiten Aufgaben, an denen du deine jeweils erworbenen Kompetenzen erproben kannst. Am Ende eines jeden Kapitels sind unter der Überschrift „**Kennst du dich aus?**" Aufgaben zusammengestellt, die Kompetenzen des ganzen Kapitels aufrufen.

Diese Aufgaben sind in späteren Kapiteln manchmal etwas schwieriger, weil dort Platz genug ist, kompliziertere Situationen zu beschreiben und weil die Probleme Inhalte betreffen, die an verschiedenen Stellen des Buches behandelt wurden.

Es wäre schade, wenn du bei solchen Aufgaben zu schnell aufgäbst, weil du keinen Lösungsweg findest. Wir haben deshalb zu solchen Aufgaben im Internet „gestufte Hilfen" bereitgestellt: An der mit einem link → **www** markierten Stelle findest du vier bis sechs durchnummerierte Hilfen und die zugehörigen Antworten.
Die letzte angegebene Hilfe hat als Antwort die Musterlösung der gesamten Aufgabe. Du siehst sicher ein, dass du dir keinen Gefallen tust, wenn du diese Hilfe als erste nachschaust. Halte dich an die einfache Regel: Rufe die Hilfen der Reihenfolge nach auf und schaue Antworten nur nach, wenn du nicht weiter kommst.

So könnte eine solche Aufgabe im Buch stehen

Axx „Meine Thermoskanne ist schlau", sagt Ingas Opa. „Sie weiß wann Sommer und wann Winter ist. Im Winter hält sie den Kaffee warm und im Sommer das Erfrischungsgetränk kalt." Nimm Stellung.

Unten auf der Buchseite wirst du dann einen Code www.dorn-bader.de → xxx vorfinden.
Damit findest du im Internet die *Hilfe 1*:
Hilfe 1 Überlegt, womit Ingas Opa Recht hat und was er sicher erfunden hat, um Inga herauszufordern. Formuliert eine Physikaufgabe.
Als Antwort zu *Hilfe 1* findest du dann:
Antwort zu Hilfe 1 Dass eine Thermoskanne schlau sein soll, ist witzig gemeint, dass sie heiße Getränke heiß hält und kalte Getränke kalt, ist aber richtig. Es soll erklärt werden, dass es beide Möglichkeiten gibt. Mit *Hilfe 2* könnte es dann weiter gehen:
Hilfe 2 Stellt den Vorgang dar, bei dem ein heißes Getränk in einem Gefäß abkühlt. Vergleicht diesen Vorgang mit dem Warmwerden eines Kaltgetränks. Beschreibt die Eigenschaften eines Thermosgefäßes. Dazu gibt es dann eine Antwort zu *Hilfe 2*. Mit deren Inhalt könnt ihr eure eigenen Ergebnisse zu den in *Hilfe 2* formulierten Arbeitsaufträgen kontrollieren.

Dann geht es weiter mit *Hilfe 3*, Antwort zu *Hilfe 3* usw.

Mechanik

Das kannst du in diesem Kapitel erreichen:

■ Du kannst erläutern, was man in der Physik unter Geschwindigkeit versteht.

■ Du ermittelst Geschwindigkeiten experimentell auf verschiedene Arten.

■ Du kannst Bewegungen mithilfe von Diagrammen darstellen und aus Diagrammen die Art von Bewegungen ablesen.

■ Den Geschwindigkeitswert liest du als Steigung im Zeit-Ort-Diagramm ab.

■ Du berechnest eine unbekannte Bewegungsgröße mithilfe des mathematischen Zusammenhangs zwischen Weg, Zeit und Geschwindigkeit.

■ Eine Kraft erkennst du an ihrer Wirkung auf einen Körper – Verformung oder Bewegungsänderung.

■ Du verstehst unter Beschleunigung die Änderungsrate der Geschwindigkeit.

■ Du findest zeichnerisch die Ersatzkraft mehrerer Einzelkräfte.

■ Du kannst Gewichtskraft und Masse unterscheiden und lernst dabei den Ortsfaktor kennen.

■ Du kannst die Bedeutung der Trägheit für die Sicherheit im Straßenverkehr erläutern.

Bewegung, Kraft, Masse

A1 Beschreibt die Bewegung der Fahrradfahrerin im oberen Bild möglichst genau. Zeichnet ein zum Bild passendes *t-v*-Diagramm.

A2 Lasse ein Spielzeugauto mit Elektromotor entlang einer geraden Strecke fahren. Markiere während der Bewegung jede Sekunde den jeweiligen Ort des Autos. Als Hilfsmittel kannst du z. B. einen hörbar tickenden Wecker verwenden. Beschreibe deine Beobachtung. Überlege, was die Punkte über die Bewegung des Autos aussagen.

A3 Eine Astronautin befindet sich in einer Raumstation in der „Schwerelosigkeit". Sie möchte einige Gegenstände abwiegen, die sie zum Experimentieren benötigt. Überlege, ob eine Briefwaage hierfür geeignet ist.

A4 Die Abbildung zeigt den Fahrplan eines ICE zwischen Hannover und Würzburg.
a) Stelle die gesamte Fahrt in einem Diagramm dar.
b) Erläutere, auf welchen Streckenabschnitten der ICE am schnellsten und auf welchen er am langsamsten ist.
c) Gib an, wie schnell der ICE auf den Teilstrecken ist.

Bahnhof	Uhrzeit	km
Hannover	08:26	0
Göttingen	09:02	99
Kassel-Wh	09:23	144
Fulda	09:55	234
Würzburg	10:28	327

A5 Ein Wägesatz zum Bestimmen der Masse eines Gegenstandes enthält folgende Stücke:
100 g, 50 g, 20 g, 20 g, 10 g, 5 g, 2 g, 2 g, 1 g.
a) Nenne einen Grund, warum 2 g und 20 g doppelt vorhanden sind.
b) Setze Wägestücke zusammen für 19 g und für 84 g.

A6 Zieht mit einem Arm das Sportübungsband in die Länge. Legt eine Tabelle an, aus der ersichtlich ist, wie weit jeder das Sportband im Vergleich zu den anderen verlängert hat. Stellt dies in einem Schaubild dar.

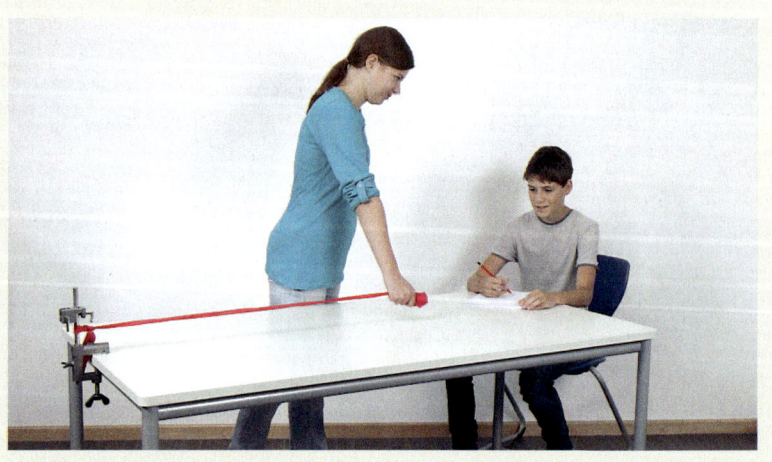

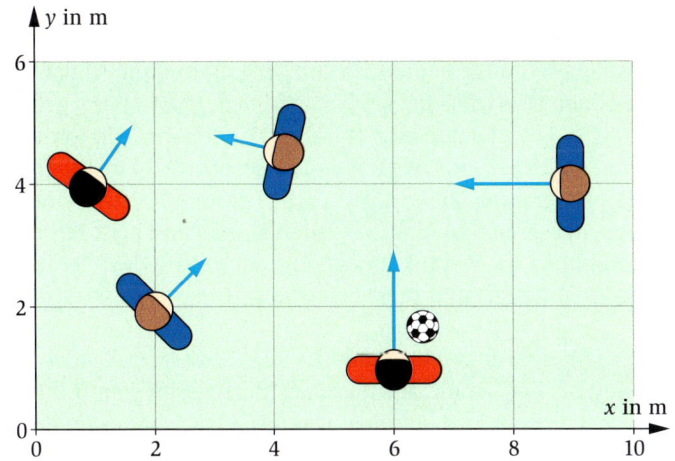

B1 Fußballspiel auf dem Bildschirm; die blauen Pfeile zeigen die Laufrichtung und die Schnelligkeit der Spieler an.

1. Bewegung und Geschwindigkeit

Das Fernsehen überträgt ein Fußballspiel. In der Halbzeitpause erläutert ein Experte am Computer, wie eine Situation leicht zu einem Tor hätte führen können. Auf dem Bildschirm **→ B1** sehen die Zuschauer fünf Spieler von oben, jeder bewegt sich mit einer bestimmten **Geschwindigkeit**. Ein blauer Pfeil zeigt die Laufrichtung des Spielers, seine Länge ist Maß für dessen Schnelligkeit. Der Experte erklärt nun, warum der Sturmlauf des ballführenden Stürmers unterbunden werden konnte. In der Physik nennt man den Pfeil **Geschwindigkeitsvektor** $\vec{v}$. Seine Länge heißt **Betrag** des Vektors.

In **→ B2a** sind die drei Autos gleich schnell, fahren aber momentan wegen der Kurve in unterschiedliche Richtung. Dies zeigen die Geschwindigkeitsvektoren. Zur Beschreibung einer Bewegung längs einer Geraden **→ B2b** benötigt man die Pfeile nicht, wenn man Ortmarkierungen an der Geraden anbringt. Auf den nächsten Seiten erfährst du, wie man Bewegungen längs einer solchen **Ortsachse** allein mit positiven und negativen Geschwindigkeits*werten* beschreiben kann.

Ordnet man die erreichten Orte der jeweiligen Zeit zu, erhält man ein **Zeit-Ort-Diagramm** **→ B2**. Man kann aus ihm ablesen, an welchem Ort ein Körper zu einer bestimmten Zeit ist. Wie man aus dem Diagramm sogar die Geschwindigkeitswerte berechnet, erfährst du auf den nächsten Seiten.

Merksatz

Die Geschwindigkeit besitzt Richtung und Betrag. Man kann dies durch Vektoren veranschaulichen.

Die Richtung des Vektors beschreibt die Bewegungsrichtung.

Der Betrag des Vektors beschreibt die Schnelligkeit.

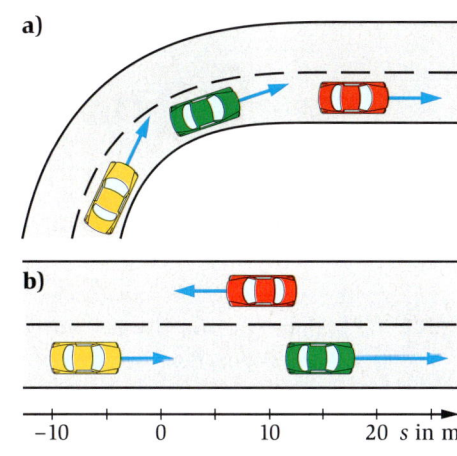

B2 **a)** Jedes Auto hat in der Kurve eine andere Bewegungsrichtung. Dies sieht man an der Richtung der Pfeile. Sie sind alle gleich lang, das soll bedeuten, dass die drei Autos gleich schnell sind.
b) Auf der geraden Straße fahren zwei Autos nach rechts, das grüne Auto schneller als das gelbe. Ein rotes Auto kommt ihnen entgegen. Es ist genauso schnell wie das gelbe Auto. Solche Bewegungen längs einer Ortsachse werden wir später allein mit Geschwindigkeitswerten beschreiben.

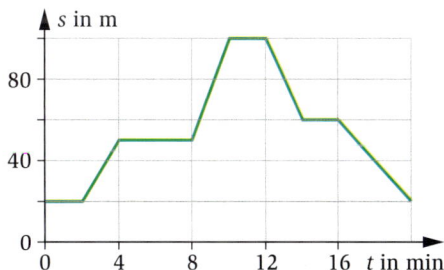

B3 Zeit-Ort-Diagramm eines Schaufensterbummels. Die Ortsachse ist hier die Hochachse, die Zeitachse ist die Rechtsachse.

Mach's selbst

A1 **a)** Beschreibe die Spielszene in **→ B1** möglichst genau. Vergleiche dabei Laufrichtung und Schnelligkeit der Spieler.
b) Zeichne die Spielszene einen Augenblick später.
A2 Beschreibe die Bewegung in **→ B3** für jede der acht Phasen.
a) Nenne die Phasen, in denen die Person stehen bleibt.
b) Wo geht sie besonders schnell und in welche Richtung? Begründe die Antwort.

V1 **a)** Mithilfe eines Maßbandes wird eine Ortsachse mit Ortswerten im Abstand von 10 m festgelegt. An jeder Marke steht ein Streckenposten mit Stoppuhr.

Lea geht nun zügig und gleichmäßig im „fliegenden Start" über die Nullmarke. In diesem Moment gibt der Starter das Signal und alle Stoppuhren werden gestartet. Sobald Lea eine Ortsmarke passiert, liest der Ortsposten die Zeit an seiner Stoppuhr ab und notiert sie. Zum Schluss werden alle Zeit- und Ortswerte in **→ T1a** übertragen.

b) Der Versuch wird in gleicher Weise wiederholt, diesmal geht Jan die 50-m-Bahn entlang. Er geht bewusst etwas langsamer als Lea, aber auch wieder möglichst gleichmäßig. Seine Messwerte fndest du in **→ T1b** .

a)

Lea	t in s	0	4,1	7,8	12,2	15,9	20,0
	s in m	0	10	20	30	40	50

b)

Jan	t in s	0	6,2	12,1	17,7	23,8	30,2
	s in m	0	10	20	30	40	50

T1 Messwerte zu **→ V1**

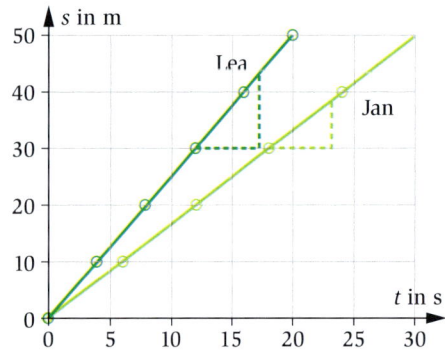

B1 Diagramm zu **→ V1** ; die *t-s*-Gerade zu Leas Lauf ist steiler als die zu Jans Lauf. Lea war schneller als Jan.

2. Bewegungsuntersuchung längs einer Ortsachse

Wir beschränken uns nun auf eine Bewegung längs einer geraden Ortsachse in einem Experiment **→ V1** . Dazu geht zunächst Lea gleichmäßig auf einer 50-m-Bahn. Die protokollierten Messwerte **→ T1** werden in ein Zeit-Ort-Diagramm (*t-s*-Diagramm) übertragen **→ B1** . Es ergibt sich eine Ursprungsgerade. In einem zweiten Durchgang geht Jan etwas langsamer die 50-m-Bahn entlang, auch seine Zwischenzeiten werden notiert und in das gleiche *t-s*-Diagramm übertragen.

Es fällt auf, dass die Gerade zu Leas Messwerten steiler verläuft als die Gerade, die aus Jans Messwerten stammt. Unser Versuch zeigt jetzt deutlich, was schnell und langsam im Vergleich bedeutet:
- Schauen wir in die Tabelle **→ T1** mit immer gleichen Differenzen der Ortswerte, so können wir ablesen: **Schneller** sein bedeutet, **gleiche Wege** (Ortsdifferenzen) **in kürzerer Zeit** zu durchlaufen.
- Wir können aber auch in Diagramm **→ B1** auf die Zeitachse mit gleichen Zeitdifferenzen schauen. Dann fällt auf: **Schneller** sein bedeutet, **in der gleichen Zeit** den **größeren Weg** zurückzulegen.

3. Die gleichförmige Bewegung

Die Auswertungen zu Leas und Jans Bewegungen haben etwas gemeinsam:
- Das *t-s*-Diagramm der Bewegung ist eine Gerade.
- Für jede hier untersuchte Bewegung gilt: In gleichen Zeiten werden gleiche Wege zurückgelegt.
- Je schneller die Bewegung, desto steiler ist die Gerade.

Jede geradlinige Bewegung, deren *t-s*-Diagramm eine Gerade ergibt, heißt in der Physik **gleichförmige Bewegung**.

Merksatz

Verläuft eine Bewegung längs einer Geraden und werden in gleichen Zeiten gleiche Wege zurückgelegt, so heißt die Bewegung gleichförmig.

Das Zeit-Ort-Diagramm (*t-s*-Diagramm) einer gleichförmigen Bewegung ist eine Gerade. Für sie gilt:
Je schneller die Bewegung, desto steiler ist die Gerade.

Leas und Jans Bewegungen entsprechen noch einem Sonderfall: Zur Zeit 0 s erfolgt der Start am Ort 0 m. In diesem Fall sind die *t-s*-Geraden Ursprungsgeraden.

In diesem Sonderfall gilt zudem: In der doppelten Zeit hat sich der Ortswert verdoppelt, in der dreifachen Zeit hat sich der Ortswert verdreifacht usw., die Quotienten aus *s* und *t* sind konstant. Dies bedeutet, die vom Startort zurückgelegten Wege *s* sind den benötigten Zeiten *t* proportional.

4. Steigung der *t-s*-Geraden – Maß der Geschwindigkeit

In einem dritten Versuch wird **→ V1** abgewandelt. Lea und Jan gehen diesmal gemeinsam, Lea vor Jan in genau 10 m Abstand. Ein zehn Meter langes Seil zwischen ihnen sichert dies während der gesamten Messung. Die Streckenposten konzentrieren sich jetzt auf den Lauf von Jan.

Am *t-s*-Diagramm **→ B2** lesen wir ab: Jan geht z. B. vom Ort 20 m bis zum Ort 40 m in der Zeit von 10 s bis 20 s. Er legt also 20 m in 10 s zurück. Lea geht im gleichen Zeitraum vom Ort 30 m bis zum Ort 50 m, also auch 20 m in 10 s. Gleiche Wege (Ortsdifferenzen $s_2 - s_1$) werden in gleichen Zeiten (Zeitdifferenzen $t_2 - t_1$) zurückgelegt. Gleich schnell bedeutet im *t-s*-Diagramm also gleiche Steigung. Deshalb definiert man: Der **Geschwindigkeitswert** v einer gleichförmigen Bewegung ist die **Steigung** der Geraden im *t-s*-Diagramm:

$$v = \frac{s_2 - s_1}{t_2 - t_1} \; ; \qquad \text{Einheit: } 1\,\frac{\text{m}}{\text{s}}.$$

Den Geschwindigkeitswert ohne Vorzeichen nennt man **Betrag** der Geschwindigkeit. Er ist ein Maß für die Länge des Geschwindigkeitsvektors **→ Seite 61**.
Bei einer Ursprungsgeraden ist $s_1 = 0$ m und $t_1 = 0$ s. Für jedes Paar aus Zeit t und Ort s ist die Steigung dann:

$$v = \frac{s}{t}$$

Merksatz

Bei einer gleichförmigen Bewegung ist der Geschwindigkeitswert v die Steigung der *t-s*-Geraden:

$$v = \frac{s_2 - s_1}{t_2 - t_1}. \quad \text{Im Sonderfall } s = 0 \text{ m bei } t = 0 \text{ s gilt: } v = \frac{s}{t}.$$

Die Einheit des Geschwindigkeitswertes und des Betrages der Geschwindigkeit ist 1 m/s.

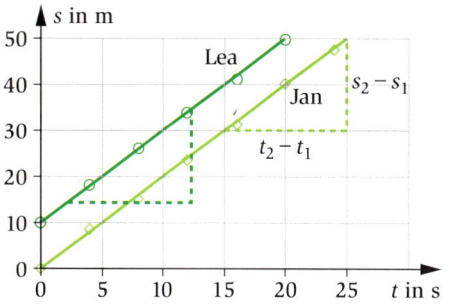

B2 Lea und Jan gehen im Abstand von 10 m hintereinander, Lea 10 m voraus. Das *t-s*-Diagramm zeigt: Beide sind gleich schnell.

Mach's selbst

A1 Ein Fahrrad fährt vom Ort 0 mit einer Geschwindigkeit vom Wert 5 m/s. Lege eine *t-s*-Tabelle über 10 s an. Zeichne das zugehörige *t-s*-Diagramm. Gib an, wann das Fahrrad den Ort 35 m erreicht hat.

A2 In einem Versuch mit einem Modellauto ergeben sich folgende Messwerte:

Zeit t in s	0	2	4	6	8
Ort s in m	0	0,45	0,86	1,34	1,82

a) Fertige ein *t-s*-Diagramm an und zeichne die Ausgleichsgerade **→ Methode**.
b) Berechne die einzelnen Quotienten s/t. Ermittle danach den Geschwindigkeitswert des Autos mithilfe der Ausgleichsgeraden. Bewerte das letzte Verfahren.
c) Ein zweites Modellauto fährt gleich schnell, aber 0,5 m voraus. Ergänze dies im *t-s*-Diagramm.

Methode – Ausgleichsgerade

Auswerten von Messreihen

In **→ B2** sind die Messwerte in einem *t-s*-Diagramm dargestellt. Wie man sieht, liegen die Punkte nicht wie erwartet genau auf einer Geraden. Die kleinen Abweichungen kommen daher, dass eine völlig fehlerfreie Messung grundsätzlich nicht möglich ist. So ist es beispielsweise denkbar, dass das Stoppen der Uhr nicht genau im Vorbeigehen der Person geschah und somit die gemessenen Zeiten etwas von den tatsächlichen abweichen. Man berücksichtigt dies, indem man eine Gerade so einzeichnet, dass alle Messpunkte möglichst dicht an der Geraden liegen **→ B2**. Diese Gerade heißt **Ausgleichsgerade**.

Die Ausgleichsgerade beschreibt die tatsächliche Bewegung dann genauer als jeder einzelne Messpunkt. Den Geschwindigkeitswert bestimmt man daher sinnvollerweise auch mithilfe der Ausgleichsgeraden und nicht mit einem einzelnen Messpunkt.

An der hellgrünen Ausgleichsgeraden in **→ B2** können wir zum Zeitpunkt $t = 20$ s den Ort $s = 40$ m ablesen. Wir erhalten somit für die Geschwindigkeit:

$$v = \frac{s}{t} = \frac{40\,\text{m}}{20\,\text{s}} = 2{,}0\,\frac{\text{m}}{\text{s}}.$$

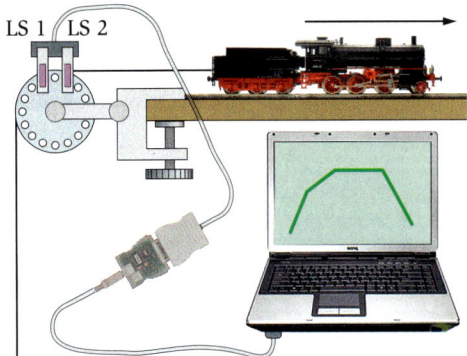

V1 Die Lok einer Modelleisenbahn fährt mit konstanter Geschwindigkeit, wird dann verlangsamt, bleibt stehen und wird anschließend zurückgeschickt. So erhalten wir eine Fahrt mit vier unterschiedlichen Geschwindigkeiten → **B1**.

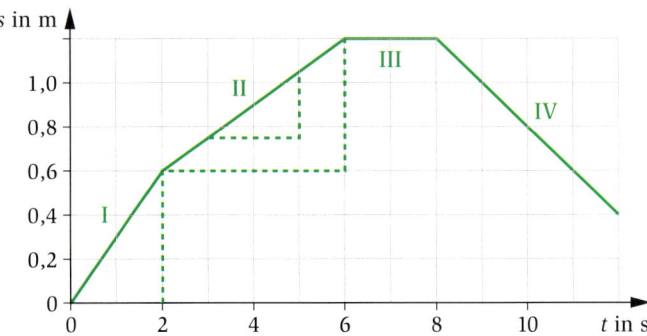

B1 Zeit-Ort-Diagramm der Fahrt einer Spielzeugeisenbahn

Vertiefung

Geschwindigkeit und Steigung

Berechnung der Geschwindigkeit im Intervall I: Im ersten Zeitintervall von 0 s bis 2 s liegt die größte Geschwindigkeit vor → **B2**, die t-s-Gerade hat die größte Steigung mit
$v_I = s/t = 0{,}60\ \text{m}/(2\ \text{s}) = 0{,}30\ \text{m/s}$.
Die Berechnung der Geschwindigkeit im Intervall II kann mit s/t nicht gelingen. Dieser Quotient liefert nur bei einer Ursprungsgeraden den richtigen Steigungswert. Mit dem Differenzenquotienten aus Werten dieses Intervalls bekommen wir den Wert:

$$v_{II} = \frac{s_2 - s_1}{t_2 - t_1} = \frac{1{,}20\ \text{m} - 0{,}60\ \text{m}}{6\ \text{s} - 2\ \text{s}} = 0{,}15\ \frac{\text{m}}{\text{s}}$$

Auch mit den Wertepaaren eines anderen Steigungsdreiecks ergibt sich derselbe Wert:

$$v_{III} = \frac{s_2 - s_1}{t_2 - t_1} = \frac{1{,}05\ \text{m} - 0{,}75\ \text{m}}{5\ \text{s} - 3\ \text{s}} = 0{,}15\ \frac{\text{m}}{\text{s}}$$

Ein Sonderfall ist die Geschwindigkeit im Abschnitt III. Der Zug steht. Der Zähler des Differenzenquotienten ist null, da der Ort sich nicht ändert. Damit ist der berechnete Geschwindigkeitswert ebenfalls null – wie der Versuch es verlangt.

Geschwindigkeitswert im Intervall IV:

$$v_{IV} = \frac{s_2 - s_1}{t_2 - t_1} = \frac{0{,}40\ \text{m} - 1{,}20\ \text{m}}{12\ \text{s} - 8\ \text{s}} = -0{,}20\ \frac{\text{m}}{\text{s}}$$

5. Wenn sich der Geschwindigkeitswert ändert

Die Geschwindigkeit der Modelleisenbahn in → **V1** lässt sich mithilfe eines Trafos steuern. Während der Fahrt verringern wir plötzlich die Geschwindigkeit. Mithilfe eines Bewegungsmesswandlers → **Interessantes S. 67** können wir auf dem Computer ein t-s-Diagramm dieser Bewegung darstellen. Wie lässt sich daraus nun die Geschwindigkeit der Eisenbahn ermitteln?
Das t-s-Diagramm → **B1** besteht aus unterschiedlich steilen Geradenabschnitten. In Abschnitt I beginnt die gleichförmige Bewegung zum Zeitpunkt $t = 0$ s am Ort $s = 0$ m. Es gilt der Sonderfall der Proportionalität zwischen s und t. Wir erhalten für diesen Sonderfall den Geschwindigkeitswert mithilfe des Quotienten aus s und t:

$$v_I = \frac{0{,}60\ \text{m}}{2\ \text{s}} = 0{,}30\ \frac{\text{m}}{\text{s}}$$

Im Abschnitt II von $t_1 = 2$ s bis $t_2 = 6$ s ist der zurückgelegte Weg die Differenz zweier Orte $s_2 - s_1$ und die verflossene Zeit die Differenz zweier Zeitpunkte $t_2 - t_1$. Der Quotient aus beiden Werten ist die Steigung der t-s-Geraden in diesem Abschnitt. Wir würden sie auch aus einem anderen, z. B. kleineren Steigungsdreieck bekommen → **B1**. Auch in den restlichen Abschnitten gehen wir so vor → **Vertiefung**.

6. Zurück auf einer Linie – negative Geschwindigkeit

In den Abschnitten I und II fuhr die Lok nach rechts in die vorher festgelegte positive Richtung der Ortsachse. Im Abschnitt IV fährt die Lok rückwärts, nach links. Mit zunehmender Zeit verkleinern sich jetzt die Ortswerte, die Steigung der t-s-Geraden ist nun negativ und liefert den Wert $v_{IV} = -0{,}20$ m/s. Am Vorzeichen des Geschwindigkeitswertes erkennen wir also die Richtung der Bewegung.

Merksatz

Bewegt sich ein Körper längs einer vorher festgelegten Ortsachse, erkennt man die Richtung der Fahrt am Vorzeichen des Geschwindigkeitswertes.

7. Das t-v-Diagramm – es zeigt auch den Weg

Mit dem Computer kann man schon während der Messung und der Aufzeichnung des t-s-Diagramms ein Diagramm der Geschwindigkeit zeichnen lassen, ein t-v-Diagramm. Im Versuch **→ V1** fanden wir nacheinander vier verschiedene Geschwindigkeiten. Diese zeichnet der Computer in **→ B2** als vier Stufen. Die Werte sind ja in den jeweiligen Zeitabschnitten konstant.

Aus dem t-s-Diagramm **→ B1** liest man nicht nur die Orte, sondern über die Steigung auch die Geschwindigkeit ab. Umgekehrt birgt auch das t-v-Diagramm mehr Information, als man zunächst vermutet.

In **→ B3** ist im Bereich von 0 s bis 2 s ein grünes Rechteck eingezeichnet. Der Flächeninhalt ist $2\,\text{s} \cdot 0{,}3\,\text{m/s} = 0{,}6\,\text{m}$. Das ist der in den ersten 2 s von der Lok zurückgelegte Weg $s_1 - s_0$. Im Zeitraum von z. B. 2 s bis 6 s ist der Flächeninhalt des grünen Rechtecks $(6\,\text{s} - 2\,\text{s}) \cdot 0{,}15\,\text{m/s} = 0{,}6\,\text{m}$. Das war der gemessene Weg $s_2 - s_1$ des zweiten Abschnitts in **→ V1**. Die jeweiligen Startorte kann man allerdings nicht mehr ablesen, immer nur die zurückgelegten Wege.

Merksatz

Bei konstanter Geschwindigkeit entspricht die Fläche unter dem t-v-Graphen dem zurückgelegten Weg. Es gilt:

$$s_2 - s_1 = v \cdot (t_2 - t_1).$$

Interessantes

Der Fahrtenschreiber

Für Busse und Lastwagen gelten strengere Geschwindigkeitsbegrenzungen als für PKW. Außerdem müssen die Fahrerinnen und Fahrer bestimmte Ruhezeiten zwischen den Fahrten einhalten. Ob beide Bestimmungen erfüllt waren, kann die Polizei aus t-v-Diagrammen ablesen, die während der Fahrt automatisch aufgezeichnet werden. Auch die zurückgelegten Wege erkennen sie an den Flächen unter der t-v-Kurve.

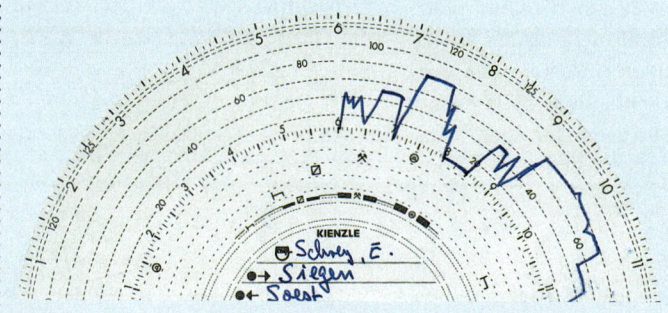

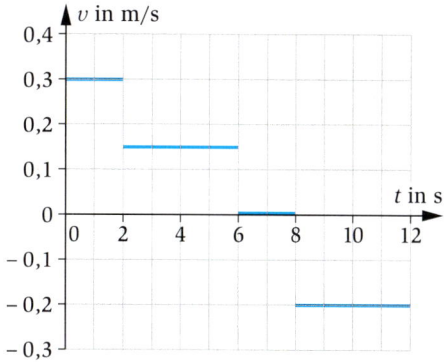

B2 t-v-Diagramm zu **→ V1** ; es zeigt einen stufenförmigen Verlauf der vier konstanten Geschwindigkeiten.

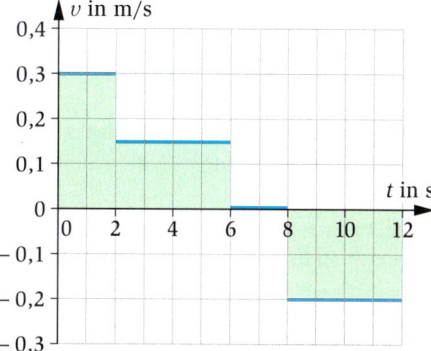

B3 Die Flächen unter dem t-v-Diagramm entsprechen den zurückgelegten Wegen. Es gilt z. B. für Abschnitt II **→ B1** :
$s_{\text{II}} = 0{,}15\,\text{m/s} \cdot (6\,\text{s} - 2\,\text{s}) = 0{,}6\,\text{m}$.

Mach's selbst

A1 **a)** Berechne für jeden der vier Abschnitte des folgenden t-s-Diagramms den Geschwindigkeitswert.
b) Zeichne das zugehörige t-v-Diagramm.

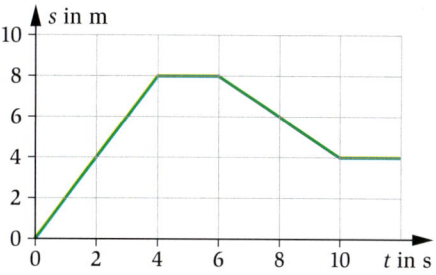

A2 **a)** In **→ B3** liegt Fläche IV im negativen Bereich. Erkläre, welche Bewegung vorliegt. Vergleiche mit **→ B1** .
b) Berechne den zurückgelegten Weg s_{IV}.

Umrechnung von m/s in km/h

Wenn wir beim Autofahren unpräzise von „Tempo 30" sprechen, bedeutet es 30 km/h. Wie rechnet man diese Geschwindigkeit in m/s um?

Wir schreiben: 1 km = 1000 m und 1 h = 3600 s. Bei „Tempo 30" hat ein Auto die Geschwindigkeit

$$v = 30 \, \frac{km}{h} = \frac{30 \cdot 1000 \, m}{3600 \, s} = 8{,}3 \, \frac{m}{s} \, .$$

Lea legt in einer Sekunde ca 2,5 m zurück. Der Betrag ihrer Geschwindigkeit war also v = 2,5 m/s. Welche Geschwindigkeit hatte sie in km/h? Wir ersetzen 1 m durch 1/1000 km und 1 s durch 1/3600 h:

$$v = 2{,}5 \, \frac{m}{s} = \frac{2{,}5 \, m}{1 \, s} = \frac{2{,}5 \cdot \frac{1}{1000} \, km}{\frac{1}{3600} \, h}$$

$$= 2{,}5 \cdot 3{,}6 \, \frac{km}{h} = 9{,}0 \, \frac{km}{h} \, .$$

Die Berechnung der Geschwindigkeit

Ein Auto durchfährt den Weg s = 200 m in der Zeit t = 5 s gleichförmig.

Gegeben: s = 200 m, t = 5 s; gesucht: v

v beträgt 40 m/s oder:

$$v = \frac{s}{t} = \frac{200 \, m}{5 \, s} = \frac{200 \cdot \frac{1}{1000} \, km}{5 \cdot \frac{1}{3600} \, h} = 40 \cdot 3{,}6 \, \frac{km}{h} = 144 \, \frac{km}{h} \, .$$

Die Berechnung des Weges

Bestimme den Weg s, den eine Radfahrerin in der Zeit t = 20 min mit der konstanten Geschwindigkeit v = 20 km/h zurücklegt.

Gegeben: t = 20 min, v = 20 km/h; gesucht: s

Zum Berechnen von s haben wir noch keine Gleichung. Wir können aber auf $v = s/t$ die Regeln der Mathematik anwenden.

Wir multiplizieren die Gleichung $v = s/t$ auf beiden Seiten mit t und erhalten: $s = v \cdot t$.

Als Rechnung ergibt sich:

$$s = v \cdot t = 20 \, \frac{km}{h} \cdot \frac{1}{3} h \approx 6{,}67 \, km.$$

Die Berechnung der Zeit

Bestimme die Zeit t, die ein Flugzeug (v = 600 km/h) für den Weg s = 1000 km benötigt.

Gegeben: s = 1000 km, v = 600 km/h; gesucht: t

Um t zu erhalten, dividieren wir die Gleichung $s = v \cdot t$ auf beiden Seiten durch v und erhalten die neue Gleichung $s/v = t$. Diese wenden wir an:

$$t = \frac{s}{v} = \frac{1000 \, km}{600 \, \frac{km}{h}} \approx 1{,}67 \, h \approx 1 \, h \, 40 \, min.$$

Mach's selbst

A1 a) Eine Walkerin legt in 30 min einen Weg von 2,7 km zurück. Berechne den Betrag ihrer Geschwindigkeit.
b) Eine sportliche Radfahrerin fährt 18 km mit einer Geschwindigkeit von 27 km/h. Berechne ihre Fahrzeit.

A2 Die Leitpfosten an der Autobahn haben in Deutschland einen Abstand von 50 m. Erkläre, wie du damit die Anzeige des Tachometers bei 100 km/h überprüfen kannst. Ist es zweckmäßig, als Weg 50 m zu wählen?

A3 Berechne die Zeit, die ein PKW bei freier Fahrt für die Strecke von Hannover nach Berlin (s = 220 km) benötigt. Geh dabei von einer annähernd konstanten Geschwindigkeit von v = 120 km/h aus.

A4 a) Erfinde eine Geschichte zur Grafik.
b) Skizziere ein passendes t-v-Diagramm. Begründe!

A5 Ein Auto fährt 15 s lang mit v_1 = 72 km/h, dann plötzlich 24 s mit v_2 = 36 km/h weiter. Es bleibt danach 10 s lang stehen. Schließlich fährt es mit v_3 = −54 km/h an den Ausgangspunkt zurück.
a) Zeichne dazu ein t-s- und ein t-v-Diagramm (v in der Einheit m/s).
b) Bestimme die Dauer der Rückfahrt.

A6 Ein Jogger läuft 60 s mit einer Geschwindigkeit von 2 m/s. 20 s später startet ein Radfahrer mit v = 5 m/s. Wann und wo hat der Radfahrer den Jogger eingeholt? Zeichne zur Lösung das t-s-Diagramm für die Bewegungen.

A7 Beschreibe die in dem t-v-Diagramm dargestellte Bewegung möglichst genau und zeichne ein zugehöriges t-s-Diagramm.

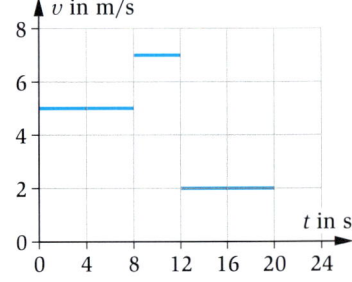

Interessantes

Der Bewegungsmesswandler

Eine Spielzeuglokomotive wäre zu schnell, um Zeiten mit einer Handstoppuhr festzuhalten. Die Lokomotive hätte schon nach wenigen Sekunden das Ende der Strecke erreicht. Hier hilft ein sogenannter Bewegungsmesswandler. Er übernimmt das Messen von Ort und Zeit für uns. Am Rand eines Rades befinden sich kleine Löcher im Abstand von z. B. einem Millimeter. Über dieses „Lochrad" legt man einen dünnen Faden, der mit der Lokomotive verbunden ist. Bewegt sie sich, so dreht sich das Rad. Dabei wird der Strahl einer Lichtschranke (LS1) durch die Stege zwischen den Löchern immer wieder unterbrochen.

Dies registriert ein Computer und ermittelt aus der Zahl der Unterbrechungen den erreichten Ort s.

Der Ortsnullpunkt kann dabei beliebig gewählt werden. Man schiebt die Lok nun an die gewünschte Stelle und setzt den Zähler dann auf null. Zeitgleich mit der Ortsmessung speichert der Computer auch die jeweilige Zeit.

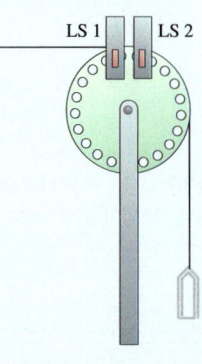

Projekt – Hausversuch

Geänderte Geschwindigkeit – selbst gemessen

Zu Hause soll eine Bewegung mit wechselnder Geschwindigkeit untersucht werden. Dies geht – wie im Lehrtext – mit einer Spielzeugeisenbahn. Evtl. kann die Schule euch auch einen kleinen Elektromotor mit Untersetzungsgetriebe ausleihen. Ähnlich wie in → **B1** angedeutet kann euer Versuchslabor ausgestattet sein.

Benötigtes Material:
* Elektromotor mit Getriebe
* Batterie 4,5 V; zwei leichte Experimentierkabel mit Krokodilklemmen für das Umschalten von Vorwärtslauf auf Stopp und auf Rückwärtslauf
* Ein leichter Gegenstand, z. B. ein Spielzeugauto mit der Möglichkeit, Fäden anzubinden
* Ein Gewicht, das für die Rückfahrt sorgt
* Ein Bandmaß
* Eine Digitalkamera (am besten auf einem Stativ) und Videoanalysesoftware (Viana, Videoanalyzer)

Vorbereitung des Versuchs
Den Versuch führt ihr am besten auf einem Tisch mit glatter Oberfläche durch (z. B. einem Küchentisch).
* Fixiert zunächst den Motor.
* Bindet ein Ende des Fadens an die Getriebeachse, das andere Ende an das Spielzeugauto.
* Vom Heck des Autos geht ein Faden zum zweiten Gegenstand, der über die Tischkante herabhängt.

Arbeitsaufträge:
1 Führt zunächst eine „Probefahrt" durch.

2 Startet dann die Messung – vorwärts, halten, rückwärts. Nehmt ein Video des Vorgangs auf.

3 Exportiert die Zeit- und Ortswerte aus der Analysesoftware in eine Tabellenkalkulation (z. B. Excel®) und erzeugt dann ein t-s-Diagramm (ähnlich → **B2**). Bestimmt anschließend die Geschwindigkeiten des „Fahrzeugs" in den drei Abschnitten.

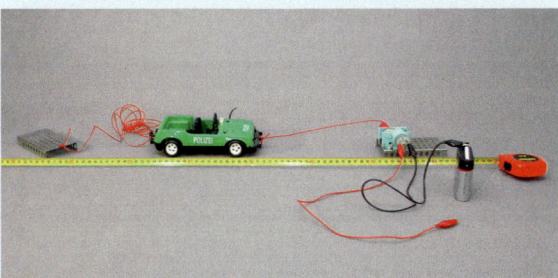

B1 Versuchsmaterial für eine Vorwärts- und Rückwärtsfahrt des Spielzeugautos

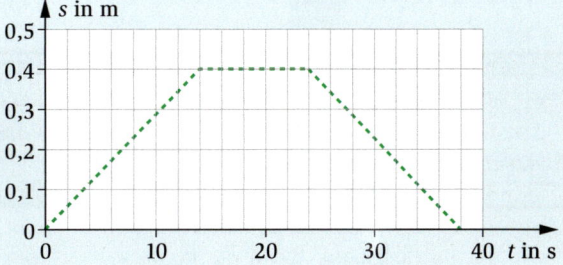

B2 So könnte das t-s-Diagramm der Vorwärts- und Rückwärtsfahrt eures Spielzeugautos aussehen.

B1 Diese Bildfolge wurde mit einer Hochgeschwindigkeitskamera aufgenommen (5000 Bilder je Sekunde). Jedes zehnte Bild ist hier abgedruckt. An der Tischplatte wird der Ball zurückgeworfen. Gleichzeitig wird er stark verformt.

Anstoß

1. Untersuche mithilfe eines Haartrockners den Einfluss des Luftstroms auf die Bewegung eines Spielzeugautos. Beschreibe hierzu die Änderung der Geschwindigkeit des Autos, wenn der Luftstrom
a) in Bewegungsrichtung,
b) entgegengesetzt zur Bewegungsrichtung,
c) senkrecht zur Bewegungsrichtung gerichtet ist.

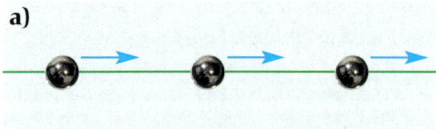

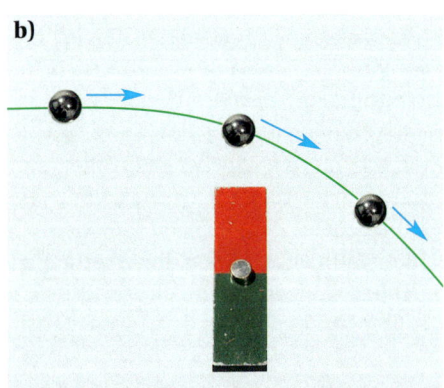

V1 a) Wir lassen eine Stahlkugel über eine Glasplatte rollen. Die Bahn der Kugel ist geradlinig; die Kugel wird nicht schneller und nicht langsamer.
b) Nun legen wir zusätzlich einen Magneten auf die Glasplatte. Wenn die Kugel in die Nähe eines Magnetpols kommt, folgt sie einer gekrümmten Bahn und wird dann langsamer.

1. Kräfte ändern den Bewegungszustand

Wer sein Fahrrad auf gerader Strecke beschleunigen will, muss kräftig in die Pedale treten. Kräftig muss er auch gegen einen Ball schlagen, eine Bowling-Kugel oder ein Auto anschieben, wenn sie *schneller werden* sollen. In allen Fällen benötigt man die Anspannung der Muskeln aus einem physikalischen Grund: Man muss auf den Körper eine **Kraft** ausüben.

Man muss aber auch eine Kraft auf einen Körper ausüben, wenn man ihn *verlangsamen* will → **Anstoß**. Sehr deutlich spürt dies ein Fußballtorwart, wenn er den getretenen Elfmeter „halten", d.h. in kurzer Zeit abbremsen muss.

Kein Beobachter kann die Kraft sehen. Jeder sieht aber die Auswirkung der Kraft: Das Auto, die Kugel oder der Ball werden langsamer oder schneller → **B1** . Es ist also nur die **Wirkung der Kraft**, die man wahrnehmen kann.

Wenn es einem Torwart gelingt, den Ball so *abzulenken*, dass dieser am Tor vorbeifliegt, hat er seine Aufgabe auch erfüllt. Um die Flugrichtung des Balls zu ändern, muss er beim „Fausten" quer zur Bewegungsrichtung eine Kraft auf den Ball ausüben. Dies bestätigt → **V1** : Eine Stahlkugel rollt – einmal in Bewegung gesetzt – mit konstanter Geschwindigkeit über die Glasplatte; sie ändert ihren Bewegungszustand nicht. Rollt sie an einem Magnetpol vorbei, so ändert sich ihre Bewegungsrichtung. Ursache ist die seitlich an der Stahlkugel ziehende magnetische Kraft.

Es gilt also immer: Wird der Bewegungszustand eines Körpers geändert, so ist die Ursache dafür eine auf den Körper wirkende Kraft.

2. Kräfte verformen Körper

→ **B1** zeigt aber nicht nur die Änderung des Bewegungszustandes als Wirkung der Kraft: Durch die von der Tischplatte auf den Ball ausgeübte Kraft wird dieser zusätzlich stark verformt.

Verformung beobachtet man häufig auch ohne Bewegungsänderung, z. B. wenn man den Ball mit beiden Händen etwas zusammendrückt. Im Unterschied zu → **B1** wirken auf ihn dann zwei Kräfte in entgegengesetzte Richtungen. Der Ball wird nur verformt und nicht beschleunigt.

Merksatz

Wird ein Körper verformt oder wird sein Bewegungszustand geändert, so wirkt eine Kraft auf ihn.
Das Ändern des Bewegungszustandes bedeutet: Der Körper wird durch die Kraft schneller, langsamer oder in eine Kurve gezwungen.

B2 Übungsband als „Maßstab" für Kräfte

3. Ein Prinzip der Kraftmessung

Wer misst, vergleicht eine Größe mit den Vielfachen einer Einheit. Die Längeneinheit ist 1 m. Die Länge eines Tisches kann z. B. mit 3 · 1 m (Einheit) bestimmt werden. Diese allgemeine Aussage über das Messen wollen wir nun auf die Situation zweier Mädchen übertragen, die „ihre Kräfte messen wollen". Wie ermittelt man die Stärkere? Wievielmal so stark ist sie wie die andere?

Man könnte beim Weitwurf oder beim Kugelstoßen Kräfte vergleichen. Doch spielen bei diesen Vorgängen, die einen Köper *schneller machen*, auch Geschicklichkeit und Übung eine Rolle. Wir machen daher die andere Wirkung, das *Verformen*, zur Grundlage eines Kraftmessgerätes.

Also lassen wir die Schülerinnen nach → **B2** nacheinander an einem Sport-Übungsband ziehen. Ein Ende des Bandes ist an der Wandtafel befestigt. Der Ort des rechten Griffes wird an der Tafel durch eine Kreidemarkierung festgehalten. Wird das Band von zwei Schülerinnen nacheinander bis zur gleichen Marke verlängert, dann sagen wir, beide üben gleich große Kräfte aus. Zum Messen brauchen wir aber auch noch eine Einheit. Wir legen als vorläufige Einheit die Kraft, die die Schülerin Ina ausübt, mit der Bezeichnung „1 Ina" fest.

Was sollen aber „2 Ina" sein? Jetzt brauchen wir Inas gleich starke Mitschülerin. Wir vereinbaren: Wenn beide am Expander in die gleiche Richtung ziehen, üben sie zusammen die Kraft „2 Ina" aus. Drei Schülerinnen, die sich als gleich stark erwiesen haben, üben gemeinsam in gleicher Richtung die Kraft „3 Ina" aus. Auf diese Weise erzeugen wir eine Kräfteskala. Wenn wir sie zusammen mit dem Übungsband aufbewahren, können wir später die Kraftmessungen weiterführen.
Die meisten Übungsbänder liefern eine ungleichmäßige Kräfteskala. Wir werden bald bessere Kraftmesser kennen lernen.

Merksatz

Zwei Kräfte, die denselben Körper gleich stark verformen, sind gleich groß. Wenn Kräfte, die in einem Punkt eines Körpers angreifen, die gleiche Richtung haben, addieren sie sich.

Mach's selbst

A1 **a)** Nenne alltägliche Vorgänge zu den Wirkungen einer Kraft.
b) Stelle eine Liste mit alltagssprachlichen Begriffen zusammen, die jeweils das Wort „Kraft" enthalten.
c) Markiere die Begriffe, die „Kraft" im physikalischen Sinne verwenden.

A2 Beschreibe den Ablauf eines Wurfes. Berichte zunächst aus der Sicht des Werfers und dann aus der Sicht einer Zuschauerin. Der Ball kommt auf das Tor – der Torwart hält. Berichte aus seiner Sicht.

A3 **a)** Vergleiche die Abwärtsbewegung des Balls in → **B1** mit der Aufwärtsbewegung. Begründe die Art der Bewegung und ihre Richtung. Bewerte die Beträge der Geschwindigkeit.
b) Erläutere den Vorgang, der während des Berührens der Tischplatte abläuft. Benutze dabei die Begriffe „Kraft", „langsamer werden" und „schneller werden".

A4 Ein schneller Hammerkopf treibt einen Nagel ins Holz. Trifft er den Nagel nicht, wird das Holz verformt. Der Hammer springt dabei kaum zurück. Deute das Wärmebild der Holzplatte (Sicht von oben) mit deinem Wissen zur Energie.

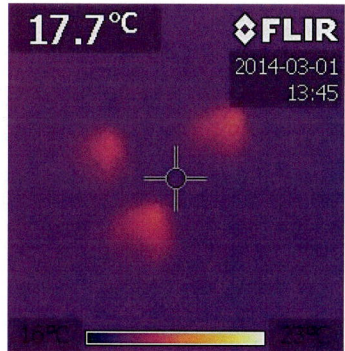

1. Kraftmesser und die Krafteinheit Newton

Kraftmesser sind kleine, aber präzise „Übungsbänder". Sie enthalten nach → **B2** eine hochwertige Stahlfeder. Kraftmesser sind in der international vorgeschriebenen Krafteinheit, dem Newton (Abkürzung N) geeicht, zu Ehren des englischen Physikers Isaac NEWTON → **B1** .

Merksatz

Die Einheit der Kraft ist 1 N (Newton).

Unsere vorläufige Krafteinheit „l Ina" hatte ihren Sinn bei den prinzipiellen Überlegungen zur Kraftmessung. Regionale oder individuelle Maßeinheiten sind aber hinderlich, deshalb gibt es weltweit einheitliche Maßeinheiten wie das Newton.

Der Kraftmesser in → **B2** besteht aus einer Schraubenfeder aus Stahldraht, einer Plastikhülse mit Skala und einer Schutzhülse. Das linke Ende der Feder ist mit der Schutzhülse verbunden, das rechte mit der Skalenhülse. Diese kann reibungsfrei aus der Schutzhülse gezogen werden. Wenn keine Kraft wirkt, stellen wir den Nullpunktschieber (dritte Hülse) auf den Skalenwert 0 N. Verlängert dann eine Kraft die Feder, so taucht ein Teilstrich mit l N auf. Verlängern wir die Feder bis zum Teilstrich 5 N, so üben wir eine Kraft von 5 N aus. Je nach „Härte" der Federn haben Kraftmesser verschiedene Messbereiche: von 0 N bis 0,1 N oder von 0 N bis 5 N usw.

2. Versuche mit Kraftmessern

→ **B3** zeigt, dass beide Kraftmesser die gleiche Kraft anzeigen, unabhängig davon, an welchem Ende man zieht. Kraftmesser messen also die Kraft, die sie erfahren, aber auch die, die sie auf einen anderen Körper ausüben. Betrachten wir die Drahthaken → **B3** zwischen den Kraftmessern A und B. Sie übertragen die Kraft vom Betrag l N von links nach rechts oder auch umgekehrt. Im Draht, also unterwegs, nimmt die Kraft weder zu noch ab, sie beträgt überall l N. Dieses gilt auch dann, wenn wir den Draht durch einen langen Faden, ein Gummiband oder mehrere Federn ersetzen.

→ **B4** zeigt rechts drei Kraftmesser, die parallel zueinander liegen. An jedem Kraftmesser wird mit l N nach rechts gezogen. Als „Resultat" zeigt der linke Kraftmesser (A) den Kraftbetrag 3 N an. Die drei gleichgerichteten Kräfte von je l N haben sich zur resultierenden Kraft mit 3 N addiert. Wenn die gleichgerichteten Kräfte unterschiedlich sind (z. B. 3 N, 7 N und 5 N) und wieder am gleichen Körper angreifen, dann addieren sich die Beträge auch (hier: 15 N).

Merksatz

Wenn mehrere gleichgerichtete Kräfte am gleichen Körper angreifen, dann addieren sich ihre Beträge.

B1 Sir Isaac NEWTON, engl. Physiker (1643 – 1727)

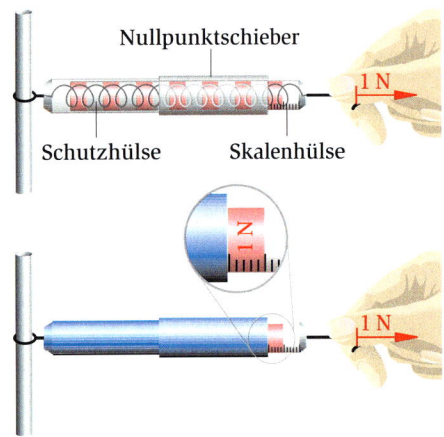

B2 Am Kraftmesser zieht rechts eine Hand mit der Kraft 1 Newton.

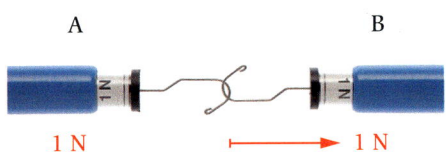

B3 Ein linker Partner hält Kraftmesser A nur fest, während ein rechter an Kraftmesser B mit der Kraft 1 N zieht.

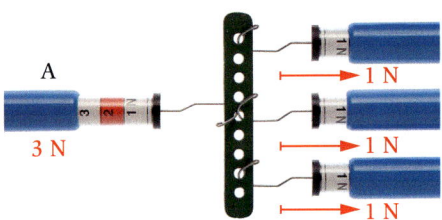

B4 Die Kräfte von je 1 N (rechts) addieren sich am linken Kraftmesser zu 3 N.

3. Kräfte sind Vektorgrößen

Die **Kraft** ist wie die Geschwindigkeit eine gerichtete Größe, ein **Vektor**. Anders als die Geschwindigkeit ist die Wirkung einer Kraft mit ihrem Betrag und ihrer Richtung allein noch nicht eindeutig bestimmt. Stellen wir uns vor, dass wir mit einer bestimmten Kraft (Betrag und Richtung sind fest gewählt) einen Tisch verschieben wollen. Greift die Kraft in der Mitte der Platte an, schaffen wir es. Greift sie aber seitlich an einer Ecke an, so wird der Tisch sich nur drehen. Die Wirkung einer Kraft wird also auch von ihrem Angriffspunkt bestimmt.

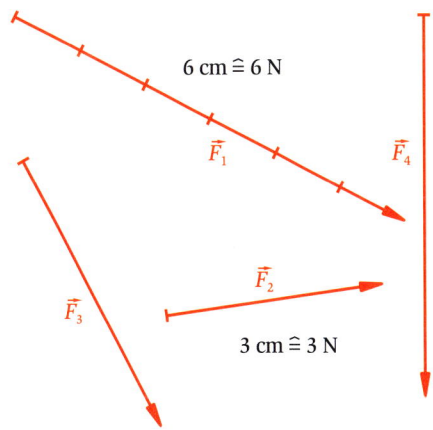

Merksatz

Die Wirkung einer Kraft hängt ab:
- vom Angriffspunkt der Kraft,
- von der Richtung der Kraft,
- vom Betrag der Kraft.

Einen **Kraftvektor** stellen wir in physikalischen und technischen Zeichnungen symbolisch als **Pfeil** dar.
- Den Pfeil heften wir meist an den Punkt des Körpers, an dem die Kraft angreift, also an den Angriffspunkt.
- Die Spitze des Pfeils weist in die Kraftrichtung.
- Den Betrag der Kraft können wir durch die Länge des Pfeils kennzeichnen. Dazu vereinbaren wir für seine Länge einen Kräftemaßstab, z.B. 1 cm ≙ 1 N. Dann stellt in → **B5** ein 3 cm langer Pfeil eine Kraft vom Betrag $F = 3$ N dar.

Der Buchstabe F kennzeichnet allgemein eine Kraft (engl.: force = Kraft). Wie das Geschwindigkeitssymbol $\vec{v}$ bekommt das Kraftsymbol einen Pfeil über den Buchstaben, also $\vec{F}$. Sprechen wir nur vom Wert oder Betrag, so schreiben wir den Buchstaben ohne Pfeil ($F = 30$ N; $v = 2$ m/s). Wenn man sagt, eine Kraft oder Geschwindigkeit sei doppelt so groß wie eine andere, so meint man, sie habe den doppelten Betrag (unabhängig von der Richtung).

Es gibt auch Größen, denen keine bestimmte Richtung zukommt, wie Volumen V und Zeit t. Es sind **skalare Größen**.

B5 Kraftpfeile zeigen Richtung, Angriffspunkt und Betrag der Kraft an.

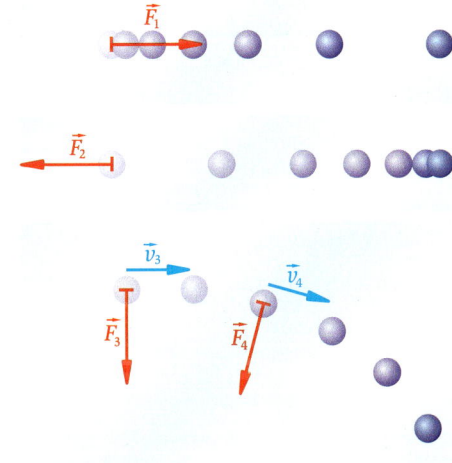

B6 Bewegungen einer Kugel auf einer Glasplatte. Oben: Kraft $\vec{F}_1$ in Bewegungsrichtung, Mitte: Kraft $\vec{F}_2$ gegen die Bewegungsrichtung, Unten: Kräfte wie $\vec{F}_3$, $\vec{F}_4$ immer senkrecht zur Bewegungrichtung (Momentbilder in gleichen Zeitabständen).

Mach's selbst

A1 Denke dir vier Situationen aus, bei denen Kräfte wirken. Gib an, wer die Kraft ausübt und bestimme Angriffspunkt und Kraftwirkung.

A2 a) Mia sagt: „Der Magnet hat eine große Kraft". Nimm zu dieser Aussage Stellung.
b) Beschreibe einen Versuchsaufbau, bei dem du eine magnetische Kraft beobachten und messen kannst. Erörtere, wovon die Kraftgröße abhängt.

A3 a) In → **B6** sind Momentbilder von Kugelbewegungen auf der Glasplatte dargestellt. Auf die Kugel wirkt eine Kraft. Sie ist durch die roten Pfeile in einigen Punkten dargestellt, die blauen Pfeile stehen für die momentane Bewegungsrichtung. Beschreibe die Bewegungen.

b) Übertrage die Zeichnungen in dein Heft und ergänze sie durch weitere Kraft- und Bewegungspfeile.

A4 Nenne mögliche Wirkungen einer Kraft. Diskutiere, ob eine Kraft am gleichen Körper verschiedene Wirkungen ausüben kann.

A5 Max übt eine Kraft von 300 N aus. Erläutere, wie man sie mit 100 N-Kraftmessern messen kann.

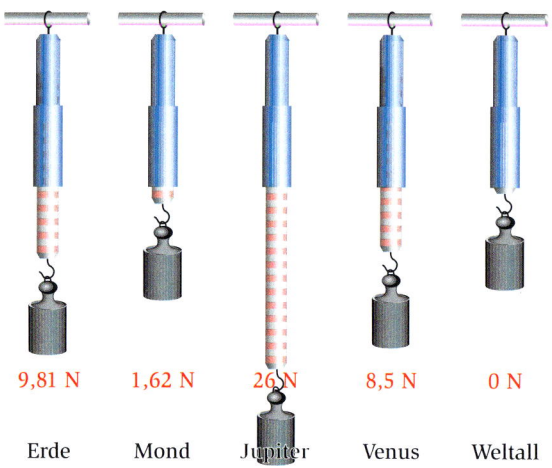

9,81 N   1,62 N   26 N   8,5 N   0 N

Erde   Mond   Jupiter   Venus   Weltall

B1 Der Betrag der Gewichtskraft ein und desselben Körpers hängt vom Ort ab.

B2 Überall auf der Erde zieht die Gewichtskraft nach unten.

Kräfte zwischen kleinen Kugeln kleinen Abstands	$1/10^9$ N
Gewichtskraft eines Normalbriefs	0,2 N
Gewichtskraft einer Schkoladentafel	1 N
Gewichtskraft von 1 l Wasser	10 N
Gewichtskraft eines Menschen	700 N
Zugkraft eines Pkw	5 000 N
Zugkraft einer Lokomotive	150 000 N
Kraft der Erde auf den Mond	$2 \cdot 10^{20}$ N

T1 Verschiedene Kräfte; die Anziehungskraft zwischen kleinen Körpern ist winzig.

1. Was sind Gewichtskräfte?

Lassen wir einen Gegenstand los, so fällt er nach unten. Dabei wird er immer schneller. Der Gegenstand erfährt also eine nach unten wirkende Kraft. Man nennt sie **Gewichtskraft** oder auch **Schwerkraft**. An allen Orten der Erde fallen die Gegenstände zu Boden, deshalb sind in → **B2** die Pfeile für die Gewichtskräfte zur Erdmitte gezeichnet.

Auch der Mond zieht Körper an, das konnten Astronauten sogar spüren. Er ist kleiner als die Erde, aber auch noch ein großer Materiebrocken. Die Gewichtskraft auf denselben Körper ist auf dem Mond anders als auf der Erde. Dies gilt auch für die Sonne und auch für andere Planeten → **B1** , → **Interessantes**.

Sogar kleine Körper ziehen andere Körper an → **T1** , allerdings mit winzig kleinen Kräften → **Vertiefung**. Die Anziehungskräfte sind bei der Erde sehr viel größer. Magnetische Kräfte können es nicht sein, da auch unmagnetische Stoffe wie Blei, Wasser oder Holz Anziehungskräfte erfahren.

Merksatz

Jeder Körper zieht andere Körper an. Die Anziehungskraft eines Himmelskörpers auf einen anderen Körper nennt man Gewichtskraft.
Die Gewichtskraft hängt vom Ort ab. Dieses gilt für Betrag und Richtung.

Es ist also irreführend zu sagen, die Körper sind schwer. Für sich allein haben Körper keine Gewichtskraft als „Besitz". Weit weg von allen Himmelskörpern erführe ein Raumschiff keine Gewichtskraft. Jeder Körper erfährt nämlich eine Gewichtskraft erst von der Erde als Anziehungskraft oder vom Mond oder von anderen Himmelskörpern.

Vertiefung

Nachweis der Schwerkraft im Labor

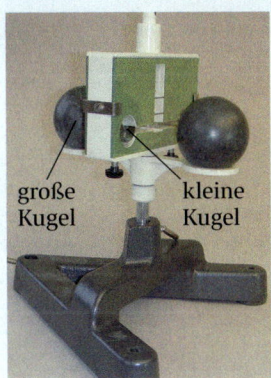

große Kugel   kleine Kugel

Mit der abgebildeten Apparatur kann man die winzige Kraft zwischen zwei Kugeln im Labor nachweisen. Sie ist so klein, dass man sie mit Federkraftmessern gar nicht bemerken würde. Um sie aufzuspüren, benutzen wir deshalb eine raffinierte, sehr empfindliche Versuchsanordnung.

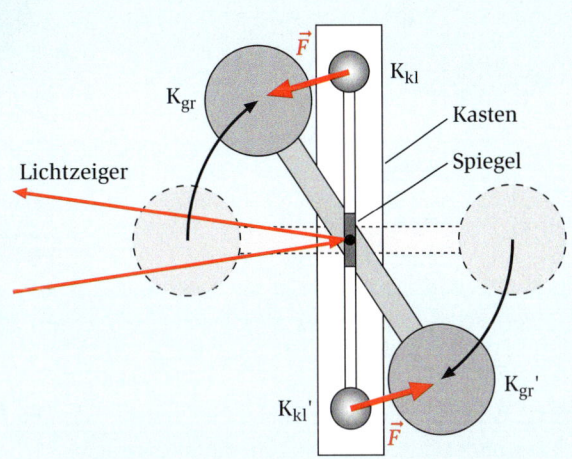

Die kleinen Kugeln K_{kl} und K_{kl}' hängen mit ihrer waagerechten Verbindungsstange an einem dünnen Draht. Der Draht verhindert, dass Stange und kleine Kugeln fallen. Er befindet sich gut geschützt in dem weißen Rohr oberhalb des Gehäuses. Auf der Verbindungsstange ist ein kleiner Spiegel angebracht. Dieser reflektiert einen Lichtstrahl. In einiger Entfernung – z. B. an einer gegenüberliegenden Wand – zeigt der Lichtstrahl jede Positionsveränderung der kleinen Kugel etwa 100-mal so stark an.

Bereits ein schwacher Luftzug würde die Anordnung mitsamt dem Spiegel in Drehung versetzen. Deshalb ist diese Anordnung in einem geschlossenen Gehäuse untergebracht.

Zunächst sei alles in Ruhe. Der am Spiegel reflektierte Lichtstrahl bewegt sich nicht. Nun schwenken wir die beiden großen Kugeln K_{gr} und K_{gr}' aus ihrer neutralen Position – wie in der Zeichnung. Dabei nähert sich K_{gr} der kleinen Kugel K_{kl} von links. Kugel K_{gr}' nähert sich der kleinen Kugel K_{kl}' von rechts. Wenn es richtig ist, dass sich diese Kugeln anziehen, dann kommt K_{kl} nach links und gleichzeitig K_{kl}' nach rechts in Bewegung. Ihre Verbindungsstange und der daran befestigte Spiegel drehen sich. Der am Spiegel reflektierte Lichtstrahl („Lichtzeiger") dreht sich mit. Man glaubt es kaum, aber es geschieht tatsächlich, der Lichtfleck kriecht an der Wand entlang – wie eine Schnecke ➔ www.

Mach's selbst

A1 Nach ➔ **B2** ist die Gewichtskraft, die Körper am Äquator erfahren, anders gerichtet als an den Polen. Ein Weitgereister sagt: „Überall, wo ich war, zeigte sie nach unten." Erkläre den scheinbaren Widerspruch.

A2 a) Wir haben mit dem Sport-Übungsband waagerechte Zugkräfte der Größe „1 Ina", „2 Ina" usw. gemessen. Entwickle ein Experiment, um zu prüfen, ob „1 Ina" auch die Gewichtskraft von Ina auf der Erde ist.
b) Begründe, dass die Gewichtskraft auf der Erde nicht überall gleich groß ist.

A3 a) Hänge einen Knetklumpen an ein Gummiband und markiere die Verlängerung, „1 Knet" heißt deine eigene Krafteinheit. Erzeuge anschließend die Kräfte 2 und 3 Knet. Überlege, ob die Verlängerung des Bandes unbedingt doppelt bzw. dreifach sein muss.
b) Beschreibe, wie man die Kraft 0,5 Knet erhält.
c) Bestimme, wie viel Newton einem „Knet" entsprechen.

A4 Ein Laborant misst mit einem Kraftmesser täglich die Gewichtskraft von weißen Mäusen. Eines Tages gibt er sie in cm statt in N an. Führe mit deinem Nachbarn über diese Idee eine Pro-und-Kontra-Diskussion. Protokolliere die verschiedenen Argumente.

A5 Diskutiere die Aussagen:
a) Die Ananas ist 30 N schwer.
b) Eine Kiste mit Tomaten wiegt 150 kg.

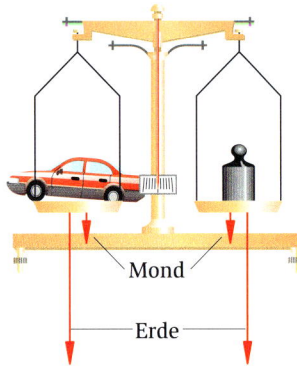

Die Balkenwaage zeigt auf Erde und Mond an, ob zwei Massen gleich sind.

B2 Astronaut J. IRVIN trägt auf dem Mond einen Tornister mit 84 kg Masse.

V1 Wir nehmen zwei identische Spielzeugautos und legen je eins auf die Schalen einer Balkenwaage. Beide Schalen stehen in gleicher Höhe, also erfahren beide Autos die gleiche Gewichtskraft. Wir ersetzen ein Auto durch Wägestücke aus einem Wägesatz, sodass die Schalen wieder in gleicher Höhe stehen. Nun erfahren Auto und Wägestücke die gleiche Gewichtskraft. Dieser Vergleich ist viel genauer als der mit Federkraftmessern. Die tatsächliche Größe der Kräfte zeigt die Balkenwaage nicht an.

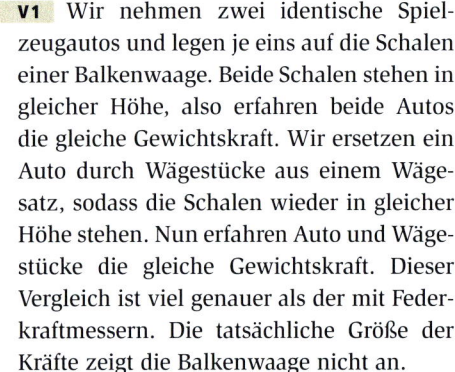

Vertiefung

Wägesätze

Ein Standardwägesatz enthält folgende Stücke: 500 g, 200 g, 200 g, 100 g, 50 g, 20 g, 20 g, 10 g, 5 g, 2 g, 2 g, 1 g.

Damit lassen sich alle Massen zwischen 1 g und 1110 g bestimmen, z. B.
768 g = 500 g + 200 g + 50 g + 10 g +
            5 g + 2 g + 1 g.
Unterhalb der Grenze von einem Gramm gibt es auch Milligrammstücke.

Ein Wägesatz aus folgenden Stücken:
1 g, 2 g, 4 g, 8 g, 16 g, 32 g, 64 g, 128 g, 256 g, 512 g ermöglicht das Bestimmen von Massen bis 1023 g. Dieser Wägesatz umfasst zwar weniger Stücke, ist aber unpraktisch bei gebräuchlichen Massen:
100 g = 64 g + 32 g + 4 g bzw.
500 g = 256 g + 128 g + 64 g + 32 g +
             16 g + 4 g.

1. Die Masse als „Besitz" eines Körpers

Eine Schokoladentafel erfährt auf der Erde eine Gewichtskraft vom Betrag 1 N, auf dem Mond dagegen nur 1/6 N **→ B2**. Dort zeigt ein Kraftmesser 1 N erst an, wenn sechs Tafeln an ihm hängen. Trotzdem braucht ein Raumfahrer auch hier nur eine Tafel Schokolade, also dieselbe Menge an Schokoladenmaterie, um seinen Bedarf an Süßigkeiten zu erfüllen. Statt „Menge an Schokolade" sagt man in der Physik **Masse**. Dass die Tafel Schokolade leichter geworden ist, liegt am Mond und nicht an der Masse der Schokolade.

2. Wie misst man die Masse?

Kaufleute auf dem Wochenmarkt nutzen manchmal noch Balkenwaagen **→ B1**, um die Masse sehr genau zu ermitteln, also keine Federkraftmesser. Versuch **→ V1** zeigt, dass Balkenwaagen empfindlich reagieren, wenn man vom zu wiegenden Körper etwas wegnimmt oder etwas hinzufügt, also wenn sich seine Masse ändert. Gleichgewicht liegt an der Waage nur vor, wenn an beiden Waagschalen gleich große Gewichtskräfte ziehen. Der Versuch legt folgende Festlegung nahe: Zwei beliebige Körper, die am gleichen Ort gleich große Gewichtskräfte erfahren, haben die gleiche Masse m.

Da die Balkenwaage nur die Gleichheit der Gewichtskräfte feststellt, ist sie die ideale „Reisewaage". Um dies zu verstehen, gehen wir in Gedanken wieder auf den Mond. Dieser zieht sowohl an der Schokolade wie auch an den Wägestücken mit 1/6 der Gewichtskraft, die beide auf der Erde erfahren **→ B1**. Also erfahren Schokolade wie Wägestücke zwar kleinere, aber untereinander wieder gleich große Gewichtskräfte. Die Waagschalen sind deshalb auch auf dem Mond in gleicher Höhe, wenn sie es vorher auf der Erde waren.

Balkenwaagen messen also die Masse an jedem Ort richtig – unabhängig von der ortsabhängigen Gewichtskraft.

3. Die Einheit der Masse

Normale Schokoladentafeln tragen die Aufschrift 100 g. Mit 1 g oder 1 kg bezeichnen wir nämlich die **Einheit der Masse** m. Wie wir jetzt wissen, ist die Masse etwas anderes als die Kraft. Deshalb haben Masse und Kraft auch verschiedene Einheiten. 1 kg ist die Masse eines bestimmten Normkörpers (aus Edelmetall), des sogenannten **Urkilogramms** → B3 ; es wird in Paris aufbewahrt. Da die Masse die Menge der Materie eines bestimmten Körpers kennzeichnet, die im Gegensatz zur Gewichtskraft nicht vom Ort abhängt, ist der Aufbewahrungsort für das Urkilogramm aber beliebig.

Zwei solche Körper mit je 1 kg Masse erfahren am gleichen Ort die doppelte Gewichtskraft; sie haben die Masse 2 kg. 100 g-Wägestücke sind richtig beschriftet, wenn beliebige zehn von ihnen mit einem 1 kg-Wägestück ins Gleichgewicht gebracht werden können. Wenn man so weiter verfährt, bekommt man einen ganzen Wägesatz → **Vertiefung**.

B3 Kopie Nr. 70 des „Urkilogramms" in Paris

Weitere Masseeinheiten sind:
1 kg = 1000 g; 1 g = 1000 mg (Milligramm);
1 t (Tonne) = 1000 kg.

4. Welche Gewichtskraft erfährt ein 1 kg-Stück?

Hängen wir einen Körper mit der Masse m = 1 kg an einen Kraftmesser, so zeigt dieser uns – wie überall in Mitteleuropa – die Gewichtskraft vom Betrag G = 9,81 N an.
Also gehören bei uns zusammen:

Gewichtskraftbetrag 1 N zur Masse m = 1 kg/9,81 ≈ 100 g.
Gewichtskraftbetrag 1/100 N = 1 cN zur Masse m = 1 g.

100 g entsprechen ziemlich genau einer Tafel Schokolade mit Verpackung.

Umgangssprachlich wird oft der Begriff „Gewicht" verwendet, wenn eigentlich die Masse gemeint ist. Wir fragen z. B. nach dem Körpergewicht und antworten mit: „Ich wiege 45 kg". Physikalisch eindeutig wäre es, von der Körpermasse zu sprechen.

A1 **a)** Man gab dem Urkilogramm so genau wie möglich die Masse von 1 l (1 dm³) Wasser (bei 4 °C). Prüfe diesen Zusammenhang – wenn möglich – zu Hause nach.
b) Erkläre, welche Masse 1 l Wasser auf dem Mond hat und welche Gewichtskraft dieser Liter Wasser dort erfährt.

A2 **a)** Kann man Massen auch mithilfe der Verlängerung von Federn vergleichen? Erläutere mögliche Einschränkungen.
b) Erkläre, warum man der Skala eines Kraftmessers nicht die Einheit kg gibt.

A3 Erläutere, welche Masse m und welcher Betrag G der Gewichtskraft dem Urkilogramm auf dem Mond zukommt.

A4 Stelle dar, warum man sagt: Körper haben (besitzen) Masse und erfahren Gewichtskräfte.

A5 Das Urkilogramm wird in Paris aufbewahrt. Ist dies für seine Gültigkeit als Massenormal von Bedeutung?

A6 Anna benutzt einen alten Wägesatz, dessen 1 kg-Stück mit einer Kruste überzogen ist. Damit wiegt sie Zucker ab und sagt, wegen der Kruste liege die Masse des Zuckers unter 1 kg. Maike widerspricht ihr. Erörtere den Sachverhalt.

A7 Elektronische Waagen messen Kräfte und geben sie als Massen (in kg) aus. Diskutiere, was zu tun wäre, wenn man eine solche Waage auf den Mond mitnähme.

Masse m in kg	Betrag G der Gew. Kraft in N	$g = G/m$ in N/kg
Auf der Erde		
1,000	9,81	9,81
0,500	4,91	9,81
0,300	2,94	9,81
0,200	1,96	9,81
0,102	1,00	9,81
Auf dem Mond		
1,000	1,62	1,62
0,500	0,81	1,62
0,300	0,49	1,62
0,200	0,32	1,62
0,102	0,17	1,62

T1 Ortsfaktoren auf Erde und Mond

Mitteleuropa	9,81	Sonne	274
Äquator	9,78	**Jupiter**	26
Pole der Erde	9,83	**Venus**	8,5
Mond	1,62	**Mars**	3,7

T2 Ortsfaktoren g in N/kg

Beispiel

Wenn deine Masse 60 kg beträgt, so erfährst du die Gewichtskraft
$G = m \cdot g = 60 \text{ kg} \cdot 9{,}81 \text{ N/kg} = 589 \text{ N}$
auf der Erde,
$G = m \cdot g = 60 \text{ kg} \cdot 1{,}62 \text{ N/kg} = 97 \text{ N}$
auf dem Mond und
$G = m \cdot g = 60 \text{ kg} \cdot 3{,}7 \text{ N/kg} = 222 \text{ N}$
auf dem Mars (theoretisch).

1. Wir berechnen die Gewichtskraft weltweit

Tabelle → **T1** zeigt den Betrag G der Gewichtskräfte von Wägestücken der Masse m auf Erde und Mond. Ein Stück mit der halben Masse erfährt am gleichen Ort auch nur die halbe Gewichtskraft.

Merksatz

Betrag G der Gewichtskraft und Masse m sind am gleichen Ort einander proportional.

Zwei Größen sind dann proportional, wenn ihre Quotienten konstant sind. In der dritten Spalte der Tabelle → **T1** sind diese gleichen Quotienten G/m errechnet. Ihr Wert für die Erde beträgt etwa 9,81 N/kg. Wir kürzen ab: $g = G/m = 9{,}81$ N/kg. Dieser konstante Quotient ist unabhängig vom Körper, dessen Volumen und dessen Material.
Die Einheit N/kg zeigt: Am Quotienten $g = G/m$ können wir insbesondere ablesen, wie groß die Gewichtskraft G (in N) ist, die ein Körper der Masse 1 kg erfährt.

Auf dem Mond sind die Gewichtskräfte kleiner als auf der Erde, aber auch dort sind die Quotienten G/m für alle Körper konstant. Der Wert beträgt $g = 1{,}62$ N/kg. Ein Körper der Masse 1 kg erfährt auf dem Mond die Gewichtskraft 1,62 N.

Der Quotient $g = G/m$ hängt also vom Ort ab; man nennt ihn Ortsfaktor g. Tabelle → **T2** gibt Werte für mehrere Orte an. Das Wort „Faktor" zeigt eine weitere Bedeutung von g an: Aus $G/m = g$ folgt nämlich $G = m \cdot g$. Auch dies zeigt, dass Gewichtskraft und Masse zwei physikalische Größen sind, die wir streng voneinander unterscheiden müssen.

Merksatz

Wir erhalten den Betrag G der Gewichtskraft eines Körpers, wenn wir die Masse m mit dem Ortsfaktor g multiplizieren:

$$G = m \cdot g.$$

Die Masse hängt nur vom Körper, der Ortsfaktor nur vom Ort ab.

Interessantes

Wie definiert man Größen?

Kräfte erkennt man daran, dass sie Körper verformen oder ihren Bewegungszustand ändern. Mit Kräften beschreiben wir also mechanische Einwirkungen auf Körper. Wenn wir einen Körper beleuchten, so wirken wir optisch auf ihn ein, nicht aber mechanisch; wir üben keine Kraft auf ihn aus, die ihn beschleunigen oder verformen würde.

Mit Balkenwaagen können wir weder Helligkeit noch Entfernung messen. Balkenwaagen und Wägesätze sind auf den Begriff Masse spezialisiert und grenzen diesen von anderen Größen – auch von Kräften – ab. Für „abgrenzen" sagen wir auch „definieren". Das Messverfahren mit Balkenwaage und Wägesatz definiert für uns den physikalischen Begriff Masse.

Interessantes

Gravitationszonen

Balkenwaagen haben den Vorteil, unabhängig vom Ortsfaktor immer richtig zu wiegen. Man muss deshalb bei ihnen nicht angeben, für welchen Ortsfaktor sie zugelassen sind. Moderne Digitalwaagen vergleichen aber das zu wiegende Gut nicht mit Wägestücken. Sie messen die Gewichtskraft mittels eines eingebauten Kraftsensors und rechnen sie mit dem Ortsfaktor um in die zugehörige Masse. Nun ist aber der Ortsfaktor nicht überall gleich. In Hannover beträgt er z.B. g_H = 9,8126 N/kg, in München g_M = 9,8072 N/kg auf vier Dezimalstellen gerundet. Für präzise Waagen, die z.B. vier Stellen hinter dem Komma garantieren, muss dies berücksichtigt werden.

Zone 4

Zone 3

Zone 2

Zone 1

Nehmen wir ein Beispiel: Es sollen 13,752 kg auf 1 mg genau gemessen werden. Dann wird die Waage in Hannover eine Gewichtskraft von

$$G_H = 9,8126 \text{ N/kg} \cdot 13,752 \text{ kg} = 134,943 \text{ N,}$$

in München aber

$$G_M = 9,8072 \text{ N/kg} \cdot 13,752 \text{ kg} = 134,869 \text{ N}$$

messen und daraus mit dem gerundeten Wert von g = 9,81 N/kg unterschiedliche Massen anzeigen:

$$m_H = G/g = 134,943 \text{ N}/(9,81 \text{ N/kg}) = 13,756 \text{ kg,}$$
$$m_M = G/g = 134,869 \text{ N}/(9,81 \text{ N/kg}) = 13,748 \text{ kg.}$$

Um solche Fehler zu vermeiden, hat man in Europa von Norden nach Süden Gravitationszonen festgelegt. Jede digitale Präzisionswaage wird für eine Zone geeicht und darf dann auch nur dort betrieben werden.

Mach's selbst

A1 Astronauten landen auf einem unbekannten Planeten des Sonnensystems. Sie bestimmen die Gewichtskraft eines Körpers der Masse 20 kg zu 74 N.

a) Erläutere, welche Messgeräte sie benutzt haben.

b) Gib einen möglichen Aufenthaltsort der Astronauten an.

A2 Man wiegt in Mitteleuropa mit Federkraftmesser und Balkenwaage Erbsen ab, die eine Gewichtskraft von 10 N erfahren.

Derselbe Versuch würde an den Polen, am Äquator und auf dem Mond durchgeführt.

Erhält man die gleiche Anzahl Erbsen? Begründe deine Aussage.

A3 Beim Sportunterricht wirft Lukas zunächst eine Kugel **a)**, dann einen Fußball **b)** und anschließend einen Speer **c)** → **B1**. Seine Mitschüler unterhalten sich über Lukas und seine Wurfsituationen:

• Lukas übt beim Abwurf des Speeres eine Kraft auf ihn aus.

• Beim Auftreffen auf den Boden üben Kugel, Fußball und Speer eine Kraft auf diesen aus.

• Lukas braucht viel Kraft, um den Fußball zu werfen.

• Lukas Kugel fliegt weit und hat deshalb viel Kraft.

• Der Speer hat ein Gewicht von 600 g.

• Der Fußball ist viel leichter als die Kugel.

• Kugel und Speer sind etwa gleich schwer.

Begründe, welche dieser Aussagen physikalisch korrekt formuliert sind, und stelle physikalisch nicht korrekt formulierte Aussagen richtig.

B1 Werfen von Kugel, Ball und Speer im Sportunterricht

B1 Tauziehen – mehrere Kräfte wirken längs einer Linie auf einen Punkt.

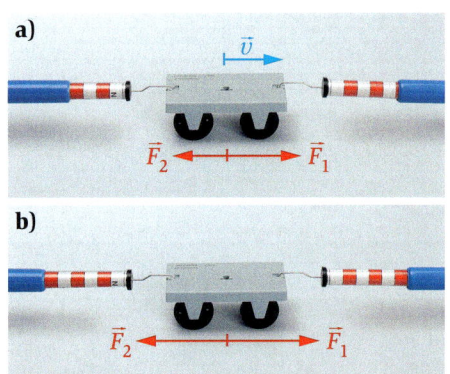

V1 Wir ziehen an dem ruhenden Wagen mit Federkraftmessern in entgegengesetzte Richtungen. Zugleich messen wir die Beträge F_1 bzw. F_2 der beiden Kräfte.
a) Ziehen wir mit verschieden großen Kräften, so setzt sich der Wagen in Bewegung – und zwar in Richtung der größeren der beiden Kräfte.
b) Wenn wir mit gleich großen Kräften ziehen, dann bleibt der Wagen in Ruhe.

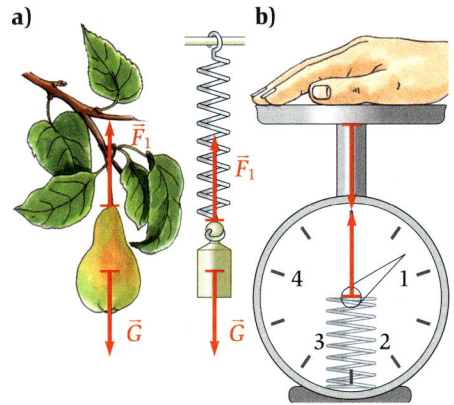

B2 Kräftegleichgewicht an
a) einem Zweig, **b)** einer Druckfeder

1. Kräfte wirken – Manchmal ohne Bewegung

Beim Tauziehen kommt es auf die rote Marke in der Mitte an → **B1** : Jede Gruppe versucht mit großer Kraft, sie auf die eigene Seite zu ziehen. Wer es schafft, ist stärker und hat gewonnen. Wie können wir das Geschehen physikalisch deuten?

Mit → **V1** untersuchen wir einen ähnlichen Fall, indem wir die beteiligten Kräfte messen. Wenn z. B. $F_1 > F_2$ gilt, so setzt sich der Laborwagen nach rechts in Bewegung – in Richtung der größeren Kraft $\vec{F}_1$. Ist die Kraft $\vec{F}_2$ nach links größer, ist also $F_1 < F_2$, so setzt sich der Wagen nach links in Bewegung.

Bei kleinen wie bei großen Kräften bleibt der Wagen in Ruhe, sofern folgende Bedingung erfüllt ist: Die Kräfte sind entgegengesetzt gerichtet und gleich groß, d. h. es gilt für ihre Beträge: $F_1 = F_2$. Man sagt in diesem Sonderfall: Die beiden Kräfte befinden sich im **Kräftegleichgewicht**. Bei einem Körper in Ruhe kann es sein, dass gar keine Kraft an ihm angreift. Es ist aber auch möglich, dass an dem Körper zwei Kräfte angreifen, die sich im Kräftegleichgewicht befinden.

Was gilt nun für eine Birne, die in Ruhe an einem Zweig hängt? An der Birne zieht die Gewichtskraft nach unten → **B2a** . Der Zweig wurde dadurch *gekrümmt* – und aufgrund der beginnenden Verformung bringt der Zweig eine Kraft nach oben auf. Je größer die Verformung ist, desto größer ist die Kraft des Zweiges – ganz ähnlich wie die Kraft einer Feder. Der Zweig verformt sich so weit, bis sich die nach oben gerichtete Kraft (Betrag F_1) und die nach unten, also entgegengesetzt gerichtete Gewichtskraft (Betrag G) im Kräftegleichgewicht befinden: $G = F_1$.

Eine *gegengleiche* Kraft bringt auch die Druckfeder in → **B2b** auf, wenn z. B. eine Hand auf sie drückt. Wieder sind die Kräfte im Kräftegleichgewicht. Je mehr sich diese Feder verkürzt, desto größer ist die Kraft, die an der Feder angreift.

2. Eine Kraft als Ersatz für zwei Kräfte

Zwei Kinder beim Tauziehen zeigt → **B3a**. Dabei denken wir uns die gegnerische Mannschaft durch einen Kraftmesser ersetzt. Beide Kinder üben eine Kraft auf dasselbe Tau aus und die Kräfte sind gleichgerichtet. Deshalb addieren sich ihre Beträge. Der Kraftmesser zeigt eine Kraft vom Betrag $F_1 + F_2$ an.

Diesen Fall kennen wir schon, wir wissen auch, dass wir das gleiche Ergebnis erhalten, wenn ein Kind alleine mit einer Kraft vom gleichen Betrag $F_1 + F_2$ in die gleiche Richtung ziehen würde. Das Kind würde die zwei Kräfte durch eine einzige, den beiden gleichwertige Kraft ersetzen. Man nennt sie **Ersatzkraft** oder auch **Resultierende** der Einzelkräfte.

Haben also die beiden Kräfte die gleiche Richtung, so ist der Betrag der Resultierenden gleich der Summe der Einzelbeträge. Nur dann gilt mit z. B. $F_1 = F_2 = 30$ N, also $F_{res} = 60$ N.

In → **B3b** liegt ein neuer Fall vor. Nun ziehen die beiden Kinder gegeneinander. Die Kinder üben Kräfte in entgegengesetzte Richtungen auf das Seil aus. Wer von beiden wird sich durchsetzen?
In → **V1b** haben wir gesehen, dass sich der Wagen in Richtung der größeren Kraft bewegt. Hier gilt also: Da $F_1 > F_2$ ist, setzt sich das Tau in Richtung der Kraft $\vec{F_1}$ in Bewegung. Es gibt also kein Kräftegleichgewicht. Weiter gilt: Das Tau setzt sich umso rasanter in Bewegung, je größer der Unterschied zwischen den beiden Kräften, je größer also die Differenz $F_1 - F_2$ ist. Wenn die Kraftrichtungen entgegengesetzt sind, dann liefert die Differenz der Einzelbeträge den Betrag der resultierenden Kraft. Sie zeigt in Richtung der Kraft mit dem größeren Betrag. Hier wäre es also falsch, die Summe der Beträge zu berechnen. Gemäß → **B3b** erhalten wir:

$$F_{Res} = F_1 - F_2 = 30 \text{ N} - 20 \text{ N} = 10 \text{ N}.$$

Auch in → **B3c** wirken die Kräfte der beiden Kinder in entgegengesetzten Richtungen auf das Seil, nun aber haben die beiden Kräfte gleiche Beträge. Das Tau bleibt in Ruhe, die Kräfte $\vec{F_1}$ und $\vec{F_2}$ befinden sich im Kräftegleichgewicht. Für die Ersatzkraft gilt nun:

$$F_{Res} = F_1 - F_2 = 30 \text{ N} - 30 \text{ N} = 0 \text{ N}.$$

Merksatz

Kräfte, die an einem Punkt eines Körpers angreifen, lassen sich durch eine Kraft, die Resultierende, ersetzen.
Ist der Betrag der Resultierenden null, so sind die Kräfte im Gleichgewicht, ein ruhender Körper bleibt dann in Ruhe.
Ist der Betrag der Resultierenden ungleich null, dann wird der Körper in Bewegung gesetzt.

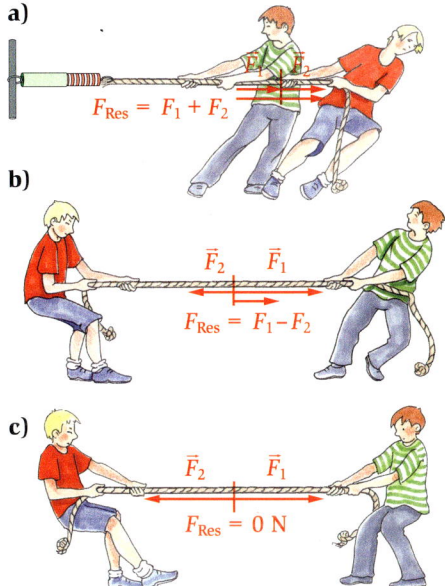

B3 Die an einem Punkt angreifenden Kräfte $\vec{F_1}$ und $\vec{F_2}$ lassen sich durch eine gleichwertige Kraft ersetzen. Man nennt sie resultierende Kraft $\vec{F}_{Res}$ oder Ersatzkraft.

Mach's selbst

A1 Bei einem Wettkampf im Tauziehen besteht jede Mannschaft aus vier Teilnehmern. Die Mitglieder von Mannschaft A ziehen mit den Kräften vom Betrag: 410 N, 295 N, 315 N und 335 N nach rechts. Von Mannschaft B sind die Beträge von drei nach links wirkenden Kräften bekannt: 295 N, 370 N und 365 N. Das Tau soll ruhen. Ermittle für diesen Fall die Kraft mit der der achte Teilnehmer am Tau zieht.

A2 Zwei gleich große Kräfte können im Kräftegleichgewicht sein, d. h. sie ändern nicht die Geschwindigkeit des Körpers, an dem sie angreifen. Trotzdem können sie – wie im Bild – einen Körper verformen. Gib weitere Beispiele an, wo dies beobachtet werden kann.

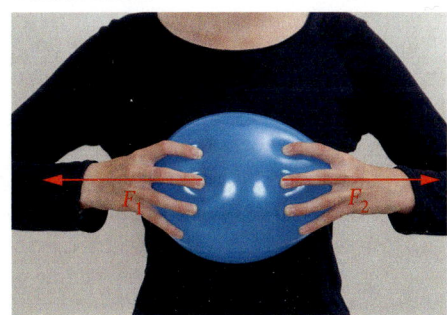

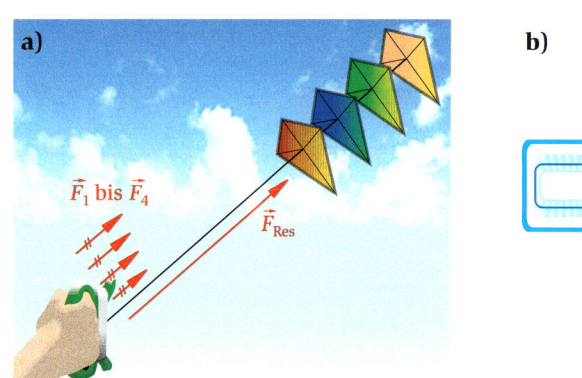

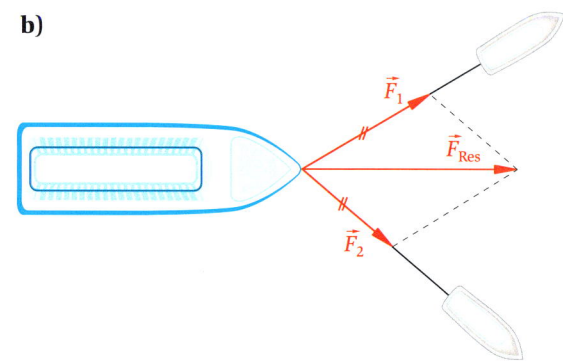

B1 Zusammenwirkende Kräfte **a)** mit gleicher Richtung, **b)** mit unterschiedlichen Richtungen

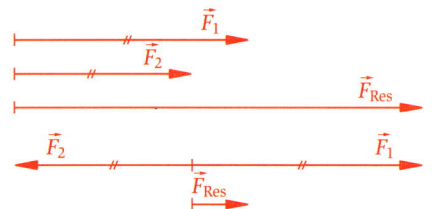

B2 So finden wir die Resultierende der Kräfte mit den Beträgen $F_1 = 4$ N und $F_2 = 3$ N:
a) Die Einzelkräfte zeigen in dieselbe Richtung. Wir streichen die beiden Einzelkräfte und ersetzen sie durch die Resultierende in gleicher Richtung. Für ihren Betrag gilt:
$F_{Res} = F_1 + F_2 = 4$ N $+ 3$ N $= 7$ N.
b) Die Einzelkräfte zeigen in entgegengesetzte Richtung. Die Resultierende zeigt in Richtung der größeren Kraft:
$F_{Res} = F_2 - F_1 = 4$ N $- 3$ N $= 1$ N.

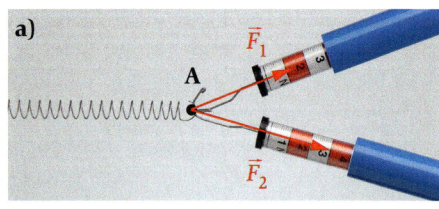

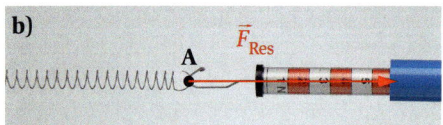

V1 **a)** Am Punkt A einer Feder greifen zwei Kräfte mit den Beträgen $F_1 = 3$ N und $F_2 = 4$ N an. Die Feder wird so gedehnt, als wäre die Ursache eine einzige Kraft.
b) Diese Kraft erzeugen wir nun mit einem *einzigen* Kraftmesser. Die Ersatzkraft oder Resultierende hat den Betrag 5,8 N.

1. Rückblick: Kräfte auf einer Linie

Wir erinnern uns: Die Ersatzkraft oder auch Resultierende ist diejenige Kraft, die mehrere Kräfte ersetzt, die an einem Punkt eines Körpers angreifen. Wirken die angreifenden Kräfte in dieselbe Richtung, findet man ihre Resultierende ganz einfach durch Addition oder Subtraktion der Einzelbeträge.

Bei den Drachen in **→ B1a** ziehen alle Einzelkräfte in dieselbe Richtung, die Ersatzkraft ist entsprechend groß, das haben wir alle schon einmal gespürt. Der Betrag der Resultierenden ist die Summe der Beträge der Einzelkräfte **→ B2a**.

Wirken zwei Kräfte entgegengesetzt, so zieht man den kleineren Kraftbetrag vom größeren ab **→ B2b** und erhält so den Betrag der Resultierenden. Sie zeigt in die Richtung der größeren Einzelkraft.

Wie aber finden wir die Resultierende, wenn die Einzelkräfte nicht auf einer geraden Linie liegen?

2. Vektoren mit unterschiedlichen Richtungen

Häufig greifen an einem Punkt zwei Kräfte unterschiedlicher Richtung an **→ B1b**. Es leuchtet ein, dass hier Zahlen und Einheiten allein nicht ausreichen. Die Resultierende hängt sicher auch davon ab, welchen Winkel die Einzelkräfte einschließen. Wir benötigen also eine weitergehende Vorschrift, die auch dann anwendbar ist, wenn die Kraftvektoren nicht nur die Winkel 0° oder 180° miteinander bilden, sondern beliebige Winkel einschließen.

Im Labor verlängern wir eine Feder mit zwei Kraftmessern bis zu einem bestimmten Punkt **→ V1a**. Den von den Kraftmessern eingeschlossenen Winkel und die Kraftbeträge notieren wir. Anschließend erzeugen wir dieselbe Wirkung (Dehnung der linken Federwendel) mit einem einzigen Kraftmesser **→ V1b**. Auch den jetzt gemessenen Kraftbetrag halten wir fest.

Für die gemessenen Fälle versuchen wir das Ergebnis vorherzusagen. Dazu konstruieren wir aus den einzelnen Kräften ein **Vektorparallelogramm** → B4 . Winkelgetreu werden die Einzelkräfte eingezeichnet. Ihre Längen entsprechen den Beträgen in einem einheitlichen Maßstab. Vom gemeinsamen Angriffspunkt der beiden Einzelkräfte ausgehend ergibt sich schrittweise das Parallelogramm. Der entstehende Diagonalvektor ist die gesuchte Ersatzkraft, die Resultierende. → V1 bestätigt dieses Vorgehen.

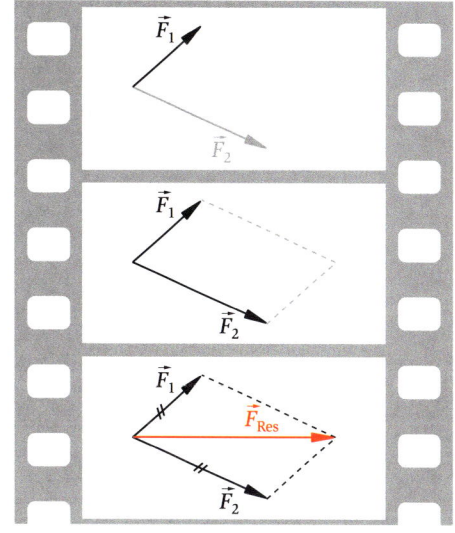

Merksatz

Zwei beliebige Kräfte $\vec{F}_1$ und $\vec{F}_2$, die an einem Punkt angreifen, lassen sich durch eine einzige Kraft, ihre Resultierende, ersetzen. Diesen resultierenden Vektor findet man durch geometrische Addition der Einzelvektoren.

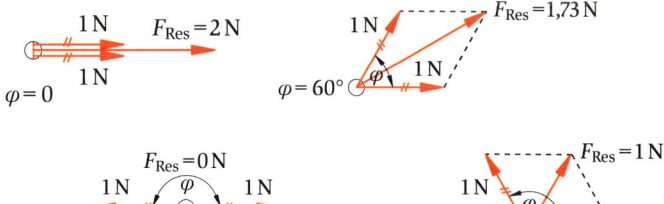

B3 Geometrische Addition zweier Kräfte mit den Beträgen 1 N

B4 Das Bild zeigt, wie die Resultierende schrittweise aus den beiden Einzelkräften konstruiert wird – durch eine geometrische Addition der Einzelvektoren. Man erkennt am gezeichneten Beispiel, dass der Betrag des resultierenden Vektors im Allgemeinen nicht die Summe der Beträge der Einzelvektoren ist → **www**.

Mach's selbst

A1 **a)** Ermittle durch Konstruktion die Resultierende zweier Kräfte mit den Beträgen 6 N und 8 N, wenn sie Winkel von 0°, 45°, 90°, 150° einschließen. Gib den kleinsten und den größten Betrag der Resultierenden an.
b) Berechne den Betrag in den Fällen, in denen du es schon kannst.

A2 Der Winkel zwischen zwei betragsgleichen Kräften wächst von 0° auf 180° → **B3**. Beschreibe die Änderung des Betrages der Resultierenden. Bei welchen Winkeln ist der Betrag der Resultierenden größer bzw. gleich oder kleiner als der Betrag einer Komponente?

A3 An einem Telegrafenmast zieht ein Draht horizontal nach Osten mit 2000 N, ein zweiter horizontal nach Süden mit 3000 N. Ermittle Himmelsrichtung und Betrag der Ersatzkraft durch eine

Zeichnung. Erfinde eine zweckmäßige Konstruktion für einen solchen Masten und erläutere sie.

A4 „Geteilte Last ist halbe Last". Stimmt dies, wenn zwei Personen eine schwere Tasche tragen, jede an einem Griff? Diskutiere anhand von → **B3**.

A5 Erstaunliche Spinnen: Sie weben ihr Netz aus starken Haltefäden und umlaufenden, elastischen Fangfäden. Bestimme den Betrag der Kraft, die rechts im Bild an dem gezeichneten Haltefaden zieht, wenn jeder Fangfaden mit 0,02 N schräg zur Seite zieht.

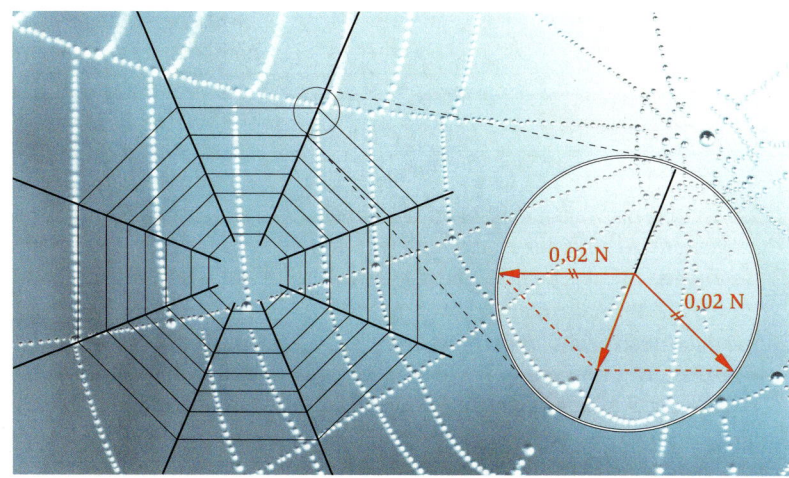

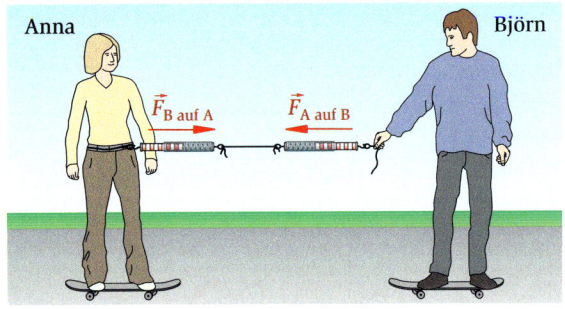

B1 Nur Björn zieht an Anna. Doch jeder erfährt eine gleich große Kraft.

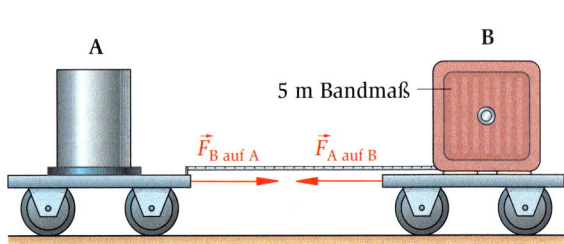

B2 Wagen B mit Bandmaß zieht mit $\vec{F}_{B\,auf\,A}$ an A. B erfährt so eine gleich große Gegenkraft $\vec{F}_{A\,auf\,B}$.

V1 **A**nna und **B**jörn stehen auf Skateboards auf ebenem Boden. Anna hat das Seil an einer Schlinge um ihren Körper befestigt. Björn zieht Anna zu sich. Doch auch Björn rollt auf Anna zu → **B1**.

Zwei Federkraftmesser an den Seilenden zeigen gleich große Kräfte an. Anna erfährt von Björn die Kraft $\vec{F}_{B\,auf\,A}$. Björn seinerseits erfährt von Anna die ebenso große Kraft $\vec{F}_{A\,auf\,B}$.

Daran ändert sich überhaupt nichts, wenn Björn das Seil an seinem Gürtel befestigt und Anna zieht.

Wer von beiden sich anstrengt, ist für die auf jeden wirkende Kraft ohne Bedeutung. Es könnten z. B. auch beide am Seil ziehen. Anna und Björn erfahren stets gleich große Kräfte. Die Kraftvektoren sind dabei immer entgegengesetzt gerichtet.

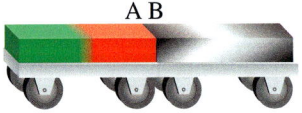

V2 Auf einem Wagen befestigen wir einen Magneten (A) und auf einem anderen ein Eisenstück (B), das kein Magnet ist.

Wenn wir die Wagen aus nicht zu großem Abstand freigeben, dann fahren beide aufeinander zu.

Haben beide Wagen samt Beladung die gleiche Masse, so treffen sie in der Mitte aufeinander.

1. Wer zieht, der wird gezogen

Bisher haben wir untersucht, wie Kräfte auf einen einzelnen Körper wirken. Andere Körper, von denen die Kräfte ausgehen, blieben dabei unbeachtet. Wir werden sie nun in unsere Betrachtungen mit einbeziehen.

Hierzu zeigt uns → **V1** etwas Neues: Eine Person übt eine Kraft (**actio**) auf einen anderen Körper aus. Dabei zeigt sich, dass zugleich auch eine Kraft (**reactio**) auf die Person selbst zurückwirkt. Zu einer Kraft von Körper A auf Körper B ($\vec{F}_{A\,auf\,B}$) tritt eine gleich große, entgegengesetzt gerichtete Kraft von Körper B auf Körper A ($\vec{F}_{B\,auf\,A}$) – jedes Mal und unabänderlich. B braucht dabei nicht tätig zu sein. Es genügt, wenn z. B. nur A seine Muskeln anstrengt.

In → **B2** übernimmt die gespannte Feder des ausgezogenen Bandmaßes die Rolle der ziehenden Person. Es ist müßig darüber nachzudenken, welchem Körper man das Wort „actio", welchem man „reactio" zuschreibt; wir reden von **Wechselwirkungskräften**. In → **V2** zieht der Magnet den Eisenkörper an, ebenso der Eisenkörper den Magnet. Jeder wirkt auf den anderen mit gleich großer Kraft.

Die Wechselwirkungskräfte actio (Kraft) und reactio (Gegenkraft) treten immer als Paar zugleich auf und greifen an verschiedenen Körpern an.

Merksatz

Wenn Körper A eine Kraft (actio) auf Körper B ausübt, so übt Körper B eine Gegenkraft (reactio) auf Körper A aus.

Actio und reactio haben entgegengesetzte Richtungen.
Actio und reactio haben gleiche Beträge: $F_{A\,auf\,B} = F_{B\,auf\,A}$.

Von Wechselwirkungskräften müssen wir Kräfte unterscheiden, die am selben Körper angreifen. So wirkt z. B. die Gewichtskraft auf Björn nach unten → **B1**. Das leicht durchgebogene Skateboard sorgt durch seine Verformung für eine Kraft auf Björn nach oben.

2. Sprinter – Start durch Gegenkraft

Um beim Start möglichst schnell weg zu kommen, drückt ein Sprinter seinen Fuß mit voller Kraft gegen den Startblock → **B3** . Er übt eine Kraft auf den Startblock nach hinten aus. Der Sprinter bewegt sich jedoch vorwärts. Wie ist das möglich?

Offensichtlich wirkt auf den Sprinter eine Kraft, die ihn nach vorne antreibt. Im Bild ist dies verdeutlicht: Der Fuß des Sprinters übt eine Kraft $\vec{F}_{\text{S auf B}}$ auf den Startblock nach hinten aus. Umgekehrt übt der Startblock eine Kraft $\vec{F}_{\text{B auf S}}$ auf den Fuß nach vorne aus. $\vec{F}_{\text{S auf B}}$ ist die actio auf den Startblock, $\vec{F}_{\text{B auf S}}$ wieder die schon bekannte reactio auf den Sprinter. Gleichgewichtskräfte können es nicht sein, da sie an verschiedenen Körpern angreifen.

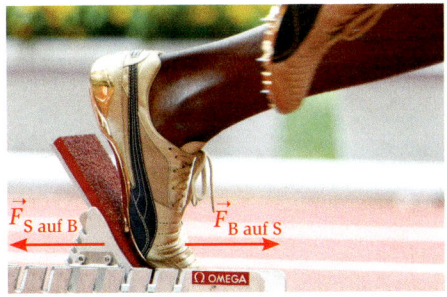

B3 Der Sprinter stößt den Startblock nach hinten, der Startblock ihn nach vorn.

3. Drachen – getragen durch Gegenkraft

In → **B4** steht der Drachen schräg zum Wind und lenkt die anströmende Luft teilweise nach unten. Dazu muss der Drachen eine Kraft auf die Luft nach unten ausüben. Die Gegenkraft der Luft hält den Drachen oben oder lässt ihn steigen. Flaut der Wind ab, so wird weniger Luft je Sekunde nach unten umgelenkt – folglich werden Kraft und Gegenkraft kleiner, der Drachen sinkt.

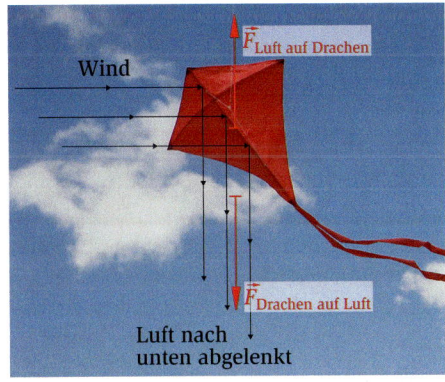

B4 Der Drachen lenkt Luft nach unten, die Luft liefert die Tragkraft für den Drachen nach oben.

Kompetenz – Kräfte unterscheiden

Wenn du die Wirkung (actio) einer Kraft auf einen Körper beobachtest, wirst du die dazugehörige Wechselwirkungskraft (reactio) auf einen anderen Körper finden. Stelle dir vor, du wirst einmal Astronautin oder Astronaut. Wirst du bei Außenarbeiten versuchen, das Raumschiff wegzuschieben? Niemals, denn du weißt, dass umgekehrt das Raumschiff dich von sich stoßen wird und das mit einer Kraft, die entgegengesetzt genau so groß ist wie deine eigene.

Schauen wir uns noch einmal eine Kraft auf einen Körper an. Muss es eine zweite geben, die ebenfalls auf diesen, also auf denselben Körper wirkt? Nein, denn wenn du dein Fahrrad anschiebst, wirkst du allein auf das Rad nach vorn. Es könnte dich aber jemand necken und gleichzeitig am Fahrrad nach hinten ziehen. Dann gibt es zwei Kräfte, die auf denselben Körper wirken. Jetzt kommt es darauf an, wer stärker ist. Kräftegleichgewicht muss nicht vorliegen.

Mach's selbst

A1 Wenn jemand von einem Boot aus zum Ufer springt, treten eine Kraft und eine Gegenkraft auf. Zeichne beide in eine Skizze ein. Kommentiere die Kräfte und deren Wirkungen.

A2 Warum wird der Sprinter in → **B5** nicht beschleunigt, falls der Startblock nach hinten wegrutscht? Erkläre den Vorgang.

A3 Du stehst auf einer Personenwaage. Beschreibe und unterscheide dabei auftretende Gleichgewichts- und Wechselwirkungskräfte.

A4 Übertrage die Zeichnung in dein Heft und ergänze sie um Gleichgewichts- und Wechselwirkungskräfte.

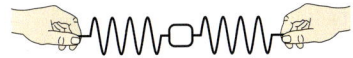

A5 Paul führt ein Experiment aus. Beschreibe und begründe, was passiert.

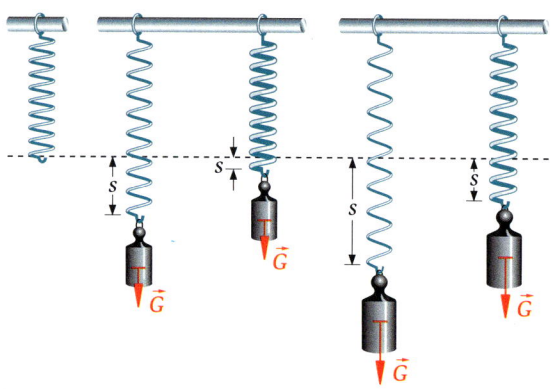

B1 In → **V1** wird die Dehnung zweier Stahlfedern untersucht.

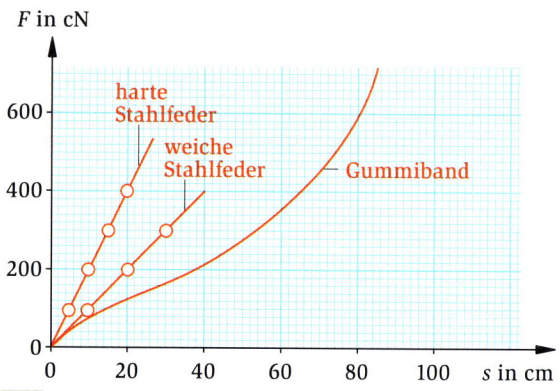

B2 Verlängerung-Kraft-Diagramm zweier Stahlfedern und eines Gummibandes

V1 **a)** An eine Stahlfeder → **B1** hängen wir verschiedene Wägestücke. Deren Gewichtskraft $\vec{G}$ ist hier die Zugkraft $\vec{F}$. Jeweils messen wir die zugehörige Verlängerung s der Feder. Die Verlängerung s und den Betrag F der Zugkraft übertragen wir in Tabelle → **T1** und Diagramm → **B2** .
b) Wir wiederholen den Versuch mit einer anderen Feder. Wieder werden die Messwerte in die Tabelle eingetragen.

a)	Kraftbetrag F in cN	0	100	200	300	400
	Verlängerung: s in cm	0	5,1	10,1	15,2	20,0
	F/s in cN/cm	–	19,6	19,8	19,7	20,0
b)	Kraftbetrag F in cN	0	100	200	300	400
	Verlängerung: s in cm	0	10,2	20,0	30,2	39,7
	F/s in cN/cm	–	9,8	10,0	9,9	10,1

T1 Messergebnisse von → **V1** ; der Quotienten aus Kraftbetrag und Verlängerung F/s ist für beide Federn konstant. Das Diagramm → **B2** liefert jeweils eine Ursprungsgerade.

Beispiel

Gilt für eine Feder z. B. $D = 10$ N/m, so benötigt man eine Kraft von l N, um die Feder um 0,1 m zu verlängern, 2 N bei einer Verlängerung von 0,2 m.
Bei einer Feder mit $D = 20$ N/m benötigt man dagegen 2 N für 0,1 m und 4 N für 0,2 m, also immer die doppelte Kraft.

1. Dehnung von Stahlfedern und Gummiband

Kraftmesser mit gleichmäßig eingeteilter Messskala benutzen Stahlfedern. Es muss einen Grund geben, dass man Stahl gewählt hat und kein Gummi. Das soll nun untersucht werden. Wir messen in → **V1** die Verlängerung bei unterschiedlicher Zugkraft zunächst bei einer Stahlfeder. Der Versuch wird mit einer zweiten Stahlfeder und einem Gummiband wiederholt.

Das Ergebnis sehen wir in → **B2**. Im s-F-Diagramm liegen die Messpunkte bei den beiden Federn auf Ursprungsgeraden. Tabelle → **T1** zeigt, dass für jede der beiden Federn der Quotient aus F und s konstant ist. Diese beiden Eigenschaften,
• das s-F-Diagramm ist eine Ursprungsgerade,
• die Quotienten aus F/s sind konstant,
sind Merkmale für die **Proportionalität** von Betrag der Zugkraft und Verlängerung: $F \sim s$. Gilt diese Proportionalität bei der Dehnung eines elastischen Körpers, sagt man: Es gilt das **hookesche Gesetz**. Für das Gummiband sind Kraft und Verlängerung nicht proportional → **B2**. Das hookesche Gesetz gilt hier also nicht. Es ist kein allgemeingültiges Naturgesetz.

2. Die Federkonstante

Der konstante Quotient F/s einer Feder heißt auch **Federkonstante** mit dem Symbol D, ihre Einheit ist 1 N/m. Je größer D ist, desto größer ist also die Kraft für eine bestimmte Dehnung der Feder → **Beispiel**. Man nennt D daher auch die Federhärte. Im s-F-Diagramm erkennt man die Feder mit der größeren Federkonstanten am steileren Verlauf der Geraden.

Merksatz

Wenn Zugkraftbetrag F und Verlängerung s bei einer Feder proportional sind, sagt man, es gilt das hookesche Gesetz.

Der konstante Quotient $D = F/s$ heißt Federkonstante.

Die Einheit von D ist 1 N/m.

Physik und Chemie

Die Dichte

Das Radio meldet „große Verkehrsdichte" auf der Autobahn und warnt vor „dichtem Nebel". Diese Sätze aus der Umgangssprache kommen der physikalischen Auslegung des Begriffs „Dichte" schon sehr nahe. Betrachte dazu die unterschiedlichen Schwammkörper.

a) m_0, V_0 **b)** $2m_0$, $2V_0$ **c)** $2m_0$, V_0 **d)** m_0, $\frac{1}{2}V_0$

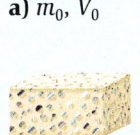   

Bei **b)** sind im Vergleich zu **a)** zwei Schwämme mit doppeltem Volumen und doppelter Masse zusammengelegt. Das neue Gebilde ist genau so „dicht" wie das alte. Dagegen liegen bei **c)** zwei zusammengedrückte Schwammkörper. Beide haben jetzt eine größere Dichte als vorher, aber untereinander die gleiche Dichte wie der Schwamm in **d)**.

Das Bild legt nahe, wie man die physikalische Größe Dichte definiert: Die Dichte ρ (rho, griech.) eines Stoffes ist der konstante Quotient aus seiner Masse und seinem Volumen:

$$\rho = m/V$$

Die Einheit dieser abgeleiteten Größe ist 1 kg/m³ oder oft als handlichere Einheit 1 g/cm³.

Bei den Körpern in **a)** und **b)** sind Masse m und Volumen V proportional, derselbe Quotient zeigt dieselbe Dichte $\rho_1 = m_0/V_0 = 2 \cdot m_0/(2 \cdot V_0)$.

Die beiden Gebilde in **c)** und **d)** haben eine doppelt so große Dichte: $\rho_2 = 2 \cdot m_0/V_0 = m_0/(\frac{1}{2} \cdot V_0) = 2 \cdot \rho_1$.

Wir sehen an diesem Beispiel, dass die Vergrößerung eines Körpers oder auch seine Zerteilung keinen Einfluss auf seine Dichte hat. Die Dichte ist eine Stoffeigenschaft.

Projekt

Bestimmung der Dichte

Ihr benötigt Gegenstände aus verschiedenen Stoffen, z.B. Eisen, Aluminium, Messing, Kupfer, Glas, Styropor, Glycerin und einige Steine.

Arbeitsaufträge:

1 Bestimmt experimentell die Dichte dieser Stoffe.

2 Stellt eure Messergebnisse übersichtlich in einer Tabelle dar.

3 Plant ein Verfahren zur Dichtebestimmung der Luft. Recherchiert in Fachbüchern und im Internet, befragt euren Lehrer bzw. eure Lehrerin.

Mach's selbst

A1 Stahlfeder A wird bei $F = 2$ N um $s = 10$ cm verlängert, Feder B bei $F = 5$ N um $s = 20$ cm. Berechne und vergleiche die Federhärten.

A2 Rechne die Federkonstante $D = 10$ cN/cm um in die Einheiten N/cm und N/m.

A3 **a)** Eine Feder wird durch 40 cN um 6 cm, durch 80 cN um 12 cm verlängert.
a) Berechne ihre Verlängerung für 60 cN und 5 cN.
b) Bestimme die Kraft, die zu einer Verlängerung um 16 cm führt.

A4 Die Abbildung zeigt das mit einer Prüfmaschine gemessene s-F-Diagramm eines Gummiseils. Beschreibe die Eigenschaft des Gummiseils.

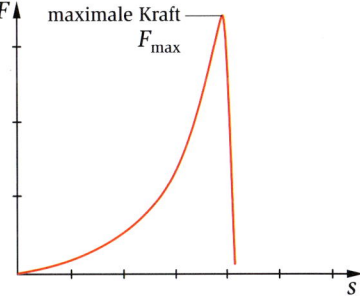

maximale Kraft — F_{max}

a) Solange das Gymnastikband am Fahrrad zieht, nimmt die Geschwindigkeit zu. **b)** Sitzen zwei Personen auf dem Rad, ist die Beschleunigung kleiner. **c)** Wirkt die Kraft gegen die Bewegungsrichtung, nimmt die Geschwindigkeit ab.

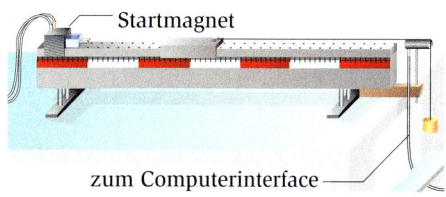

Startmagnet

zum Computerinterface

V1 **a)** Ein Schlitten steht auf einer waagerechten Luftkissenfahrbahn. An ihm zieht vorn über Faden und Rolle ein kleiner Metallkörper, hinten wird er zu Beginn von einem Elektromagneten festgehalten. Sobald der Magnet loslässt, startet der Schlitten und wird immer schneller. Gleichzeitig beginnt die Computermessung. Das mitlaufende Rad überträgt die Bewegung auf einen Computer. Dieser sammelt die Werte und zeichnet ein *t-v*-Diagramm.
b) In einem zweiten Durchgang wird ein schwererer Körper angehängt, jetzt zieht eine größere Kraft am Schlitten.

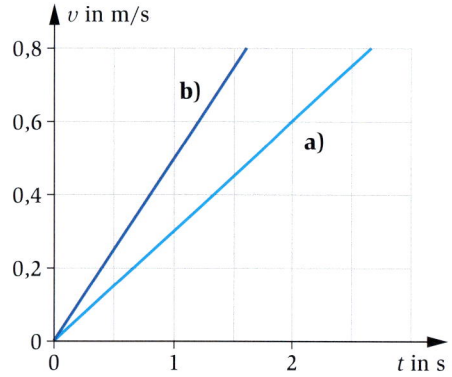

B2 **a)** Zeit-Geschwindigkeit-Diagramm der gleichmäßig beschleunigten Bewegung in → **V1**.
b) Der dunkelblaue Graph zeigt die Bewegung bei größerer Kraft.

1. Schneller werden heißt beschleunigen

Nils zieht in → **B1a** mit einem langen, gespannten Sport-Übungsband am Fahrrad. Noch passiert nichts, weil Martas Rad von Lars noch am Gepäckträger festgehalten wird. Sobald Lars loslässt, wird Martas Rad schneller – wie erwartet. In der Physik sagen wir: das Fahrrad wird **beschleunigt**.

Allerdings erschlafft das Band zunehmend und die Geschwindigkeit steigt immer langsamer, bis das Rad schließlich gleichförmig weiterfährt. Wiederholen wir den Versuch mit Beifahrerin Sina → **B1b**, so wird insgesamt nur eine kleinere Geschwindigkeit erreicht, die **Trägheit** des „Fahrzeugs" ist größer als vorher. In → **B1c** wirkt die Kraft gegen die Bewegungsrichtung, das Fahrrad wird jetzt gebremst.

2. Die gleichmäßig beschleunigte Bewegung

Was würde denn passieren, wenn die ganze Zeit über immer die gleiche Kraft ziehen würde? Diesen viel einfacheren Fall untersuchen wir nun im Labor. In → **V1** ersetzen wir Fahrrad und Fahrerin durch einen Schlitten. Er wird dadurch beschleunigt, dass er mit konstanter Kraft über eine Luftkissenfahrbahn gezogen wird. Die Bewegung des Schlittens wird von einem Bewegungsmesswandler auf einen Computer übertragen, der die Geschwindigkeit immer wieder in kurzen Zeitabständen berechnet und aufzeichnet.

→ **B2a** zeigt das Zeit-Geschwindigkeits-Diagramm dieser Bewegung. Es liefert eine Ursprungsgerade, die Geschwindigkeit nimmt also proportional zur Zeit zu. Es handelt sich um eine **gleichmäßig beschleunigte Bewegung**.

Betrachten wir die Steigung der Geraden → **B2a**: In jeder Sekunde wird der Schlitten um 0,3 m/s schneller. Wir sagen, die Beschleunigung beträgt 0,3 (m/s)/s. Den Doppelbruch (m/s)/s darf man auch zusammenfassen zu m/s^2. Das Größensymbol der **Beschleunigung** ist *a* (englisch: acceleration). Also schreiben wir: $a = 0,3 \ m/s^2$.

3. Größere Kraft – stärkere Beschleunigung

Marta meint im Versuch von →**B1** bemerkt zu haben, dass die Beschleunigung bei stark gespanntem Band am größten war. Wir wiederholen →**V1** zur Kontrolle mit größerer Kraft. Dabei erwarten wir, dass die Geschwindigkeit schneller mit der Zeit zunimmt. Das bestätigt die graphische Auswertung im t-v-Diagramm →**B2b** . Der dunkelblaue Graph ist wieder eine Ursprungsgerade, sie hat aber eine größere **Steigung** als die hellblaue. Aus einem Steigungsdreieck erhalten wir jetzt den größeren Beschleunigungswert:

$a = (0{,}5 \text{ m/s} - 0 \text{ m/s})/(1 \text{ s} - 0 \text{ s})$ liefert $a = 0{,}5 \text{ m/s}^2$.

Im t-v-Diagramm einer gleichmäßig beschleunigten Bewegung liest man die Beschleunigung an der Steigung der Geraden ab.
Der Wert a der Beschleunigung ist der Quotient aus Geschwindigkeitsänderung und der dazu benötigten Zeit.
Die Maßeinheit der Beschleunigung ist 1 m/s².

Mach's selbst

A1 Beschreibe die in dem t-v-Diagramm dargestellte Bewegung möglichst genau.

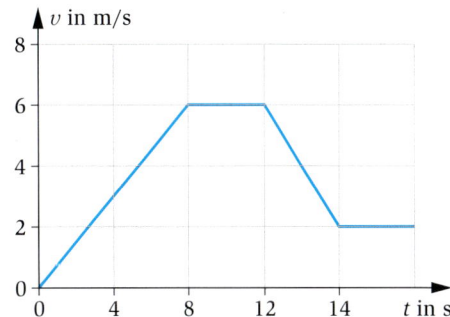

A2 Ein Wagen wird aus der Ruhe für 3 s mit $a = 2 \text{ m/s}^2$ beschleunigt. Dann behält er seine Geschwindigkeit für 4 s bei, bevor er innerhalb von 1 s auf 4 m/s abgebremst. Zeichne das t-v-Diagramm dieser Bewegung.

Kompetenz – Änderungsrate in der Physik

Bremsen heißt negativ beschleunigen

Auch wenn ein Körper durch eine Kraft gegen die Bewegungsrichtung gebremst wird wie in →**B1c** , ändert sich die Geschwindigkeit: Sie nimmt ständig ab, bis sie null wird. Eine solche Bewegung können wir im Physikraum simulieren. In →**V2** wird ein Schlitten kurz mit der Hand angeschoben. Nach kurzer gleichförmiger Bewegung wird er durch einen Faden, an dessen Ende ein kleiner Gegenstand hängt, wieder gebremst. Den Versuch werten wir mithilfe des Computers aus. Das t-v-Diagramm in →**B3** zeigt die zunächst konstante und dann kleiner werdende Geschwindigkeit. Bis zur Zeit $t_1 = 0{,}5$ s ist der Geschwindigkeitswert $v_1 = 0{,}6$ m/s, zur Zeit $t_2 = 1{,}0$ s gilt $v_2 = 0{,}3$ m/s.

Die dir von der Mathematik bekannte Änderungsrate ist hier der Quotient aus der Geschwindigkeitsänderung und der dazu benötigten Zeit. Beides ist bekannt, also kannst du die Änderungsrate berechnen:

$(v_2 - v_1)/(t_2 - t_1) = (-0{,}3 \text{ m/s})/(0{,}5 \text{ s}) = -0{,}6 \,(\text{m/s})/\text{s}.$

Hier ist die „Änderungsrate" nur ein anderer Begriff für die Steigung der t-v-Geraden. Diese ist ja auch sichtbar negativ und zeigt ebenfalls, dass die Geschwindigkeit in jeder Sekunde um 0,6 m/s abnimmt. Da die Steigung im t-v-Diagramm die Beschleunigung ist, müssen wir folgerichtig sagen: Beim Bremsen ist die Beschleunigung negativ.

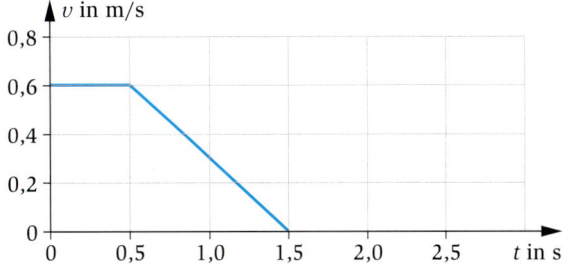

zum Computerinterface

V2 Der Gleiter wird kurz angeschubst und fährt zunächst gleichförmig. Dann wird er von einem angehobenen Gegenstand abgebremst.

B3 t-v-Diagramm der Schlittenbewegung. Durch die auf den Schlitten gegen die Bewegungsrichtung wirkende Kraft wird er abgebremst – bis zum Stillstand.

B1 Ein PKW und ein Kleinbus werden beschleunigt. Die Bewegung wird auf Video aufgezeichnet.

V1 Der PKW und der Kleinbus werden nacheinander durch Anschieben beschleunigt. Die auf Video aufgezeichnete Bewegung wird mit einem Videoanalyse-Programm ausgewertet.

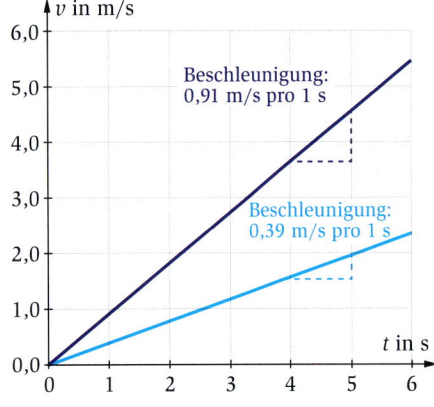

B2 Beide Bewegungen werden im t-v-Diagramm dargestellt. Die Steigung der Geraden zeigt, wie stark die beiden Wagen beschleunigt wurden. Der Kleinbus (2019 kg) hat bei gleicher Kraft eine kleinere Beschleunigung erfahren als der PKW (865 kg).

1. Masse und Beschleunigung

Ein Formel-Eins-Rennwagen mit Fahrer darf vor dem Rennen nicht weniger als 642 kg wiegen. Was steckt dahinter? Ein Regelwerk soll ja für gleiche Chancen sorgen. In einem früheren Versuch haben wir festgestellt, dass eine größere Masse beim Beschleunigen hinderlich ist. Bei gleicher Kraft steigt die Geschwindigkeit langsamer. Eine kleine Fahrzeugmasse verschafft dem Fahrer also einen Vorteil. Sein Wagen erreicht schneller die gewünschte Geschwindigkeit.

Im Physikunterricht soll dieser Zusammenhang genauer untersucht werden. Dafür stehen zwei Autos mit deutlich unterschiedlicher Masse (865 kg und 20619 kg) zur Verfügung. Beide Wagen sollen mit gleicher Kraft beschleunigt werden. Das gelingt mit den unterschiedlich starken Motoren nicht. Stattdessen werden beide Autos von zwei Schülern angeschoben, die bei beiden Messfahrten mit maximal möglicher – also in allen Versuchen gleicher – Kraft schieben.

Die Bewegung wird gefilmt und durch Videoanalyse graphisch als t-v-Diagramm ausgewertet ➔ **B2** . Für beide Autos ergeben sich ansteigende Ursprungsgeraden. Die unterschiedliche Steigung der beiden Graphen zeigt:
Bei gleicher Kraft gilt: Je größer die Masse des Körpers, desto langsamer nimmt die Geschwindigkeit zu.
Anders ausgedrückt: Je größer die Masse eines Körpers ist, desto kleiner ist die Beschleunigung, die man mit gleicher Kraft erzielt.

Bisher haben wir mithilfe der Masse in Kilogramm das **Schwersein** eines Körpers gemessen. Nun stellen wir fest, dass die Masse auch den Wert der Beschleunigung bestimmt (trotz gleicher Kraft). In der Physik sagt man: Ein Körper mit großer Masse ist „träger" als ein Körper mit kleiner Masse. Die in Kilogramm gemessene Masse bestimmt also auch die **Trägheit** eines Körpers.

2. Trägheit stört beim Bremsen

Wenn Körper mit größerer Masse träger sind, müsste sich das auch beim Abbremsen auswirken. Beim Abbremsen liegt eine Bremsverzögerung vor, eine negativ beschleunigte Bewegung – das wissen wir schon.

Versuch **→ V2** bestätigt unsere Vermutung. Dazu wird an der Abschleppöse der Autos ein Seil befestigt. Die Wagen werden auf eine bestimmte Geschwindigkeit angeschoben und dann rollen gelassen. Zum Abbremsen ziehen wieder zwei Schüler mit maximaler Kraft an dem Seil bis zum Stillstand. Sie sind überrascht, wie lange dies dauert. Die graphische Auswertung **→ B3** der Videoanalyse zeigt: Für das Auto größerer Masse ergibt sich auch hier eine vom Betrage kleinere Beschleunigung bzw. Bremsverzögerung.

3. Ohne Kraft geht's immer weiter geradeaus

Aus Filmen oder Berichten über Raumschiffe im Weltall wissen wir, dass sich Raumschiffe weit weg von Planeten ohne Antrieb bewegen. Aufgrund ihrer Trägheit behalten sie die Geschwindigkeit, die sie beim Abschalten der Triebwerke hatten, bei. Dies gilt auch für ihre Richtung. Droht ein Raumschiff bei geradliniger Bewegung ein bestimmtes Ziel zu verfehlen, müssen Steuertriebwerke eingeschaltet werden, um durch deren seitlich auf das Raumschiff einwirkende Kraft die Bewegungsrichtung zu ändern.

Über Kräfte haben wir bisher gesagt, dass sie den Bewegungszustand von Körpern ändern können. Die Raumschiffe weisen hier auf eine Erweiterung dieses Gedankens hin: Wenn keine Kraft wirkt, ändert sich der Bewegungszustand eines Körpers nicht. Für den Bewegungszustand „Ruhe" erscheint uns das selbstverständlich. Für Körper, die bereits in Bewegung sind, gilt dies auch.

Sprechen nicht unsere täglichen Erfahrungen meistens dagegen? Wenn wir beim Radfahren aufhören zu treten, dürfte sich die Geschwindigkeit nicht mehr ändern. Leider wird das Fahrrad aber doch langsamer. Mit unserem Vertrauen in die Physik suchen wir die dafür verantwortliche Kraft und finden sie auch: Diese Kraft, die hier das Fahrrad abbremst, kommt hauptsächlich durch die Reibung mit der Luft zustande. Diese Kraft hast du bestimmt schon als „Fahrtwind" beim Fahrradfahren gespürt. Wir können beruhigt sein, die Physik hat sich bewährt.

Merksatz

Alle Körper sind träge. Ihr Bewegungszustand kann nur durch eine Kraft geändert werden.

Bei gleicher Kraft werden Körper kleinerer Masse stärker beschleunigt als Körper größerer Masse.

V2 Die beiden Wagen werden nun abgebremst. Der Vorgang dauert beim Kleinbus etwa doppelt so lang wie beim PKW.

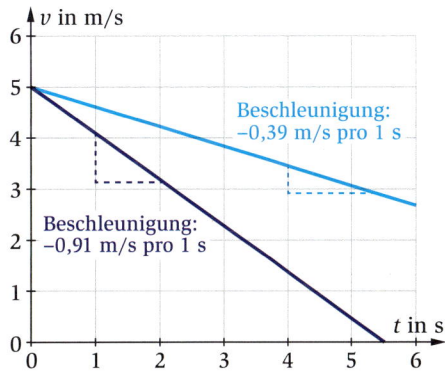

B3 Das t-v-Diagramm zeigt die Bremsverzögerung der beiden Wagen. Der trägere Kleinbus ändert seine Geschwindigkeit langsamer als der weniger träge PKW.

Mach's selbst

A1 **a)** Nenne einige Beispiele aus dem Sport, bei denen eine größere Kraft (bei gleicher Masse) auch zu einer größeren Beschleunigung führen.
b) Nenne ein Beispiel dafür, dass eine größere Masse (bei gleicher Kraft) zu einer kleineren Beschleunigung führt.

A2 In einem Autoprospekt ist die Beschleunigung eines PKW mit 4 m/s^2 angegeben. Berechne, in welcher Zeit das Auto von 0 auf 100 km/h beschleunigt wird (100 km/h ≈ 28 m/s).

A3 „Bei der Fahrt in die Ferien war unser Auto wegen der vielen Koffer sehr schwer", sagt Arne und ergänzt: „Deshalb war unser Auto auch so lahm, es kam einfach nicht in Fahrt." Diskutiert über die Bedeutung dieser Aussage und formuliert sie anschließend in der Sprache der Physik.

Die Knautschzone aus Blech

A. Blechfalten verlängern den Bremsweg

Die ersten Autos wurden noch von vorne bis hinten sehr stabil gebaut. Dies war ein Fehler, denn bei einem Crash kam das Auto fast augenblicklich zum Stillstand, die Insassen bewegten sich infolge der Trägheit weiter und wurden erst von Lenkrad, Armaturenbrett und Windschutzscheibe schlagartig abgebremst.

Je kürzer die Zeit für eine Vollbremsung ist, desto größer ist die gegen die Bewegungsrichtung auf den Körper wirkende Kraft. Ist vorausschauendes Bremsen nicht mehr möglich, hilft nur noch eingebaute, passive Sicherheit, u. a. die sogenannte **Knautschzone**.

Schon bei der Entwicklung einer Karosserie werden Blechfalten vorgeplant. Beim Unfall bewegt sich der stabile Fahrgastraum während des Faltens des Frontblechs mit den Insassen weiter, er wird aber schon sehr stark gebremst, viel stärker als bei einer normalen Bremsung. Sind die Mitfahrenden angeschnallt, werden sie ebenfalls von Anfang an mitgebremst. Der „Bremsweg" ist sehr kurz, gerade so lang wie die gesamte zur Verfügung stehende Knautschzone. Entsprechend groß ist die Kraft auf jeden Insassen. Ohne Knautschzone bliebe nur ein Bremsweg von vielleicht 5 cm Länge statt der mit dem Faltblech vorhandenen 50 cm. Die Kraft wäre zehnmal so groß. Entsprechend größer wären die Verletzungen.

B. Laborversuch zur Knautschzone

Es gibt Firmen, die Unfälle analysieren. Wir machen es in kleinerem Maßstab nach. Unser PKW ist ein Spielzeugauto mit Insassen (z.B. zwei Monozellen). Unser Auto hat noch keine Knautschzone, die müssen wir nachrüsten. Geeignet ist z.B. ein schmaler Streifen Aluminiumfolie (Alufolie). Durch Zusammenknüllen legen wir die Knautschfalten an. Anschließend rollen wir die Folie einmal um den Finger und heften sie in Längsrichtung mit Klebeband vor den Kühler.

Das Auto lassen wir jetzt ein Brett hinunterlaufen und filmen die Fahrt. Mit einer Videoanalysesoftware können wir ein Zeit-Ort-Diagramm erzeugen. Wir erkennen, wie ab $t = 0,05$ s der Graph allmählich flacher wird, die Geschwindigkeit also abnimmt. Ab $t = 0,15$ s bleibt es am Ort $s = 0,26$ m stehen. Unser Auto wurde dank der Knautschzone in etwa 0,10 s gebremst. Ohne Knautschzone, also ohne unsere Alufolie wird das Auto abrupt gestoppt. Die Bremszeit ist so klein, dass wir sie gar nicht messen können. Gut, dass wir diesen Fall nicht im Großen erlebt haben.

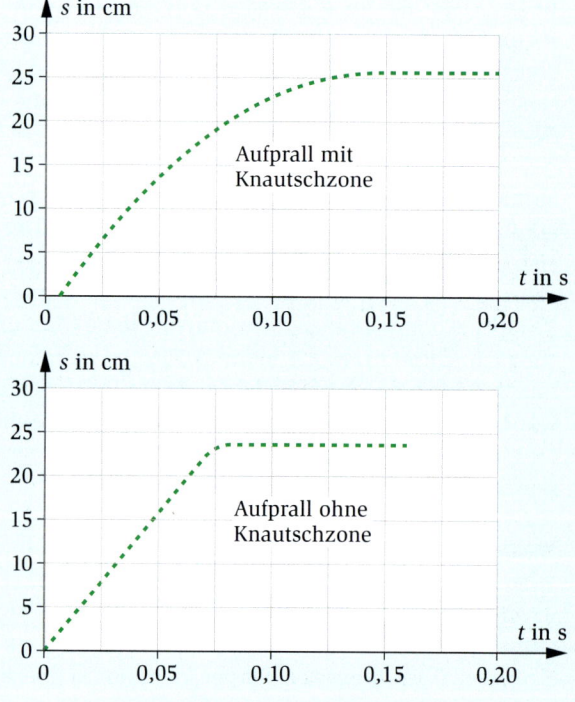

C. Der Sicherheitsgurt – Bremse für den Körper

Wahrscheinlich denkst du gar nicht darüber nach, wenn du nach dem Einsteigen ins Auto den Sicherheitsgurt anlegst und strammziehst. Bis in die 70er Jahre des letzten Jahrhunderts gab es ihn allerdings bei uns noch gar nicht. In der Anfangszeit hat er sich kaum durchgesetzt. Erst als das Anlegen gesetzlich vorgeschrieben wurde, wurde sein Gebrauch selbstverständlich und rettete vielen Menschen das Leben.

Was ist die physikalische Aufgabe des Sicherheitsgurtes? Die → **Knautschzone** der Karosserie verschafft der starren Fahrgastzelle schon eine verlängerte Bremszeit und damit einen gewissen Bremsweg, auch wenn es vielleicht nur 50 cm sind. Beim Crash fährt also die starre Zelle stark gebremst weiter und bildet einen Schutzraum um die Insassen.

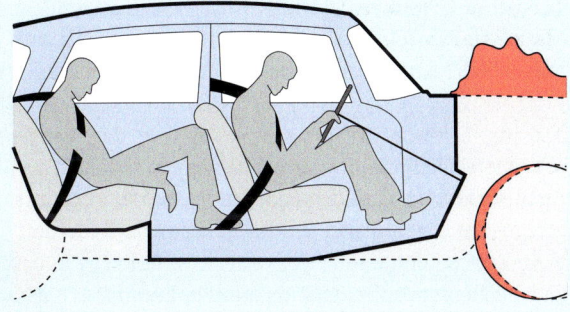

Ohne Gurt, also ohne äußere Kraft, würden sich die Insassen aufgrund ihrer Trägheit einfach gleichförmig weiterbewegen mit schrecklichen Folgen: Gebremst

würden sie erst durch den Aufprall auf das Lenkrad, Armaturenbrett oder die Windschutzscheibe. Da gäbe es dann keinen mildernden Bremsweg mehr. Im Bild sieht man dies an einer Puppe, die ungebremst weiter nach vorn fliegt. Bei der Fahrerin verhindert das nun aber der Gurt. Sobald die Fahrgastzelle gebremst wird, hält der Gurt sie fest und liefert auf sie die benötigte bremsende Kraft. Moderne Systeme spannen den Gurt sogar zu Beginn des Crashs und lassen kurz vor dem Stillstand wieder etwas nach. So werden die Verletzungsfolgen etwas vermindert.

D. Der Schutzhelm – Knautschzone für den Kopf

Dein Fahrrad hat keine starre Fahrgastzelle und auch keinen Sicherheitsgurt. Solltest du einmal einen Unfall erleiden, muss vor allem dein Kopf auf andere Weise geschützt sein. Schon eine kleine Unaufmerksamkeit kann dazu führen, dass du gegen ein Hindernis prallst. Zwischen deinem Kopf und dem Hindernis gäbe es keinen Bremsweg. Den kannst du aber mit auf die Fahrt nehmen. Er ist in deinen Fahrradhelm durch abpuffernde Materialien mit eingebaut. Der Helm schützt also nicht nur vor Kopfhautverletzungen. Viel wichtiger noch ist seine eingebaute Knautschzone. Die verschafft deinem Schädel den nötigen Bremsweg.

Arbeitsaufträge:

1 **a)** Führt einen Melonenfalltest durch. Legt zunächst eine Melone in einen alten, nicht mehr benötigten Fahrradhelm und zurrt sie mit dem Kinngurt fest. Lasst sie dann aus etwa 1,5 m Höhe mit Helm nach unten fallen.
b) Wiederholt den Versuch ohne schützenden Helm.
c) Führt eine Internetrecherche mit dem Suchsatz „Nie ohne Helm" durch. Notiert wichtige Erkenntnisse.
d) Beschreibt die Funktion des Helms physikalisch.
2 Führt ein Experiment „rohes Ei mit Sicherheitsgurt" durch. Baut dazu einen „Sitz" für das Ei, z. B. aus einem Stück Eierkarton. Befestigt den Sitz auf einem Laborwagen mit „Knautschzone". Schnallt das Ei mit Klebestreifen am Haltepfosten an. Lasst nun das „Auto" auf die Wand prallen. Beschreibt das – hoffentlich geglückte – Ergebnis physikalisch. Probiert es abschließend ohne Sicherheitsvorkehrungen.

Methode – Lernen an Stationen

Praktikum

1. Station – Aufnehmen von *t-s*-Diagrammen

Material: Zeitmessgerät, zwei Lichtschranken, Fahrbahn, Laborwagen mit Motor, Blende am Motor, Bandmaß

Auftrag: Die beiden Lichtschranken werden im Abstand von $s = 10$ cm aufgestellt. Am Motorwagen wird der Geschwindigkeitsregler eingestellt. Der Wagen wird mit laufendem Motor auf die Schiene gesetzt, die Fahrzeit t wird gemessen. Der Versuch wird für verschiedene Wege s (20 cm, 30 cm, ...) wiederholt, ohne die Motordrehzahl zu verändern.

Die ganze Messreihe wird mit erhöhter Motordrehzahl wiederholt. Schreibt die Messergebnisse für beide Messreihen in eine Tabelle und zeichnet das *t-s*-Diagramm der Bewegungen.

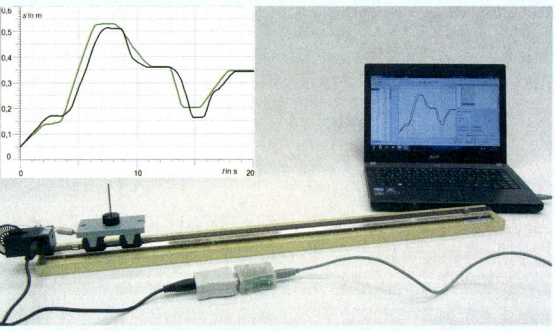

2. Station – Nachvollziehen eines *t-s*-Diagramms

Material: Fahrschiene, Experimentierwagen, Schnur, Wägestück, Computer mit Bewegungsmesswandler

Auftrag: Ein Mitglied der Gruppe schiebt den Wagen mit unterschiedlichen Geschwindigkeiten über die Bahn. Auch Ruhepausen und Rückwärtsfahrten werden eingelegt. Die ganze Fahrt wird aufgezeichnet. Die Software wird so eingestellt, dass eine zweite Kurve in das gleiche Diagramm gezeichnet werden kann.
Nun wiederholt ein zweites Mitglied der Gruppe die Fahrt möglichst genau. Wechselt anschließend die Rollen.

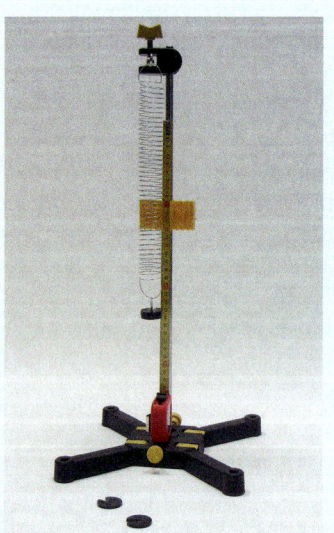

3. Station – Ermitteln einer Federkonstanten

Material: Schraubenfeder (z.B. $D = 3$ N/m), Gummiband, Bandmaß, Stativmaterial, mehrere 10-g- und 50-g-Wägestücke

Auftrag: Setzt das Stativmaterial zu einer stabilen Messeinrichtung zusammen. Ermittelt anschließend die Dehnung s der Feder bei Einwirken der Gewichtskraft eines 10-g-Stücks ($G \approx 0{,}1$ N). Erhöht nach und nach die Kraft durch Anhängen weiterer Wägestücke. Messt jedes Mal die neue Gesamtverlängerung. Beachtet die erlaubte Maximalkraft (kein Überdehnen der Feder bis zur plastischen Verformung).

Wiederholt den Versuch mit einem Gummiband. Bewertet abschließend das Ergebnis der beiden Versuchsreihen.

4. Station – Bedienen einer Balkenwaage

Material: Balkenwaage, Wägesatz, mehrere Gegenstände (Körper), zur Kontrolle evtl. Digitalwaage

Auftrag: Ihr sollt die Masse mehrerer euch zur Verfügung gestellter Gegenstände auf 100 mg genau bestimmen. Beginnt beim Wägevorgang immer mit dem sinnvoll größten Wägestück. Ist dies zu schwer, nehmt das nächstkleinere – usw. Zum Schluss kontrolliert ihr euer Messergebnis mittels einer Digitalwaage.

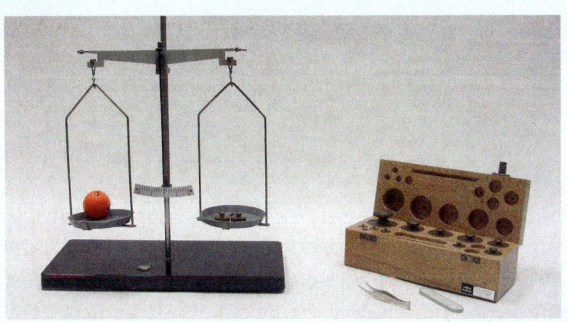

5. Station – Ermitteln einer Resultierenden

Material: Zwei Kraftmesser, eine Stahlfeder, dünne Schnur, Stativmaterial, Blatt Zeichenpapier, Lineal, Goedreieck evtl. dynamische Geometriesoftware GeoGebra® ➜ **www**

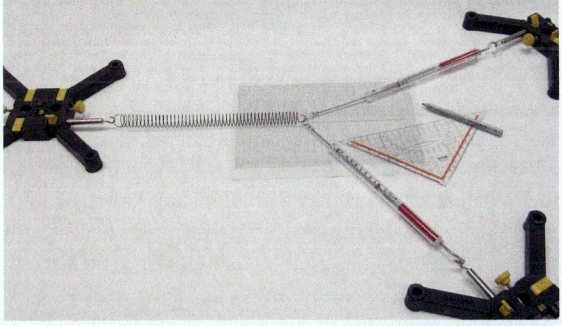

Auftrag: Ermittelt die Resultierende zweier Kräfte durch eine Messung. Geht vor wie im Foto. Zieht an beiden Kraftmessern, bis der Endpunkt der Schraubenfeder auf einer festgelegten Markierung liegt. Zeichnet nun die Kraftrichtungen auf das Papier, messt anschließend die Winkel und notiert die Kraftbeträge. Dehnt die Feder anschließend mit einem einzigen Kraftmesser bis zur selben Markierung.

Zeichnet anschließend mit den Daten ein Vektorparallelogramm (evtl. auch mit GeoGebra®). Die Diagonale müsste mit der Messung der Resultierenden übereinstimmen.

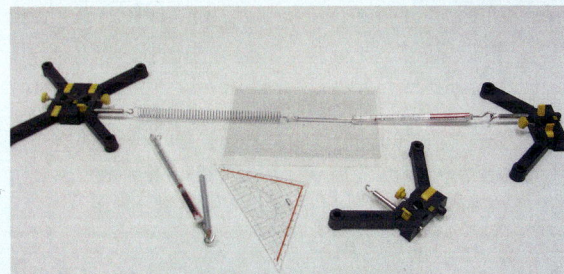

6. Station – Demonstrieren der Trägheit

Material: Drei Experimentierwagen (ohne Motor), eine (untere) Fahrbahn und eine weitere (obere) Fahrbahn, dünne Unterlegplatten (Reibungsausgleich), Wägestücke, Kiste als Prellbock, Digitalkamera, Computer, Videoanalysesoftware

Auftrag: Den Aufbau seht ihr im Foto. Die obere Schiene liegt auf beiden „Fahrgestellen". Der dritte Wagen steht anfangs unbefestigt vor der Mitnahmestange am linken Ende der Schiene.

Ein Mitglied der Gruppe schiebt den „Autozug" vorsichtig an und lässt ihn ohne weiteren Antrieb gleichförmig weiterfahren. Die Prellbockkiste stoppt den „Zug" nach kurzer Zeit abrupt. Der ganze Vorgang wird gefilmt. Erstellt mithilfe der Videoanalysesoftware ein t-s-Diagramm der Fahrt des oberen Wagens. Deutet das Ergebnis ➜ **www**.

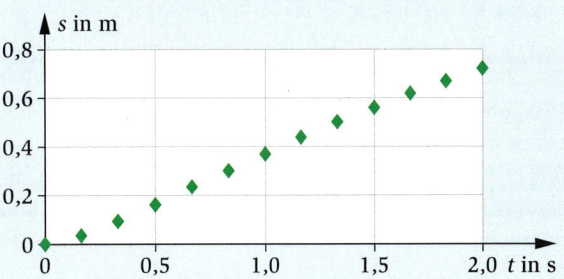

Das ist wichtig

1. Gleichförmige Bewegung

Bewegt sich ein Körper geradlinig und legt er in der doppelten (dreifachen, ...) Zeit t den doppelten (dreifachen, ...) Weg s zurück, so heißt seine Bewegung gleichförmig. Der Weg ist die Differenz zweier Ortswerte. Das t-s-Diagramm ist eine Gerade.

2. Geschwindigkeit

Der Geschwindigkeitswert v einer gleichförmigen Bewegung wird definiert durch den Quotienten aus Weg (Ortsdifferenz) und zugehöriger Zeit. Im t-s-Diagramm liest man den Wert der Geschwindigkeit als Steigung der Geraden ab. Gängige Einheiten für die Geschwindigkeit sind 1 m/s oder 1 km/h.

Jede Bewegung hat eine Richtung, die Geschwindigkeit ist deshalb ein Vektor, das Formelzeichen ist $\vec{v}$.

3. Beschleunigung

Die Beschleunigung ist der Quotient aus Geschwindigkeitsänderung und dazu benötigter Zeit. Sie gibt an, um wie viele Meter pro Sekunde die Geschwindigkeit in einer Sekunde zu- bzw. abnimmt.
Im t-v-Diagramm einer gleichmäßig beschleunigten Bewegung liest man die Beschleunigung an der Steigung der Geraden ab.

4. Kraft

Eine Kraft ist Ursache für Verformung oder Geschwindigkeitsänderung eines Körpers. Kräfte haben einen Betrag und eine Richtung. Das Formelzeichen der Kraft ist $\vec{F}$; die Einheit der Kraft ist 1 N.

Greifen mehrere gleichgerichtete Kräfte am selben Punkt eines Körpers an, so addieren sich die Beträge dieser Kräfte zum Betrag F_{Res} der Ersatzkraft $\vec{F}_{Res}$.

5. Die Masse

Die Masse m eines Körpers ist ein Maß für seine Trägheit und seine Schwere, sie hat die Einheit 1 kg. Die Massen zweier Körper sind gleich, wenn sie an demselben Ort dieselbe Gewichtskraft $\vec{G}$ erfahren. Es gilt $G = m \cdot g$ mit dem Ortsfaktor $g = 9{,}81$ N/kg (auf der Erde).

6. Trägheit

Alle Körper sind träge, dies bedeutet: Wirkt auf einen Körper keine Kraft, so behält er seinen Bewegungszustand bei. Wirkt auf ihn eine Kraft, so wird er schneller, langsamer oder er ändert seine Bewegungsrichtung. Bei gleicher Kraft wird er umso stärker beschleunigt, je kleiner seine Masse ist.

Das hilft bei der Verständigung

Kommunizieren

Eine gleichförmige Bewegung kannst du mit einem t-s-Diagramm oder einem t-v-Diagramm belegen: Im t-s-Diagramm muss der Graph linear sein, im t-v-Diagramm muss der Graph eine Parallele zur t-Achse sein. Mit einer Tabellenkalkulationssoftware kannst du solche Diagramme erzeugen.

Wenn im Supermarkt „1 Kilo" gesagt wird, weißt du, dass ein Kilogramm gemeint ist und dies die Maßeinheit für die Masse ist. Die Masse kannst du von der Gewichtskraft unterscheiden. Den Mitgliedern deiner Gruppe kannst du erklären, wie du mit einem Kraftmesser die Masse eines Gegenstandes bestimmst.

Dokumentieren

Zusammen mit deinen Mitschülerinnen und Mitschülern planst du ein Experiment z. B. zur Darstellung einer gleichförmigen Bewegung oder zur Ermittlung der Federkonstanten einer Feder. Zum Nachweis der Proportionalität zwischen zwei Messgrößen bildet ihr Quotienten in der Tabelle oder zeigt, dass im Diagramm eine Ursprungsgerade entsteht.

Bewerten

Wenn du ein Diagramm der Messwerte deines Versuches angefertigt hast, kannst du entscheiden, ob eine Ausgleichsgerade gerechtfertigt ist. Diese kannst du dann auch in das Diagramm einzeichnen.

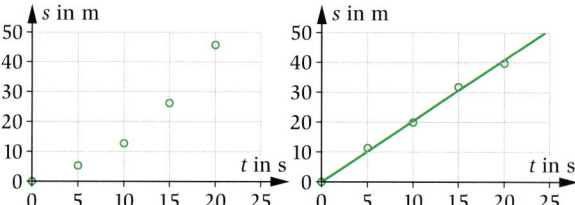

Du kannst jüngeren Geschwistern erklären, warum sie beim Radfahren einen Fahrradschutzhelm tragen sollen. Im Auto schnallst du dich immer an. Ein schweres Buch oder einen anderen schweren Gegenstand legst du nicht auf die Hutablage im Auto, denn du weißt genau, was beim plötzlichen Bremsen oder einem Auffahrunfall passieren würde.

Das Vorgehen hat sich in der Physik bewährt

Physikalisch argumentieren

Du kannst zwischen Umgangssprache und Fachsprache unterscheiden. Du weißt, dass „Tempo 30" bedeuten soll: „Hier sind maximal 30 km/h erlaubt". Zeit-Ort-Diagramme kannst du „lesen" und zu einer gemessenen Bewegung auch ein Diagramm zeichnen. Mit symbolischen Konstruktionen kannst du umgehen.

 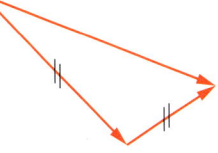

Symbole und Grafiken „sprechen" Physik.

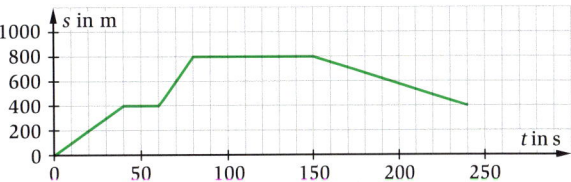

Ein t-s-Diagramm erzählt eine Geschichte.

Probleme lösen

In deiner Umgebung erkennst du zunehmend physikalische Sachverhalte. Die Angabe physikalischer Größen kannst du einordnen und daraus durch physikalische und mathematische Kenntnisse Schlüsse ziehen. Durch Experimente oder durch Berechnungen verschaffst du dir Klarheit.

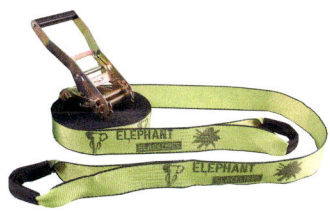

Zu dieser Slackline wird angegeben: Länge: 12,5 m, Dehnung: 2 % bei 700 kg. Zu einem anderen Band heißt es: $D = 20000$ N/m.

Planen, experimentieren, auswerten

Du hast zu geradlinigen Bewegungen Versuche geplant, aufgebaut, ausgeführt und protokolliert. Zur Auswertung hast du Tabellen angelegt und Diagramme gezeichnet. Den Wert v der Geschwindigkeit einer gleichförmigen Bewegung liest du aus der Steigung der t-s-Geraden ab. Aus der Steigung der s-F-Geraden nach einer Messung der Dehnung einer Feder ermittelst du die Federkonstante D.

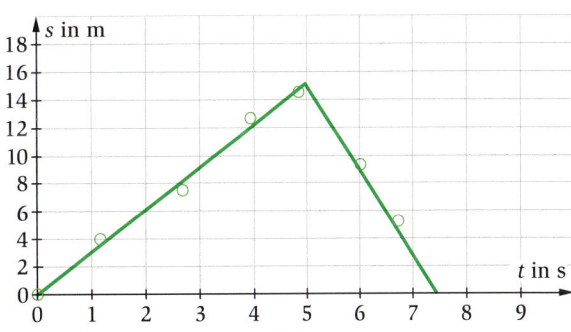

Messfehler werden ausgeglichen.

Mathematisieren

Gleichungen mit drei physikalischen Größen kannst du jetzt schon gut handhaben. Sind zwei der drei Größen bekannt, findest du die dritte durch Umformen einer bekannten Gleichung. Dabei gehst du mit den Einheiten sorgsam um. Welche Bedeutung die einzelnen Größen in einem Diagramm haben, kannst du erläutern. Du weißt, dass man bei Messungen kleine Fehler nicht vermeiden kann. Bei vermutetem linearen Zusammenhang erwartest du deshalb nicht, dass alle Messpunkte genau auf einer Geraden liegen. Du zeichnest dann eine Ausgleichsgerade.

$s = v \cdot t$	s	5 m		100 m
$v = s/t$	v		36 km/h	4,5 m/s
$t = s/v$	t	2 s	10 s	

Zwei Größen ergeben eine dritte Größe.

Mit Modellen arbeiten

Du kannst erklären, warum die Slackline einen Knick aufweist, wenn jemand auf ihr balanciert. Du kannst begründen, warum Kräfte Vektorgrößen sind. Die Kräfte eines zugehörigen Vektorparallelogramms kannst du zuordnen. Mithilfe eines Fotos vom Balancierakt könntest du bei bekannter Gewichtskraft die Einzelkräfte in Bandrichtung konstruieren.

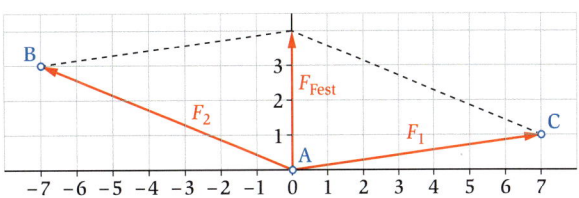

Links zieht die Slackline stärker nach oben als rechts. Zur Gewichtskraft der Person wird eine entgegengesetzt gleich große Kraft erzeugt ➔ **www**.

Kennst du dich aus?

A1 Ein Auto soll mit einer konstanten Geschwindigkeit mit dem Wert $v = 0{,}30$ m/s fahren.
a) Berechne die Wege für $t = 0$ s, 1 s, 2 s, 3 s, 4 s und zeichne ein t-s-Diagramm für diese Bewegung.
b) Berechne den Weg s, den das Auto in 2,5 s zurücklegt, und die Zeit t, die es für 0,5 m braucht. Bestätige die Ergebnisse anhand des Diagramms.

A2 Die Leitpfosten an der Autobahn haben einen Abstand von 50 m. Gib an, wie du damit die Anzeige des Tachometers bei 100 km/h überprüfen kannst.

A3 Bestimme die Fahrzeit eines PKWs für den Weg von Frankfurt nach Berlin ($s = 550$ km), wenn er mit einer annähernd konstanten Geschwindigkeit von $v = 120$ km/h fährt.
Berechne die Zeit, die er für den 50 m langen Weg zwischen zwei Leitpfosten benötigt.

A4 Ute sagt von ihrem 3 km langen Schulweg, er betrage „10 Fahrradminuten". Ulf braucht mit 15 km/h die Zeit 11 min. Wessen Weg ist länger? Welche Voraussetzung gehört zu Utes Aussage?

A5 **a)** Erkläre die Bedeutung der Größe s auf der vertikalen Achse im Diagramm.
b) Beschreibe die Bewegung des Fahrzeugs in den vier verschiedenen Zeitabschnitten qualitativ. Begründe jeweils.
c) Ermittle jeweils die Geschwindigkeit in den ersten beiden Zeitabschnitten.

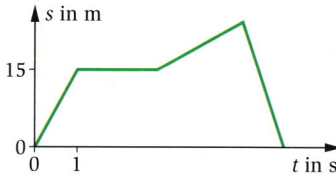

A6 Vergleiche die Kräfte, die für gleich starkes Beschleunigen eines Autos auf ebenem Mondboden bzw. auf ebenem Erdboden erforderlich sind. Vergleiche ferner die Kräfte, die jeweils zum Anheben des Autos nötig sind. Begründe deine Aussagen.

A7 Ein Radfahrer legt auf einer Radtour die ersten 12 km in 30 Minuten zurück. Anschließend geht es etwas bergauf, sodass er für die nächsten 6 km 18 Minuten benötigt. Von dort aus fährt er in 40 Minuten zum Ausgangspunkt zurück.
a) Zeichne ein t-s-Diagramm der Bewegung.
b) Ermittle die Geschwindigkeiten auf den verschiedenen Teilabschnitten.
c) Wann erreicht er eine 15 km entfernte Ortschaft? Du kannst von einer gleichförmigen Bewegung ausgehen.

A8 Das Bild zeigt das t-v-Diagramm eines Läufers.

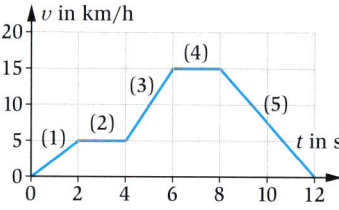

a) Beschreibe die Bewegung in den Abschnitten (1) bis (5) und schreibe dazu eine Geschichte.
b) Bestimme den Wert der Geschwindigkeit in den Abschnitten (2) und (4), sowie den Wert für die Beschleunigung in allen Abschnitten.
c) Berechne den in den Abschnitten (2) und (4) zurückgelegten Weg.
d) Bestimme den zurückgelegten Weg auch für die Abschnitte (1), (3) und (5). Beschreibe dein Vorgehen.

A9 Das Foto zeigt den 100-Meter-Läufer Usain Bolt bei seinem Weltrekordlauf während der Leichtathletik Weltmeisterschaft 2009 in Berlin. Während des Rennens wurden in Abständen von 10 m die Zwischenzeiten gemessen. Diese kannst du in der Tabelle ablesen.

t in s	s in m	t in s	s in m
1,89	10	6,31	60
2,89	20	7,12	70
3,79	30	7,92	80
4,64	40	8,75	90
5,47	50	9,58	100

a) Stelle die Messwerte aus der Tabelle in einem t-s-Diagramm dar. Diskutiere, ob eine gleichförmige Bewegung vorliegt. Begründe ein sinnvolles Verfahren, die Punkte zu verbinden.
b) Berechne die mittlere Geschwindigkeit des Läufers zwischen zwei Messpunkten. Stelle die Geschwindigkeiten in einer Tabelle und in einem Diagramm dar.
c) Beschreibe mithilfe deiner gewonnenen Erkenntnisse den Rennverlauf möglichst genau.
d) Präsentiere die Ergebnisse deinen Mitschülern.

A10 Erläutere „Trägheit" am Beispiel der Gefahren, die von ungesicherten Gegenständen im oder auf dem Auto ausgehen.

A11 Warum heben sich die drei Kräfte in ihrer Wirkung auf? Bilde von zwei Kräften die Resultierende und vergleiche diese Resultierende mit der dritten Kraft.

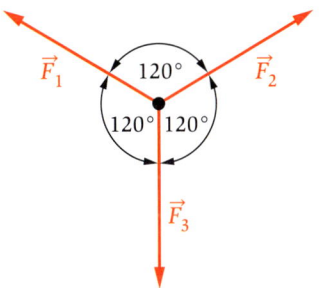

A12 Zwei Kräfte von 12 N und 9 N greifen an einem Körper an:
a) in gleicher Richtung,
b) unter einem Winkel von 90° und
c) in entgegengesetzter Richtung. Bestimme jeweils den Betrag der resultierenden Kraft. [In b) zeichnerisch oder rechnerisch]

A13 **a)** Personenwaagen enthalten oft Federn (wie Kraftmesser). Trotzdem tragen sie die Maßbezeichnung kg. Gib an, unter welcher Voraussetzung die Anzeige stimmt.
b) Jemand steigt auf die Waage und stellt fest, dass er „Übergewicht" hat. Würde er auf dem Mond dasselbe Übergewicht feststellen? Begründe deine Antwort.

A14 Eine Feder ist von einer Kraft mit dem Betrag F_1 = 6 N bereits um die Verlängerung s_1 gedehnt worden. Dann wird die Kraft auf insgesamt F_2 = 24 N vergrößert. Dadurch erhöht sich die Verlängerung um den Wert 12 cm.
a) Skizziere hierzu ein geeignetes Diagramm. Ermittle danach die Verlängerung s_1.
b) Bestimme die Federkonstante D der Feder.

A15 **Aufgabe mit Hilfen** → **www**
Luisa ist mit ihren Freundinnen am Badesee, Jan ist zu Hause, er wohnt neben der Schule. Jan fährt um 17.00 Uhr in Richtung Badesee, der 8 km von der Schule entfernt ist. Sein Tacho zeigt dauernd 16 km/h an. Nach vier Kilometern trifft Jan einen Freund. Sie bleiben beide stehen und unterhalten sich 10 min lang. Danach fährt Jan weiter, jetzt mit 12 km/h.
Um 17.15 Uhr machen sich Luisa und ihre Freundinnen mit dem Fahrrad wieder auf den Weg zur Schule, wo sie sich getroffen hatten. Weil es viel zu erzählen gibt, fahren sie gemütlich mit 12 km/h zurück.
a) Ermittle, wann und wo sich Jan und Luisa treffen.
b) *Schwierige Zusatzaufgabe*: Finde die Antwort rechnerisch.

Projekt

Grüne Welle im Zeit-Ort-Diagramm

Das *t-s*-Diagramm zeigt die Grünphase (grüne Striche) der einzelnen Ampelanlagen in einer 4000 Meter langen Straße. Nach rechts ist die Zeit angetragen. Nach oben können die Abstände der Ampeln abgelesen werden. Der Abstand zwischen z. B. der Kreuzung zur Bachstraße (B) und der Kreuzung zur Caesarstraße (C) ist 500 m. Die erste Grünphase läuft an der Bachstraße von t_1 = 75 s bis t_2 = 100 s.

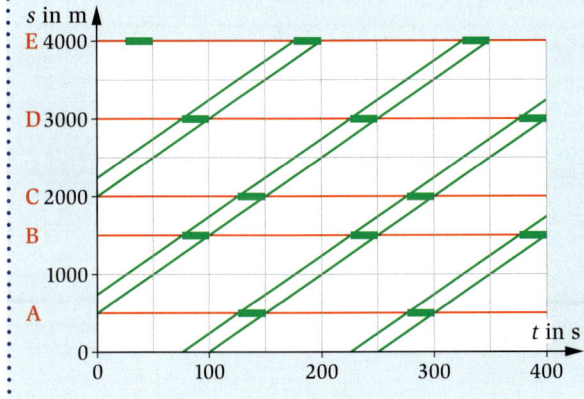

Arbeitsaufträge:

1 Übertragt das Diagramm in euer Heft (Alternative: vergrößertes Arbeitsblatt → www). Lest aus dem Diagramm die Grünphasen an der Kreuzung zur Albertstraße (A) ab.

2 **a)** Jemand fährt mit konstanter Geschwindigkeit und kommt bei jeder Ampel genau dann an, wenn sie auf Grün schaltet. Zeichnet das entsprechende *t-s*-Diagramm ein. Bestimmt die Geschwindigkeit, mit der das Auto fahren muss.
b) Zeichnet weitere *t-s*-Graphen zu Fahrten ein, bei denen die Grüne Welle genutzt wird.

3 Ein Auto erreicht die erste Ampel bei (B). In diesem Moment springt sie auf Grün. Die Fahrerin möchte die letzte Ampel bei (E) gerade noch bei Grün erreichen. Ermittelt die dazu nötige Geschwindigkeit.

4 Gebt die Anzahl der Autos an, die bei einer Geschwindigkeit von 36 km/h während einer Grünphase eine Ampel passieren können (bei einer Autolänge von ca. 5 m und einem Fahrzeugabstand von ca. 15 m).

Das kannst du in diesem Kapitel erreichen:

- Du kannst Eigenschaften elektrischer Ladung nennen.

- Du lernst die Vorgänge im elektrischen Stromkreis mithilfe der Eigenschaften bewegter Elektronen in Metallen zu deuten.

- Du kannst die Schaltung elektrischer Geräte im Haushalt erklären.

- Du erkennst, dass man mithilfe eines Stromkreises Energie übertragen kann und wovon die Stärke des Energiestroms abhängt.

- Du kannst angeben, was man unter Spannung versteht.

- Du lernst die neue physikalische Größe elektrischer Widerstand kennen.

- Du durchschaust bekannte Zusammenhänge im Stromkreis, z. B. das ohmsche Gesetz oder die kirchhoffschen Regeln.

- Für elektrische Schaltungen berechnest du Spannungen, Widerstände, Stromstärken und bestimmst sie experimentell.

- Du lernst Einsatzmöglichkeiten von Widerständen in Schaltungen kennen.

- Du kannst Sicherheitsmaßnahmen im Alltag erklären.

Elektrische Ladung

B1 Elektrische Kräfte helfen einer Spinne, ihre Beute zu fangen.

A1 Nimm zu den folgenden Aussagen Stellung:
- In einer Glühlampe, die in einen geschlossenen Stromkreis eingebaut ist, wird Elektrizität verbraucht.
- In einer Batterie, die in einen geschlossenen Stromkreis eingebaut ist, wird Elektrizität erzeugt.
- Der menschliche Körper leitet Elektrizität.
- Wasser leitet Elektrizität umso besser, je mehr Salz gelöst ist.

A2 Elektrizität wurde schon früh entdeckt. Den Namen bekam sie vom griechischen Wort „Elektron" für Bernstein.
Ermittle z.B. mithilfe des Internets, warum in vornehmen antiken Haushalten ein größerer Bernstein als Kleiderbürste gedient hat.

A3 An manchen Tagen stellen sich die Haare auf, wenn man den Pullover an- bzw. auszieht. Finde weitere Möglichkeiten, diesen Effekt herbeizuführen und beschreibe sie.

A4 Befestige zwei kleine Luftballons an etwa 50 cm langen, dünnen Fäden (z.B. Zwirn).
a) Reibe beide rundum aneinander, so dass sie an möglichst vielen Stellen miteinander in Kontakt kommen. Greife die Ballons an ihren Fäden und nähere sie einander an. Beobachte genau und beschreibe.
b) Reibe nun beide Ballons mit dem gleichen Stück Woll- oder Fleecestoff und wiederhole das Experiment.
c) Reibe nun die Ballons mit zwei unterschiedlichen Stoffen. Gelingt es dir nun, die Beob-

achtung aus a) herbeizuführen? Führe den Effekt vor.

Sicherheitshinweise:
- Experimentiere nur mit Quellen unter 24 V, z.B. mit einer Batterie von 4,5 V.
- Arbeite nie mit der Steckdose als Quelle; Experimente im Stromnetz des Haushalts sind lebensgefährlich.
- Berühre nie die Pole einer Steckdose – auch nicht nur einen.
- Berühre nie blanke Leitungen des Hausnetzes.
- Berühre nie mit nassen Händen – oder barfuß auf feuchtem Boden stehend – Elektrogeräte, die an das elektrische Netz angeschlossen werden.

1. Die Glimmlampe

Du weißt: In einem geschlossenen elektrischen Stromkreis fließt „Elektrizität". Aber was bedeutet dies eigentlich? Darüber wollen wir im Folgenden nachdenken und der unsichtbaren Elektrizität u. a. mit Experimenten näher auf die Spur kommen. Dabei helfen uns besondere Lampen, die sogenannten **Glimmlampen**.

In **→ V1** sind die Drähte einer Glimmlampe, Elektroden genannt, an ein Netzgerät angeschlossen. Dann leuchtet das Gas um die Elektrode, die mit dem Minuspol verbunden ist, hellrot auf. Das sonst gut isolierende Gas Neon wird leitend. Vertauscht man die Anschlüsse an der Glimmlampe oder an dem Netzgerät, so leuchtet das Gas um die andere Elektrode. Diese ist jetzt mit dem Minuspol verbunden. Mit einer Glimmlampe kann man also Plus- und Minuspol einer Quelle unterscheiden.

Glimmlampen begegnest du als Signallampen im Alltag. An manchen Geräten ist z. B. ein Schalter wie in **→ B1a** angebracht, in den eine kleine Glimmlampe **→ B1b** eingebaut ist. Sie leuchtet, wenn der Schalter geschlossen ist. Da diese Signallampen oft dauernd leuchten, sollten sie sich mit einem sehr schwachen Strom begnügen. Dies ist tatsächlich der Fall, denn Glimmlampen leuchten schon auf, wenn je Sekunde nur sehr kleine Elektrizitätsmengen durch sie hindurchfließen.

Merksatz

In Glimmlampen leuchtet das Gas nur um die Elektrode, die mit dem Minuspol der Quelle verbunden ist.
Die Glimmlampe leuchtet schon, wenn nur sehr kleine Elektrizitätsmengen durch sie hindurchfließen.

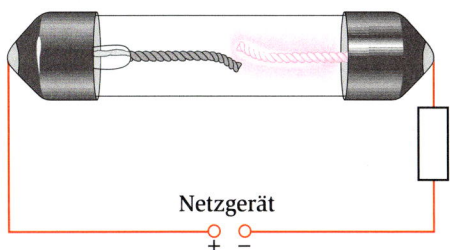

Netzgerät

+ −

V1 Eine Glimmlampe besteht aus zwei Drähten, die in ein Glasröhrchen eingeschmolzen sind und sich nicht berühren. Das Röhrchen enthält das Gas Neon. Schließt man die Glimmlampe an ein Netzgerät an, so leuchtet das Gas um die mit dem Minuspol verbundene Elektrode.

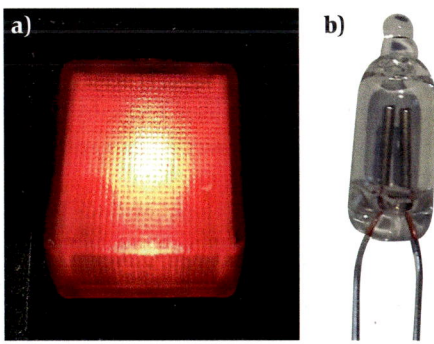

a) b)

B1 **a)** In die Schalter von manchen Geräten sind Glimmlampen eingebaut. Ihr Leuchten zeigt an, dass der Schalter geschlossen ist.
b) Solche Glimmlampen sind in einen Schalter eingebaut.

Methode – Planarbeit

Bekanntes zum Thema Elektrizität

Zeit: Eine Unterrichtsstunde
Ziel: Wiederholung und Festigung des in den Klassenstufen fünf und sechs Gelernten zum Thema Elektrizität.
Hilfsmittel: Dein altes Schulbuch oder die Seite im Internet **→ www**

Arbeitsaufträge:
1 Beantworte die folgenden Aufgaben schriftlich:
- Nenne Regeln und Zeichen für das Zeichnen von Schaltplänen.
- Skizziere einen einfachen Stromkreis.
- Beschreibe, wie man erkennt, dass in einem Stromkreis Elektrizität fließt.

- Nenne Bedingungen, damit in einem Stromkreis Elektrizität fließt.
- Erläutere, woher die Elektrizität kommt, die in einem Stromkreis fließt.
- Nenne die Größe, die eine Quelle charakterisiert.
- Nenne Stoffe, die Leiter und solche, die Nichtleiter sind.
- Erläutere, was man unter einem Kurzschluss versteht.
- Vergleiche einen Wasserkreislauf mit dem Kreislauf beim elektrischen Strom.
- Beschreibe die Gefährdung durch die Elektrizität, die du kennst, und nenne Verhaltensregeln um diese zu vermeiden.

a)

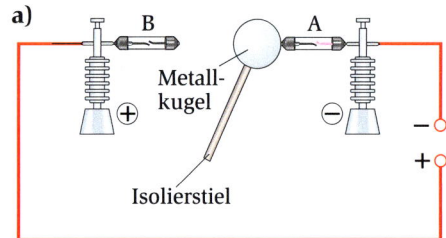

B   Metall-   A
    kugel

Isolierstiel

b)

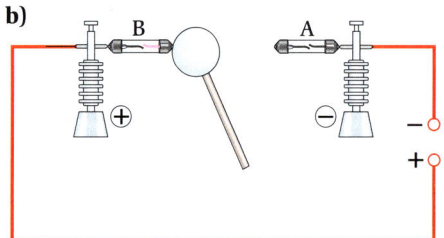

B   A

V1 Der Stromkreis zwischen den Glimmlampen A und B ist unterbrochen.
a) Wir berühren die rechte Glimmlampe A
wie im Bild mit einer Metallkugel. Die
Lampe blitzt kurz an der Seite auf, die dem
Minuspol zugewandt ist.
b) Anschließend bringen wir die Metallkugel von A zur linken Glimmlampe B. Diese
blitzt beim Berühren kurz an dem der
Metallkugel zugewandten Ende auf.

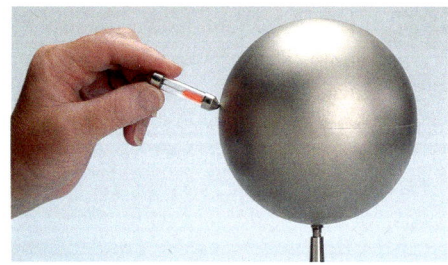

B1 Eine Glimmlampe wird mit einer geladenen Metallkugel berührt. Sie blitzt auf.

Interessantes 1

Die Erde als Ladungsreservoir

Wir wandeln Versuch → **V1a** etwas ab.
Dazu berühren wir mit der an der Glimmlampe A aufgeladenen Kugel zunächst den
Wasserhahn und erst dann Glimmlampe B.
Diese bleibt jetzt dunkel. Die Ladung der
Kugel muss also zuvor über den Wasserhahn zur Erde abgeflossen sein. Diese ist
nämlich aufgrund von Erdfeuchte eine riesige leitende Kugel und kann deshalb sehr
viel Ladung speichern. .

2. Im Stromkreis fließt elektrische Ladung

Fließende Elektrizität im Stromkreis wird durch das Leuchten von Lampen, z. B. einer Glimmlampe, angezeigt. Könnte
man die „Elektrizität", die im Stromkreis strömt, vielleicht an
den Polen abzapfen?

In → **V1** ist der Stromkreis niemals geschlossen. Trotzdem
leuchtet eine Glimmlampe jeweils auf, wenn die Metallkugel
bei A und anschließend bei B an die Glimmlampe gehalten
wird. Es muss also bei A Elektrizität auf die Kugel geflossen
sein und bei B wieder herunter.
Die Kugel wird also zunächst mit Elektrizität beladen, danach ist sie Transporter für die Elektrizität, bevor sie sie wieder abgibt. Diese Vorstellung legt es nahe, statt von Elektrizität von **elektrischer Ladung** zu sprechen. Man sagt deshalb:
Die Kugel wurde bei A elektrisch geladen und bei B entladen.
Entsprechend sagt man in → **V1** : Mit der Kugel wurde elektrische Ladung portionsweise über die Lücke im Stromkreis
von A nach B transportiert.

Wir experimentieren mit der Ladung. Dazu berühren wir mit
der Metallkugel die Glimmlampe A in der Versuchsanord-
nung von → **V1** und laden sie dadurch auf. Die geladene
Kugel tragen wir durchs Zimmer und berühren mit ihr nach
→ **B1** eine weitere Glimmlampe. Diese blitzt kurz auf. Die
Kugel wurde entladen → **Interessantes 1**.

Im nächsten Versuch berühren wir mit der geladenen Kugel
eine zweite ungeladene, isoliert gehaltene Kugel. Dann werden beide getrennt an eine Glimmlampe gehalten. Diese
leuchtet jeweils auf, aber deutlich schwächer als im ersten
Versuch. Also wurde die Ladung aufgeteilt. Die elektrische
Ladung hat Mengencharakter.

Das Aufblitzen der Glimmlampe signalisierte uns bisher ein
kurzzeitiges Fließen von Elektrizität, also einen kurzzeitigen
Strom. Jetzt sehen wir es als Zu- bzw. Abfließen von elektrischer Ladung an. In Zukunft sagen wir deshalb, **elektrischer
Strom** ist fließende elektrische Ladung.

Merksatz

Mit einer isolierten Metallkugel kann man elektrische Ladung
portionsweise transportieren.
Elektrischer Strom ist fließende elektrische Ladung.

3. Die Quelle ist eine Ladungspumpe

Die elektrische Ladung ist das, was wir früher Elektrizität
genannt haben. Deshalb übertragen wir auch das, was wir
über die Elektrizität gelernt haben, auf die elektrische Ladung. An einem Versuch, bei dem wir wieder einen geschlossenen Stromkreis verwenden, verdeutlichen wir dies:

Dazu überbrücken wir in der Schaltung von → **V1** die Unterbrechungsstelle AB zunächst mit einem guten Leiter, z.B. einem Kupferdraht. Nun leuchten die beiden identisch gebauten Glimmlampen A und B ständig, und zwar beide gleich hell. Dies spricht für die Vorstellung, dass im Draht von der fließenden Ladung nichts verloren geht.

Dann überbrücken wir die Strecke AB mit einer Schnur, die nur wenig angefeuchtet ist. Wieder leuchten beide Glimmlampen gleich hell, aber viel schwächer als beim Kupferdraht. Die feuchte Schnur ist nämlich ein schlechterer Leiter als der Kupferdraht. Aber auch darin bleibt keine Ladung hängen. Die beiden Versuche legen nahe:

Im Stromkreis bleibt beim Fließen die elektrische Ladung erhalten, keine Ladung geht verloren, keine wird neu erzeugt → **Vertiefung**. Früher sagten wir dasselbe, nur sprachen wir statt von Ladung von der Elektrizität.

Die beiden oben beschriebenen Versuche unterstützen zusätzlich die folgende Vorstellung über den Ladungstransport im geschlossenen Stromkreis: Die Quelle führt dem Stromkreis nur so viel Ladung zu, wie er durchlässt. Diese Ladung erhält die Quelle wieder zurück. Sie vernichtet oder erzeugt also keine Ladung. Die Quelle ist eine **Ladungspumpe**. Die Ladung, die sie pumpt, ist schon im Stromkreis vorhanden. Dies entspricht unserer früheren Aussage, die Elektrizität stecke bereits in den Leitungen und werde nicht etwa von der Quelle erzeugt.

Ein weiteres Beispiel einer Ladungspumpe, die allerdings anders als die uns bekannten Ladungspumpen funktioniert, ist der Bandgenerator → **Interessantes 2**.

Merksatz

In einem geschlossenen Stromkreis fließt ständig elektrische Ladung im Kreis. Dabei geht keine Ladung verloren.
Die Quelle ist eine Ladungspumpe. Sie pumpt die bereits im Stromkreis vorhandene Ladung durch den Stromkreis, erzeugt und vernichtet aber keine Ladung.

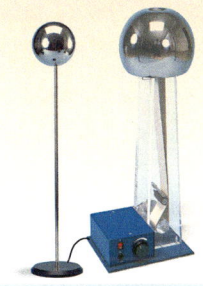

a) Beim Bandgenerator steht einer großen Metallkugel eine zweite Metallkugel gegenüber, die mit dem Fuß des Generators verbunden ist. Läuft das Gummiband, angetrieben von einem Motor, bilden die Kugeln die Pole einer Quelle. Hält man dann eine Glimmlampe dazwischen, leuchtet die mit dem Minuspol verbundene Elektrode hell auf.

b) Stehen die Kugeln nahe genug beieinander, lässt sich das Überspringen von Funken beobachten. Die Luft wird hier für kurze Zeit leitend.

Mach's selbst

A1 Vergleiche die Redensarten „es fließt Strom" und „der Wind weht". Was macht der Wind, wenn er nicht weht?

A2 Man kann einen Stromkreis mit einem Wasserkreislauf vergleichen.
a) Skizziere einen einfachen Stromkreis mit Quelle, Leitungen, Schalter und Lampe und einen entsprechenden Wasserkreislauf.
b) Vergleiche die Kreise unter Verwendung des Begriffs der elektrischen Ladung.

Vertiefung

Ladung durch einen Leiterquerschnitt

Wir betrachten die Aussage „Im Stromkreis geht keine Ladung verloren" etwas genauer. Im skizzierten Stromkreis gibt es Leitungen mit größerem und kleinerem Querschnitt. In die dicke und in die dünne Leitung bauen wir an beliebiger Stelle je ein Messgerät für die Stromstärke.

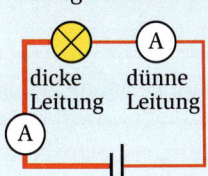

dicke Leitung   dünne Leitung

Gleichgültig, wo wir die Messgeräte einbauen, sie zeigen immer denselben Ausschlag! Durch jeden Leiterquerschnitt des Stromkreises fließt also in derselben Zeit dieselbe Ladungsmenge, keine Ladung geht verloren. In den dünnen Leitungen fließt sie nur schneller als in den dicken. So ist es auch in einem Wasserkreislauf mit unterschiedlich dicken Rohren. In den dünnen Rohren fließt das Wasser schneller als in den dicken.

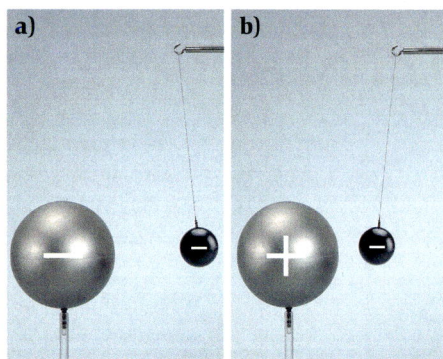

V1 **a)** Wir hängen ein leichtes, leitendes Kügelchen an einem dünnen, isolierenden Faden auf. Zunächst laden wir es am Minuspol des Bandgenerators auf. Eine ebenfalls am Minuspol aufgeladene Kugel stößt dieses Kügelchen ab. Wenn wir Kugel und Kügelchen mit dem Pluspol berührt haben, stoßen sich beide ebenfalls ab.
b) Nun laden wir die Kugel am Pluspol, das Kügelchen jedoch am Minuspol (oder umgekehrt). Jetzt ziehen sich beide Kugeln an.

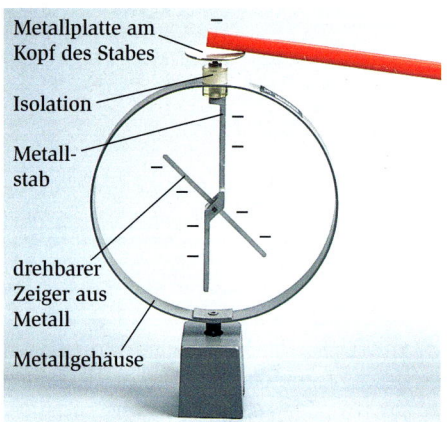

Metallplatte am Kopf des Stabes

Isolation

Metall-stab

drehbarer Zeiger aus Metall

Metallgehäuse

V2 Ein Elektroskop besteht aus einem Metallgehäuse, in das gut isoliert ein Metallstab eingeführt ist. Am Kopf trägt der Stab eine Metallplatte und in seiner Mitte ist ein drehbarer Metallzeiger angebracht. Wir berühren die Platte mit einem geladenen roten Stab. Der Zeiger spreizt sich ab.

V3 Wir laden eine Metallkugel am negativen Pol einer Quelle auf und entladen sie anschließend über eine Glimmlampe. Die Lampe blitzt kurz an der Seite auf, die der Kugel zugewandt ist. Laden wir dagegen die Kugel am Pluspol auf, so leuchtet beim Entladen die der Kugel abgewandte Seite der Glimmlampe auf.

1. Es gibt zwei Arten von Ladungen

Wir haben die elektrische Ladung kennengelernt und erste Experimente mit ihr durchgeführt. Ganz andere Versuche zeigen uns weitere Eigenschaften dieser Ladung.

In → **V1a** laden wir eine Metallkugel und ein leichtes leitendes Kügelchen am Minuspol des Bandgenerators auf. Beide stoßen sich ab. Erstaunlicherweise stoßen sie sich aber auch gegenseitig ab, wenn wir mit Metallkugel und leitendem Kügelchen den Pluspol berührt haben. Also trägt auch der Pluspol Ladung.

Auch in → **V1b** werden Kugel und Kügelchen aufgeladen, aber nicht an gleichen Polen, sondern an verschiedenen Polen. Jetzt ziehen sich Kugel und Kügelchen an. Daraus schließen wir, dass die Ladungen an Plus- und Minuspol verschiedenartig sind. Man nennt diese Ladungen wie die Pole einer Ladungspumpe **positiv** bzw. **negativ**. Weitere Ladungsarten kennt man nicht. Die geladenen Körper heißen **positiv** bzw. **negativ geladene Körper**.

Sind zwei Körper positiv geladen oder sind sie negativ geladen, so nennt man sie **gleichnamig geladen**. Ist der eine positiv und der andere negativ geladen, so sagt man, sie sind **entgegengesetzt** oder **ungleichnamig geladen**. Somit folgt aus → **V1a** und → **V1b** : Gleichnamig geladene Körper stoßen sich ab, ungleichnamig geladene ziehen sich an.

In → **V2** berühren wir die Metallplatte am Kopf des Metallstabes eines sogenannten **Elektroskops** mit einem geladenen Stab. Die Ladung der Kugel verteilt sich infolge der abstoßenden Wirkung gleichnamiger Ladungen auf die Metallplatte, den Metallstab und den metallischen Zeiger des Elektroskops. Da sich die gleichnamigen Ladungen auf Metallstab und Zeiger weiter abstoßen, spreizt sich der drehbare Zeiger ab. Mit einem Elektroskop können wir also Ladungen nachweisen.

Die Art der Ladung erkennt man mit diesem Elektroskop aber nicht. Dazu benötigt man eine Glimmlampe. → **V3** zeigt, wie man mit ihr entscheiden kann, ob z.B. eine Metallkugel positiv oder negativ geladen ist. Dazu entlädt man die Kugel über eine Glimmlampe. Leuchtet das Gas um den an die Kugel anliegenden Draht, so war sie negativ geladen. Leuchtet es um den abgewandten Draht, so war die Kugel positiv geladen.

Merksatz

Es gibt positive und negative Ladungen. Gleichnamig geladene Körper stoßen sich ab, ungleichnamig geladene ziehen sich an.
Mit einem Elektroskop können wir Ladungen nachweisen. Eine Glimmlampe hilft, das Vorzeichen der Ladung zu bestimmen.

2. Entgegengesetzte Ladungen neutralisieren sich

Zwei gleiche Elektroskope sind bis zum gleichen Ausschlag geladen, eines positiv, das andere negativ. Die Ladungen üben in diesem Fall gleiche Kräfte auf die Zeiger aus; wir bezeichnen dann die Ladungen als gleich groß. Verbindet man die Elektroskope mit einem isoliert gehaltenen Leiter, so können die sich anziehenden, entgegengesetzten Ladungen zusammenfließen. Dabei verschwinden die Elektroskopausschläge. Von den entgegengesetzten Ladungen geht nun keine Wirkung mehr aus. Man sagt, sie haben sich **neutralisiert**.

Merksatz

Bringt man entgegengesetzte Ladungen in gleichen Mengen zusammen, so üben sie nach außen hin keine Wirkungen mehr aus. Man sagt: Sie neutralisieren sich.

3. Ladungen in neutralen Leitern, Influenz

Im zuletzt beschriebenen Versuch könnten sich die Ladungen bei der Neutralisation nur vermischt haben und noch immer auf dem Leiter sein. Könnten dann nicht sogar auf allen neutralen, d. h. ungeladenen Leitern gleiche Mengen an positiver bzw. negativer Ladung sitzen?
Wir prüfen diese Vermutung mit → V4 nach. Dort wirkt eine positive Ladung auf der Kugel K_1 von außen auf einen neutralen Leiter ein. Der neutrale Leiter besteht aus der Metallkugel K_2, sowie Kopf, Stab und Zeiger eines Elektroskops. Dieser Leiter lässt sich während des Versuchs einfach in zwei Teile zerteilen. → V4 selbst erfolgt in drei Schritten:
a) Zunächst nähern wir die positiv geladene Kugel K_1 von oben dem ungeladenen Elektroskop → V4a . Es schlägt aus, solange K_1 in der Nähe ist, und zeigt somit Ladung an.
b) Wir lassen die positive geladene Kugel K_1 in der Nähe des Elektroskops, entfernen aber die Kugel K_2 vom Kopf des Elektroskops → V4b . Die Überprüfung mit einer Glimmlampe zeigt, dass die Kugel K_2 negative Ladung trägt, Kopf, Stab und Zeiger des Elektroskops positive Ladung. Also müssen auf dem neutralen Leiter positive und negative Ladungen vorhanden gewesen sein, die durch den äußeren Einfluss der positiven Ladung auf K_1 getrennt wurden.
c) Wiederholen wir → V4a und entfernen dann die positiv geladene Kugel K_1, so geht der Ausschlag des Elektroskops wieder zurück. Die getrennten Ladungen neutralisieren sich wieder, da sie gleich groß waren. Unsere oben ausgesprochene Vermutung hat sich also bestätigt.

Merksatz

Neutrale elektrische Leiter haben gleich viel positive wie negative Ladung.

Die Ladungstrennung in einem Leiter aufgrund des Einflusses einer äußeren Ladung nennt man **Influenz**.

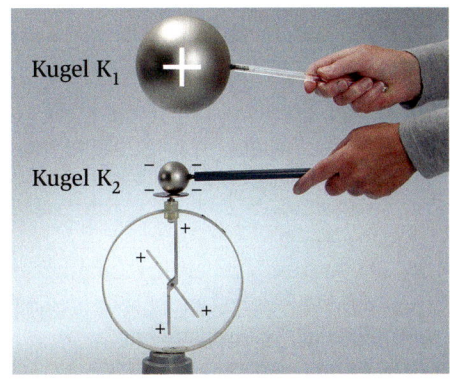

V4 a) Eine isoliert gehaltene, ungeladene Kugel K_2 berührt den Kopf des ungeladenen Elektroskops. Nähern wir von oben dem Elektroskop die positiv geladene Kugel K_1, so schlägt es aus.
b) Wir lassen K_1 in der Nähe des Elektroskops und entfernen die Kugel K_2 vom Kopf des Metallstabes. Eine Glimmlampe zeigt, dass die Kugel K_2 negativ geladen ist, Kopf, Metallstab und Zeiger positiv.
c) Wir wiederholen → V4a und entfernen dann K_1. Der Ausschlag geht zurück.

Interessantes

Faradaykäfig

kein Ausschlag

Mit einer negativ geladenen Kugel berührt man zunächst das Innere eines Metallbechers. Das angeschlossene Elektroskop zeigt einen Ausschlag. Dann bringt man die Kugel auf ein neutrales Elektroskop. Dieses zeigt keinen Ausschlag. Also wurde die Kugel in dem Becher vollständig entladen. Die in den Becher gebrachte negative Ladung ist zur äußeren Oberfläche geflossen und lässt sich dort z.B. mit einer Glimmlampe nachweisen. Das Innere des Metallbechers aber ist ladungsfrei!
Ein metallisch umschlossener Raum – **Faradaykäfig** genannt – bleibt im Inneren ladungsfrei, selbst wenn ihn ein Blitz trifft.

Atome und Elektronen

Anstoß

Du hast gelernt:
- In einem geschlossenen Stromkreis fließt elektrische Ladung im Kreis. Diese von einer Quelle herum gepumpte Ladung steckt in den Leitungen und wird nicht von der Quelle erzeugt.
- Es gibt positive und negative Ladung.
- Neutrale elektrische Leiter haben gleich viel positive wie negative Ladung.
- Alle Körper bestehen aus kleinsten Teilchen.

Suche Zusammenhänge zwischen elektrischer Ladung und kleinsten Teilchen. Notiere dir auftretende Fragen.

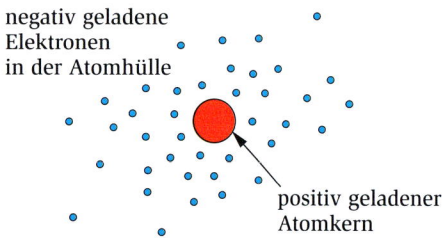

negativ geladene Elektronen in der Atomhülle

positiv geladener Atomkern

B1 Modellatom: Atomkern und Atomhülle. In der sonst leeren Atomhülle um den Atomkern befinden sich die negativ geladenen Elektronen. Der Atomkern ist positiv geladen. Die gesamte Ladung aller Elektronen und die Ladung des Atomkerns sind gleich groß und neutralisieren sich. Ein Atom ist deshalb insgesamt elektrisch neutral. Die richtigen Größenverhältnisse von Atomkern und Atomhülle verdeutlicht **→ B2** .

B2 Vergrößert man in Gedanken ein Atom so, dass der Atomkern die Größe eines Reiskornes hat, so nimmt die Atomhülle ungefähr den Raum eines Stadions ein.

1. Atome

Wir wollen die Vorgänge im Stromkreis noch besser verstehen. Die elektrischen Leiter bestehen wie alle Körper aus kleinsten Teilchen. Denkbar ist es deshalb, dass die in neutralen elektrischen Leitern vorhandene negative und positive Ladung in den kleinsten Teilchen steckt. Stimmt diese Vermutung, sollten wir mehr über deren Aufbau wissen. Viel hat man darüber – insbesondere durch die Forschung im 20. Jahrhundert – gelernt. Wir können die gewonnenen Erkenntnisse hier aber nur mitteilen und nicht wie sonst anhand von Experimenten entwickeln. Manches davon kennst du vielleicht schon aus dem Chemieunterricht.

Wie Du weißt, bestehen alle Körper aus unglaublich vielen Stoffen. Egal aber, welchen Stoff man nimmt, er ist irgendwie aus 118 **Elementen** zusammengesetzt. Zu den Elementen gehören z. B. Wasserstoff, Sauerstoff, Eisen oder Kupfer.

Weiter gilt: Jedes Element ist aus einer eigenen Art von kleinsten Teilchen, den **Atomen**, aufgebaut. Alle Atome eines Elementes haben gleiche chemische Eigenschaften. Sie unterscheiden sich aber von den Atomen anderer Elemente. So sind z. B. die Atome von Eisen und von Kupfer verschieden. Da alle Körper aus Stoffen bestehen und diese aus Elementen und damit aus Atomen, bestehen alle Körper aus Atomen.

Merksatz

Alle Körper bestehen aus Atomen. Alle Atome eines Elementes haben gleiche chemische Eigenschaften.

2. Atomaufbau

Heute weiß man:
- Jedes Atom besteht aus einem **Atomkern** und einer sogenannten **Atomhülle** **→ B1** . Der Kerndurchmesser beträgt nur etwa 1/1000000 des Atomdurchmessers, der seinerseits unter 1/1000000 mm liegt **→ B2** .
- Die Atomhülle ist fast leer. In ihr sind nur **Elektronen**, die negativ geladen sind. Im Vergleich zur Atomhülle haben die Elektronen eine sehr, sehr kleine Ausdehnung. Sie gehören zu den kleinsten Teilchen, die man kennt.
- Im Atomkern ist über 99,9 % der Masse eines Atoms konzentriert, der Rest verteilt sich auf die Elektronen.
- Der Atomkern ist positiv geladen.
- Die Ladung des Atomkerns ist genau so groß wie die gesamte Ladung aller Elektronen in der Atomhülle. Ein Atom ist insgesamt elektrisch neutral.

Merksatz

Atome bestehen aus positiv geladenen Kernen und negativ geladenen Elektronen. Ein Atom ist nach außen elektrisch neutral.

3. Aufbau von Metallen

In → **B3** sehen wir am Beispiel eines Kupferdrahts ein Modell des Aufbaus von Metallen. Bilden Kupferatome einen festen Körper, so trennt sich von den vielen Elektronen eines jeden Kupferatoms ein Elektron ab. Der Metalldraht bleibt elektrisch neutral, da sich die Anzahl der Elektronen dadurch nicht geändert hat.

Die positive Ladung ist ortsfest an die Atomkerne gebunden. Die abgetrennten Elektronen bewegen sich in den großen, fast leeren Räumen zwischen den Atomkernen unregelmäßig hin und her. Wird eine Quelle angeschlossen, wandern diese freien Elektronen zusätzlich in Richtung Pluspol. Kommen sie dort an, werden sie von der Quelle durch sie hindurch zu ihrem Minuspol gepumpt, der Kreislauf beginnt von vorn.

Mit dieser Kenntnis sagen wir „im geschlossenen Stromkreis bewegen sich Elektronen im Kreis" anstelle von „im geschlossenen Stromkreis fließt elektrische Ladung im Kreis". Statt „die Quelle ist eine Ladungspumpe" sagen wir jetzt „die Quelle ist eine Elektronenpumpe". Die schon in der Leitung vorhandene und von der Quelle im geschlossenen Stromkreis herumgepumpte Ladung ist die negative Ladung der freien beweglichen Elektronen.

Merksatz

Ein Metallkörper ist elektrisch neutral. Seine positive Ladung ist ortsfest gebunden, wogegen einige negativ geladene Elektronen sich frei im Metall bewegen können.
Die Quelle ist eine Elektronenpumpe.

4. Ein negativ geladener Körper hat Elektronenüberschuss

In → **B4** sind zwei isoliert aufgestellte Metallkugeln an eine Quelle angeschlossen, K_1 wird negativ aufgeladen und K_2 positiv. Wie beschreibt man diesen Vorgang mit beweglichen Elektronen? Die Quelle als Elektronenpumpe entreißt der Kugel K_2 Elektronen und pumpt sie durch die Quelle auf die Kugel K_1. Kugel K_1 erhält einen **Elektronenüberschuss** und auf K_2 fehlen entsprechend viele Elektronen. K_1 wird somit negativ geladen und K_2 positiv. Auf der Kugel K_2 überwiegt nämlich die ortsfeste positive Ladung.

So wie in → **B4** die Kugel K_1 Elektronenüberschuss hat und auf der Kugel K_2 die ortsfeste positive Ladung überwiegt, herrscht am Minuspol einer Quelle Elektronenüberschuss und überwiegt am Pluspol die ortsfeste positive Ladung.

Merksatz

Der Minuspol einer Quelle hat wie jeder negativ geladene Körper Elektronenüberschuss. Am Pluspol einer Quelle überwiegt die ortsfeste positive Ladung (gegenüber dem neutralen Zustand fehlen Elektronen).

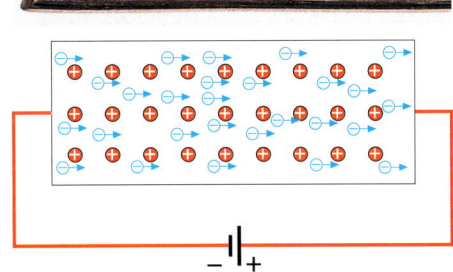

B3 In einem festen Körper aus Kupfer gibt jedes Atom ein Elektron (blau) frei, zurück bleibt ein positiv geladener Atomrumpf (rot). Ohne angeschlossene Quelle schwirren die freien Elektronen im Metall ungeordnet umher. Mit Quelle bewegen sie sich zusätzlich in Richtung Pluspol.

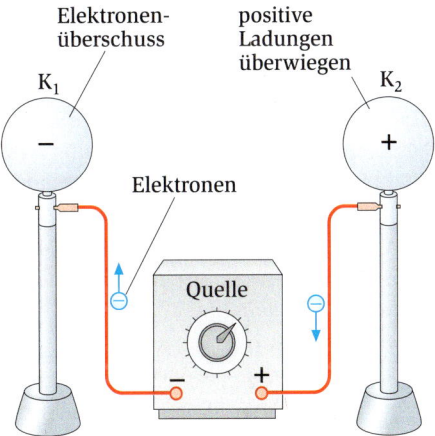

B4 Die Quelle pumpt Elektronen von der Kugel K_2 auf die Kugel K_1.

Mach's selbst

A1 Auf einem elektrisch neutralen Elektroskop sitzt eine Metallkugel. Wir nähern von oben eine negativ geladene Kugel. Erkläre mit der Elektronenvorstellung, was geschieht.

A2 In der in → **B4** dargestellten Versuchsanordnung berührt man K_1 bzw. K_2 mit einer isoliert gehaltenen neutralen Metallkugel. Erkläre mit der Elektronenvorstellung, was jeweils geschieht.

A3 Du hast einen Stromkreis aus Quelle, Leitungen, Schalter und Lampe.
a) Der Schalter ist offen. Erläutere die Elektronenverteilung im Stromkreis.
b) Erläutere, was im Stromkreis passiert, wenn man den Schalter schließt.

Elektrostatische Aufladung

B1 Eine Kunststofffolie wird mit einem Wolltuch gerieben, anschließend von der Unterlage abgehoben und mit einer Glühlampe abgetastet.

B2 a) Fell (am Isolierstab) und Kunststoffstab haben engen Kontakt. **b)** Das Fell wird anschließend in den Faradaybecher gebracht, das Elektroskop schlägt aus.

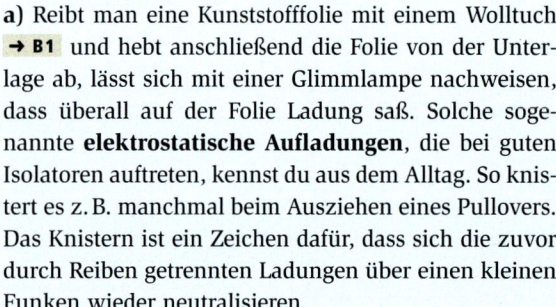

a) Reibt man eine Kunststofffolie mit einem Wolltuch → **B1** und hebt anschließend die Folie von der Unterlage ab, lässt sich mit einer Glimmlampe nachweisen, dass überall auf der Folie Ladung saß. Solche sogenannte **elektrostatische Aufladungen**, die bei guten Isolatoren auftreten, kennst du aus dem Alltag. So knistert es z. B. manchmal beim Ausziehen eines Pullovers. Das Knistern ist ein Zeichen dafür, dass sich die zuvor durch Reiben getrennten Ladungen über einen kleinen Funken wieder neutralisieren.

Aber wie kommt die elektrostatische Aufladung zustande? Isolatoren bestehen wie alle Körper aus Atomen mit negativ geladenen Elektronen und positiv geladenen Atomkernen. Die Menge der positiven und negativen Ladung ist im neutralen Zustand immer gleich groß. Frei bewegliche Elektronen gibt es hier aber nicht; alle sind fest gebunden. Reibt man die Isolatoren aneinander, so entreißt ein Isolator dem anderen einige Elektronen. Der eine hat einen winzigen Elektronenüberschuss und ist negativ geladen. Dem anderen fehlen Elektronen; er ist positiv geladen.

b) Die elektrostatische Aufladung hilft Spinnen beim Beutefang: Infolge ihres Flügelschlages und der damit verbundenen Reibung mit Luftmolekülen erhalten Insekten leicht eine positive Ladung. Die Vegetation ist dagegen elektrisch negativ geladen. Für Insekten, die Blüten besuchen, ist das vorteilhaft, weil sie Pollenkörner anziehen. Negativ geladen sind aber oft auch Spinnennetze. Fliegt ein Insekt nahe heran, wird es durch die elektrische Kraft zwischen den unterschiedlichen Ladungen angezogen und bleibt in den klebrigen Fäden des Netzes hängen.

c) Man bringt einen Kunststoffstab in engen Kontakt mit einem Fell → **B2a** . Berührt man ihn anschließend mit einer Glimmlampe, stellt man fest, dass der Stab negativ geladen war.

In einem weiteren Versuch gibt man nach dem Kontakt nur das Fell in den Faradaybecher → **B2b** und berührt diesen dann von außen mit einer Glimmlampe. Sie zeigt an, dass das Fell positiv geladen war.

Dann bringt man nach dem Kontakt Fell und Stab einzeln in einen jeweils ungeladenen Faradaybecher, der auf einem Elektroskop sitzt. Das Elektroskop schlägt beide Male gleich stark aus. Gibt man nach dem Kontakt jedoch beide zusammen in den Becher, tritt kein Ausschlag auf. Zusammen sind Stab und Fell also genauso neutral wie vor dem Kontakt.

Erklärung: Entgegengesetzte Ladungen wurden voneinander getrennt, ohne dass man die Körper aneinander reiben musste. Die Ladungstrennung erfolgte bereits bei engem Kontakt. Der Stab entreißt dem Fell an der Oberfläche einen winzigen Bruchteil an Elektronen und wird negativ geladen. An der Felloberfläche fehlen Elektronen und es überwiegt die positive Ladung der Atomkerne.

d) Immer wenn sich verschiedene Stoffe eng berühren, treten Elektronen von der Oberfläche des einen Stoffs zur der des anderen über. Der Stoff, der auf Elektronen eine stärkere Kraft ausübt, verschafft sich einen Elektronenüberschuss. Der andere Stoff verliert Elektronen; bei ihm macht sich die positive Kernladung nach außen hin bemerkbar. Das Reiben in manchen Versuchen dient nur dazu, einen besonders engen Kontakt zwischen den Stoffen herzustellen.

Interessantes

Gewitter, Blitz, Blitzschutz

B3 Bei einem Gewitter entstehen sowohl Blitze zwischen Wolken und Erde als auch innerhalb der Wolken.

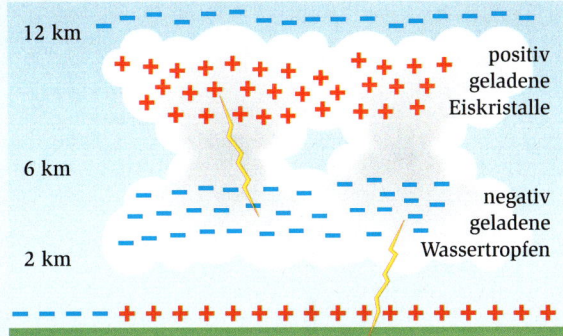

B4 Mögliche Ladungsverteilung in einer Gewitterwolke: Innerhalb der Wolkeund auch zwischen Wolke und Boden besteht eine Ladungstrennung.

a) Gewitter bilden sich immer dann, wenn warme, feuchte Luftmassen aufsteigen. Die häufigste Form sind sogenannte Wärmegewitter: Die Sonne heizt die Luft am Boden auf, sodass aus Pflanzen, Seen und Flüssen viel Wasser verdunstet. Je wärmer die Luft wird, umso leichter wird sie und umso schneller steigt sie auch auf. Beim Aufstieg kühlt sie sich wieder ab. Schließlich kondensiert die Feuchtigkeit und es bilden sich winzige Wassertröpfchen, weiter oben sogar Eiskristalle: Eine Wolke wird sichtbar.

Die Wolke wird elektrisch aufgeladen. Man weiß bis heute nicht genau, wie das im Einzelnen vor sich geht. In der Wolke existieren Eiskristalle, Graupelteilchen (Schneekristalle, die durch angefrorene Wassertröpfchen bis zu 5 mm großen Kügelchen verklumpt sind) und winzige Wassertröpfchen gleichzeitig. Die leichten Eiskristalle und Wassertröpfchen schweben oder werden von den Aufwinden nach oben getragen. Die schweren Graupelteilchen fallen nach unten. Beim Zusammenstoß der Teilchen werden Elektronen ausgetauscht und die Teilchen werden geladen. Mit der Zeit kommt es dann in der Wolke zu einer komplexen Ladungsverteilung. → **B4** zeigt eine Struktur, die häufig vorkommt.

b) Überschreitet die Ladung eines Bereichs ein bestimmtes Maß, so kommt es zum Ladungsausgleich durch **Blitze** innerhalb der Wolke oder zwischen Wolke und Erde → **B3** , → **B4** .
Dabei treten für kurze Zeit sehr starke Ströme auf, die den Blitzkanal plötzlich sehr stark erhitzen. Die Luft dehnt sich explosionsartig aus, was man als **Donner** hören kann.

c) Blitze können für Menschen lebensgefährlich sein. Deshalb gelten bei einem nahenden Gewitter folgende Regeln:

- Suche Schutz in Räumen, die von Metall umgeben sind (Autos, Gebäude mit Blitzschutz)!
- Ist das nicht möglich, so vermeide es, der höchste Punkt in deiner Umgebung zu sein. Gehe in die Hocke, Füße eng zusammen, Arme und Beine dicht beim Körper!
- Entferne dich von allen metallenen Gegenständen (auch von Wanderstöcken, Schirmen, Kameras, …)!
- Bade nicht in einem See!
- Halte mehrere Meter Abstand von Bäumen, Masten, frei stehenden Felsen und hohen Gebäuden! Der Blitz schlägt dort besonders häufig ein und könnte auf nahe stehende Personen überspringen.

d) Der **beste Blitzschutz für ein Haus** wäre eine metallische Außenhülle → **Faradayscher Käfig**. Es genügt aber schon, um Schornstein und Dach dicke Metallbänder zu legen

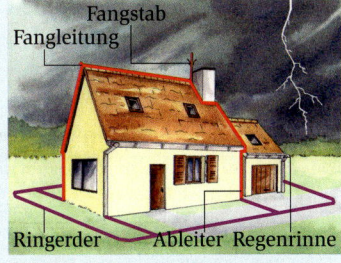

B5 Blitzschutz am Haus

→ **B5** . Von dieser Fangeinrichtung führen dicke metallische Ableiter zum gut geerdeten Ringerder. Blitzeinschläge werden so von der Fangeinrichtung „eingefangen" und über die Ableiter am Haus vorbei in die Erde geführt, ohne dass sie großen Schaden anrichten können.

Influenz: Elektronen werden verschoben

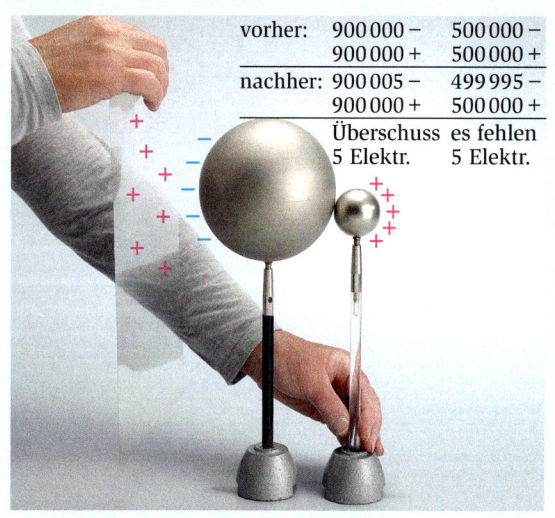

	vorher:	900 000 −	500 000 −
		900 000 +	500 000 +
	nachher:	900 005 −	499 995 −
		900 000 +	500 000 +
		Überschuss	es fehlen
		5 Elektr.	5 Elektr.

Die elektrische Influenz können wir im Elektronenbild erläutern. Die beiden Metallkugeln seien zunächst elektrisch neutral. Die große linke Kugel besitze z. B. 900 000 Elektronen, dann hat sie auch 900 000 ortsfeste positive Ladungen. Die kleine rechte Kugel habe z. B. 500 000 Elektronen und 500 000 ortsfeste positive Ladungen (in Wirklichkeit ist die Anzahl der Ladungen noch viel, viel größer).

Man nähert nun von links der linken Kugel die positiv geladene Folie. Sie ziehe z. B. 5 Elektronen von der rechten zur linken Kugel. Dann hat die linke Kugel Elektronenüberschuss und trägt eine negative Influenzladung. Auf der rechten Kugel fehlen 5 Elektronen. Sie hat einen Überschuss an positiver Ladung. Ihre positive Influenzladung ist so groß wie die negative Influenzladung auf der linken Kugel.

Selbst gebautes Elektroskop

Biege die Spitze der Reißzwecke um, sodass im Deckel ein Haken entsteht, an dem du die Kugeln aufhängst. Forme aus dem quadratischen Stück Alufolie eine Spitze.

Du benötigst:
- ein Glas mit Kunststoffdeckel
- eine Reißzwecke und Alufolie
- Zwirn (kein Kunststofffaden!)
- verschiedene Gegenstände zum Reiben

Lege ein Stück Alufolie auf den Deckel und drücke die Reißzwecke durch die Mitte des Deckels. Forme locker zwei erbsengroße Kugeln aus Alufolie und knote sie an ein ca. 10 cm langes Stück Zwirn.

Arbeitsaufträge:

1 Reibe verschiedene Gegenstände (Kamm, Kugelschreiber, Glas, Porzellan usw.) mit Wolle oder anderen Stoffen und streife sie auf dem Elektroskop ab. Sind die Zwirnsfäden zu trocken, befeuchte sie mit etwas Wasser. Eventuell ist auch eine Reinigung des Deckels mit Spiritus nötig.

2 Nähere dich mit einer Fingerspitze vom Rand des Deckels langsam der Spitze des geladenen Elektroskops. Halte deine Beobachtungen fest und formuliere eine mögliche Erklärung.

3 Plane ein Experiment, das den Mengencharakter der elektrischen Ladung zeigt, führe es durch und fertige ein Versuchsprotokoll an.

Methode – Schülervortrag zur „Influenz"

Du benötigst:

- ein ➜ **selbst gebautes Elektroskop**
- einen Tischtennisball (oder Ball vergleichbarer Größe)
- einen Strohhalm (oder einen ähnlichen Stab)
- einen Gegenstand aus Kunststoff (Kugelschreiber, Lineal oder Kamm)
- etwas Alufolie
- Heißkleber

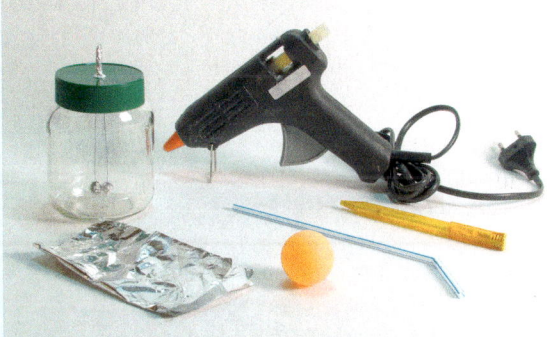

Ziele:

1. Untersuchung des Phänomens der Influenz mithilfe eines selbst gebauten Elektroskops
2. Deutung der Versuchsbeobachtungen unter Zuhilfenahme verschiedener Quellen
3. Präsentation der Ergebnisse in Form eines Vortrages mit Experimenten (Experimentalvortrag)

Arbeitsaufträge:

1 Vielleicht ist dir bereits aufgefallen, dass bei den bisherigen Versuchen, bei denen Elektroskope be- und entladen wurden, der Zeiger schon reagiert, bevor der geladene Körper das Elektroskop berührt. Überprüfe das mit einem Elektroskop ➜ **selbst gebautes Elektroskop**.

Du wirst feststellen, dass der Zeigerausschlag beim Entfernen des geladenen Körpers wieder zurück geht, vorausgesetzt, der Körper hat das Elektroskop noch nicht berührt und es ist noch keine Ladung darauf geflossen.

2 Die ➜ **Bilder oben** zeigen, wie du mit einem negativ geladenen Gegenstand ein Elektroskop auch positiv laden kannst. Du benötigst dazu eine „Metallkugel" am isolierenden Stiel. Dafür kannst du einen Tischtennisball mit etwas Heißkleber an einem Strohhalm befestigen und mit Alufolie umwickeln. Wenn du sichergehen willst, dass keine Ladung von der Alufolie abfließen kann, reinigst du den Stiel mit etwas Spiritus oder Alkohol. Berühre nun die Alufolie mit einem Finger und nähere den Ball deinem negativ geladenen Gegenstand bis auf etwa 1,5 cm. Ziehe nun den Finger von der Alufolie ab und entferne den Gegenstand. Lade das Elektroskop mit dem Ball und vergleiche die Ladung mit der des Gegenstandes.

3 Fertige zu den beiden Versuchen Protokolle an (Versuchsskizze, Durchführung, Beobachtung, Erklärung). Für die Erklärungen recherchiere im Internet oder in Büchern ➜ **Influenz**.

4 Arbeite nun eine Präsentation aus. Dabei führst du die Versuche der Klasse vor und präsentierst deine Protokolle an der Tafel oder auf einer Folie. Besonders hilfreich sind hierbei Skizzen, die die Verteilung der Elektronen zeigen. Am Ende der Präsentation solltest du erläutert haben, was man unter Influenz versteht. Formuliere dazu auch einen Merksatz. Fällt dir eine passende Hausaufgabe für deine Mitschülerinnen und Mitschüler ein?

Für die Experimente benötigst du einen Elektro-Zauberstab (z. B. Fun-Fly-Stick®). Im Inneren des Stabes wird ein kleiner Bandgenerator angetrieben, sobald du den Taster betätigst. Anstelle der Metallschale eines „großen" Bandgenerators dient die äußere Papphröhre zur Speicherung von Ladung. Durch die Luftfeuchtigkeit angefeuchtet leitet sie – wenn auch nur schwach – den elektrischen Strom.

Auch den Anschluss am Fuß des „großen" Bandgenerators kannst du bei dem Stab finden: Der Taster ist von einem metallischen Ring umgeben. Beim Betätigen wird über deinen Daumen der Kontakt mit deinem Körper hergestellt.

Die Ladung, die auf der Papphröhre gespeichert wird, ist für den Menschen ungefährlich.
Vorsicht: Du darfst keine metallischen Gegenstände mit dem Stab berühren, das kann zu gefährlichen elektrischen Schlägen führen. Halte zu elektrischen Geräten einen Abstand von mindestens 1 m.

---

1. Station

Du benötigst:
- einen Elektro-Zauberstab (z. B. Fun-Fly-Stick®)
- ein Objekt aus leitender Folie (liegt der Packung bei)
- ein Blatt Papier

1. Bringe mit dem Stab eines der mitgelieferten Objekte zum „Fliegen". Verfasse dazu eine Anleitung, in der du dein Vorgehen genau beschreibst. Begründe dein Vorgehen, indem du erläuterst, was mit der durch den Bandgenerator getrennten Ladung geschieht.
2. Nähere dich dem schwebenden Objekt mit einer Fingerspitze. Beobachte und erkläre.
   Ähnliche Experimente kannst du auch mit Haaren durchführen, die nach dem Kämmen geladen sind.
3. Verteile einige kleine Papierschnipsel auf einer Tischplatte. Bewege den geladenen Stab darüber. Schildere deine Beobachtungen und erkläre sie. Beschreibe, wo sich elektrische Ladung befindet, wohin sie sich bewegt und welche Folgen das hat.

---

2. Station

Du benötigst:
- einen Elektro-Zauberstab (z. B. Fun-Fly-Stick®)
- eine Stabglimmlampe, eine Glühlampe
- eine Energiesparlampe, eine LED oder Neonröhre

1. Berühre ein Ende einer Glimmlampe mit der Papphröhre des eingeschalteten Stabes und halte das andere Ende mit der anderen Hand fest. Dadurch schließt du den Stromkreis über deinen Körper. Welche Ladungsart sammelt sich auf dem Stab? Begründe.

2. Versuche andere Leuchtmittel wie Glühlampen, Energiesparlampen, Leuchtdioden oder Neonröhren mit dem Stab zum Leuchten zu bringen. Halte deine Beobachtungen fest.

3. Station

Du benötigst:
- einen Elektro-Zauberstab (z. B. Fun-Fly-Stick®)
- 1 m dünne Schnur (am besten aus Kunststoff)
- etwas Alufolie
- Stativmaterial

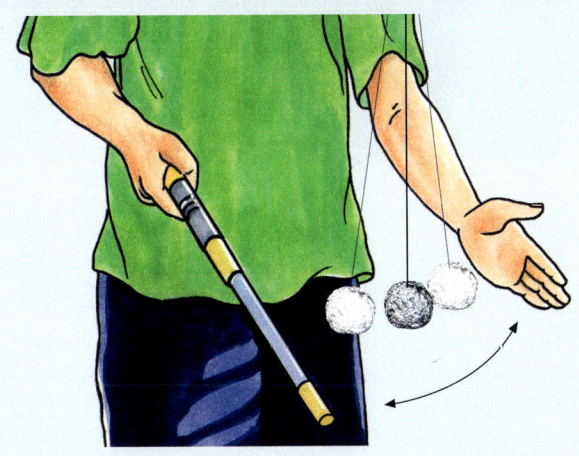

Forme aus Alufolie eine etwa tischtennisballgroße Kugel. Hänge die Kugel an dem Faden auf, sodass sie zwischen deiner Hand und dem Stab hängt. Schalte den Stab ein. Eventuell musst du die Kugel einmal kurz mit dem Stab berühren. Beschreibe deine Beobachtungen und erkläre sie.

- -

4. Station

Du benötigst:
- einen Elektro-Zauberstab (z. B. Fun-Fly-Stick®)
- eine CD-Spindel (oder einen Stab auf einem Brett)
- eine Reißzwecke, einen Joghurtbecher aus Kunststoff
- eine Gabel
- Klebstoff (z. B. Heißkleber)

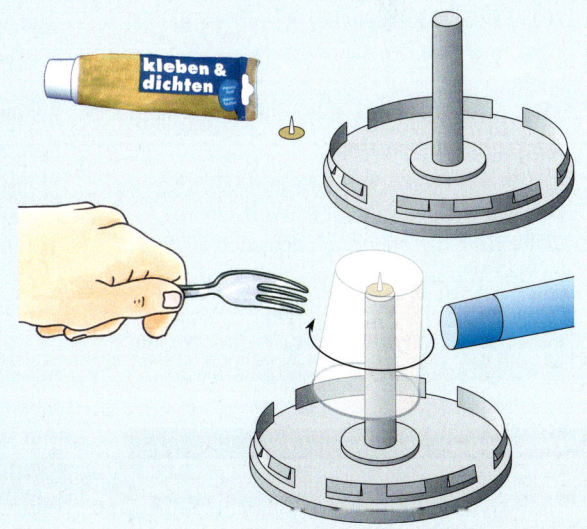

Klebe die Reißzwecke auf den Stab der CD-Spindel. Sie dient als Lager für den umgedrehten Becher. Der Becher muss sich ganz leicht auf der Spitze der Reißzwecke drehen können.

Wenn du nun dem Becher die Gabel von einer Seite und den eingeschalteten Stab von der anderen Seite näherst (ohne den Becher zu berühren), dann sollte sich der Becher drehen. Eventuell musst du ihn vorsichtig etwas andrehen. Kannst du die Funktion dieses elektrostatischen Motors erklären?

Mach's selbst

A1 Erkläre mit eigenen Worten, was man unter Influenz versteht.

A2 Man berührt mit einer kleinen, immer wieder gleich stark negativ geladenen Kugel mehrmals ein Elektroskop. Sein Ausschlag nimmt zu. Erkläre mit der Elektronenvorstellung, dass die Kugel bei jedem weiteren Berühren immer weniger Ladung abgibt.

A3 In der Nähe einer ungeladenen Metallkugel K hängen kleine, geladene Kügelchen.
a) Jemand sagt, wenn es in der Kugel K Elektronen gäbe, würde ein negativ geladenes Kügelchen von ihr abgestoßen, ein positiv geladenes angezogen. Diskutiere diese Aussage.
b) Erläutere, warum alle geladenen Kügelchen ein wenig zur Kugel K gezogen werden.

A4 In einem Stromkreis liegen zwei Glühlampen in Reihe (parallel) an der Stromquelle.
a) Fertige eine Schaltskizze an.
b) Zeige jeweils die Bewegung der Elektronen auf und erläutere, woher die bewegten Elektronen stammen.
c) Erläutere, ob sich die Anzahl der bewegten Elektronen beim Durchfließen des Kreises ändert oder nicht.

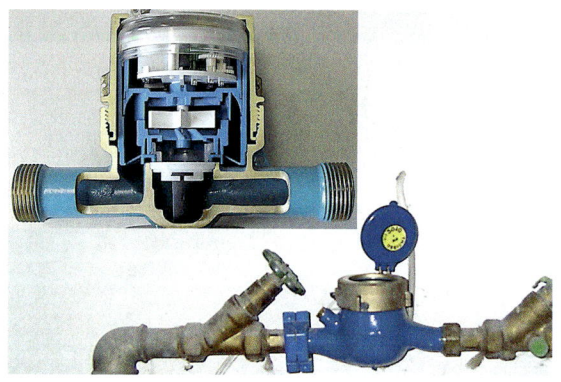

B1 Wasser fließt durch den Wasserzähler; je stärker der Wasserstrom, desto schneller das Flügelrad.

B2 Die Elektronen fließen durch das Messgerät; je stärker der Strom, desto größer der Zeigerausschlag.

Anstoß

1. Die Kundenströme zweier Filialen eines Textildiscounters sollen verglichen werden: In der Filiale A werden zwischen 10.00 und 20.00 Uhr 2230 Besucher gezählt, Filiale B wird in 6 Stunden von 1410 Menschen besucht.
   a) Ermittle rechnerisch die Filiale mit dem stärkeren Kundenstrom.
   b) Gib die beiden durchschnittlichen Besucherstromstärken in der Einheit 1/s an.
2. Plane ein Experiment, mit dem sich die Stärke des Wasserstromes bei voll geöffnetem Hahn eurer Badewanne bestimmen lässt. Führe das Experiment durch und gib die Wasserstromstärke in der Einheit l/s an.

Vertiefung 1

In der Glühlampe starker Taschenlampen können Stromstärken von bis zu 1 A auftreten. Dann fließen durch einen Querschnitt der Glühwendel in jeder Sekunde ca. $6{,}24 \cdot 10^{18} = 6\,240\,000\,000\,000\,000\,000$ Elektronen. Das sind ungefähr 6 Trillionen oder 6 Milliarden mal Milliarden Stück. Die Festlegung dieser Zahl hat historische Gründe.
Zum Vergleich: Auf der Erde lebten im Jahr 2012 etwas mehr als 7 Milliarden Menschen. Die obige Menge Elektronen entspräche also etwa der Bevölkerung von knapp einer Milliarde Erden. Für die Helligkeit der Taschenlampe spielt es keine Rolle, ob ein Elektron mehr oder weniger durch die Glühwendel fließt.

1. Was zeigt der Wasserzähler an?

Der Wasserzähler in → **B1** zeigt die Wassermenge an, die seit seinem Einbau durch ihn geflossen ist. Ist ein Wasserhahn geöffnet, so dreht das strömende Wasser ein Flügelrad. Mit ihm verbunden, dreht sich in der Anzeige eine Scheibe umso schneller, je mehr Wasser je Sekunde durch den Zähler fließt.

Im elektrischen Stromkreis verhält es sich ähnlich. Hier fließen Elektronen durch die Leitungen und bringen die Glühwendel einer Lampe zum Leuchten. Die Lampe leuchtet umso heller, je mehr Elektronen in einer bestimmten Zeit durch die Lampe fließen.

2. Die Stromstärke I und ihre Einheit, das Ampere

Ein Liter Wasser besteht aus unzähligen Teilchen. Niemand würde einen Wasserzähler verwenden, der die durchfließenden Wasserteilchen zählt. Das Volumen eines Teilchens ist so klein, dass es keine Bedeutung für unseren Alltag hat. Deshalb misst man die Wassermenge üblicherweise in Litern oder Kubikmetern. Fließt in jeder Sekunde ein Liter Wasser durch den Wasserzähler, so beträgt die **Wasserstromstärke** 1 l/s (Liter pro Sekunde).

Bei der Messung der **elektrischen Stromstärke** betrachtet man auch nicht die Ladung eines einzelnen Elektrons. Sie ist zu klein, um sie durch gebräuchliche Messgeräte (**Amperemeter**) anzeigen zu können. Man fasst die Ladung von $6{,}24 \cdot 10^{18}$ (6,24 Trillionen) Elektronen zu einer Portion zusammen → **Vertiefung 1**. Fließt diese Ladungsportion in jeder Sekunde durch einen Leiterquerschnitt, so ist die elektrische Stromstärke 1 A (**Ampere**, französischer Physiker um 1800).

Merksatz

An einer Stelle eines Stromkreises beträgt die Stromstärke 1 A, wenn in jeder Sekunde die Ladung von $6{,}24 \cdot 10^{18}$ Elektronen durch den Leiterquerschnitt fließt.

Vertiefung 2

Stromstärkemesser

Der Wasserzähler aus → B1 enthält ein Flügelrad, das durch das durchströmende Wasser in Drehung versetzt wird. Zur Messung des elektrischen Stromes nutzt man seine magnetische Wirkung aus. In → V1 hängt eine Spule an zwei Metallbändchen im Magnetfeld eines Hufeisenmagneten. Führt sie Strom, so wird sie zu einem Elektromagneten. Die Pole dieses Elektromagneten befinden sich an den beiden Öffnungen der Spule. Ihr vorn liegender Nordpol wird nach links zum Südpol (grün) des Hufeisenmagneten gezogen. Die Spule und der daran befestigte Zeiger drehen sich etwas aus der Ruhelage – soweit die Verdrillung der Bändchen dies zulässt.

Kehrt man die Stromrichtung um, so werden die Magnetpole der Drehspule, nicht aber die des Dauermagneten vertauscht. Der Zeiger schlägt in die entgegengesetzte Richtung aus.

Bei dem **Drehspulinstrument** in → B3 wird der Stromkreis über die Spule durch zwei Spiralfedern geschlossen – eine vorne in der Zuleitung, eine hinten. Ohne diese Federn würde der Zeiger schon bei schwachen Strömen voll ausschlagen. Man könnte zwar Ströme nachweisen, nicht aber verschieden starke Ströme miteinander vergleichen.

Neben den analogen Drehspulinstrumenten werden heute meist digitale Geräte benutzt. Stromstärkemessgeräte werden auch als Amperemeter bezeichnet.

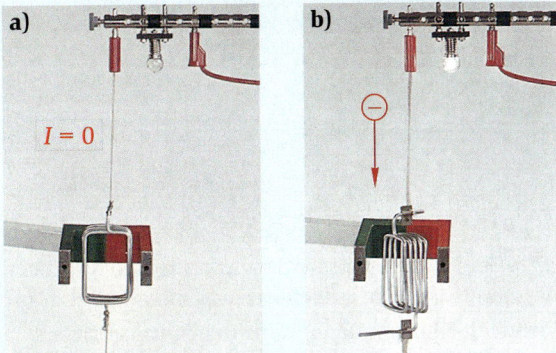

V1 **a)** Eine Spule hängt im Feld eines Hufeisen-Magneten an zwei Metallbändchen, die den zu messenden Strom zuführen. **b)** Führt die Spule Strom, so dreht sie sich um einen bestimmten Winkel.

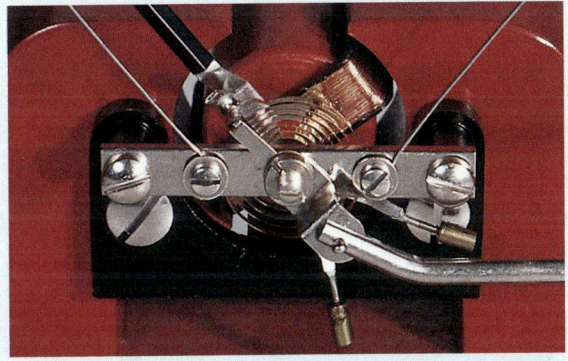

B3 Messwerk eines Drehspulinstruments mit Drehspule und Spiralfeder.

Mach's selbst

A1 Haushalte werden mit Wechselstrom versorgt. Er ändert 100mal in der Sekunde seine Richtung. Wie verhält sich ein Drehspulinstrument → B3 , wenn es in solch einem Wechselstromkreis liegt?

A2 Bei den abgebildeten Amperemetern sind verschiedene Messbereiche eingestellt.
a) Lies jeweils die Stromstärke ab (schwarze Skala).
b) Zeichne zwei verschiedene Anzeigemöglichkeiten für eine Stromstärke von 0,5 A.

B1 Der Dynamo muss in Scheinwerfer und Rücklicht für Strom sorgen. Deshalb verzweigen die hier zu sehenden Leitungen in der Nähe des Scheinwerfers.

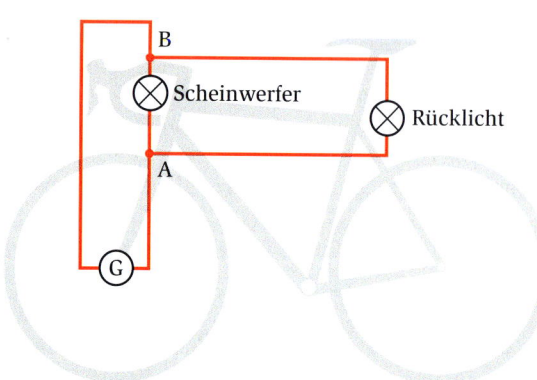

B2 Der Stromkreis der Fahrradbeleuchtung besitzt zwei Verzweigungen: A und B. Scheinwerfer und Rücklicht sind parallel geschaltet.

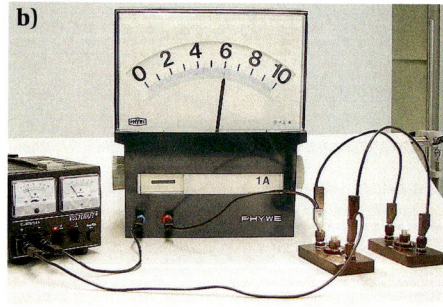

V1 a) Unverzweigter und b) verzweigter Stromkreis; die Summe der Stromstärken in den Zweigen ergibt die Stromstärke in der Hauptleitung.

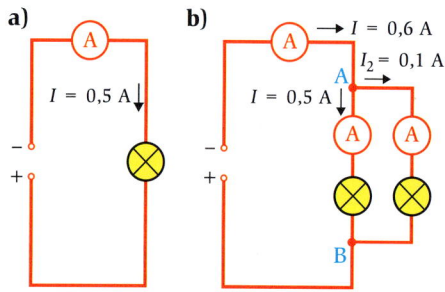

B3 Die zweite Lampe erhöht die Stromstärke.

1. Stromstärken im verzweigten Stromkreis

Welche Folgen ergeben sich für die Stromstärke, wenn der Stromkreis Verzweigungen enthält (man nennt sie auch *Knoten*)? Um dies zu untersuchen, bauen wir in ➔ **V1** den Stromkreis einer Fahrradbeleuchtung nach. Zunächst betreiben wir die Glühlampe des Scheinwerfers alleine. Die Stromstärke beträgt 0,5 A. Dann schalten wir die zweite Glühlampe parallel zur ersten und messen die Stromstärke in der Hauptleitung sowie in den beiden Zweigen. Die Stromstärke in der Hauptleitung ist auf 0,6 A gestiegen. Dies entspricht der Summe der beiden Zweigstromstärken I_1 und I_2:

$$I = I_1 + I_2 = 0,5 \text{ A} + 0,1 \text{ A} = 0,6 \text{ A}.$$

Das Versuchsergebnis erklären wir mit unserer Vorstellung vom Elektronenstrom: Die Elektronen in der Leitung gehen an dem Verzweigungspunkt A (➔ **B3**) verschiedene Wege. Der kleinere Teil fließt durch die dunklere Lampe, der größere durch die hellere Lampe. Bei B messen wir die gleiche Stromstärke von 0,6 A. Kein einziges Elektron ist verloren gegangen.

Merksatz

Die Stromstärke I im unverzweigten Teil des Stromkreises ist gleich der Summe der Stromstärken I_1 und I_2 in den Zweigen:

$$I = I_1 + I_2.$$

2. Auch Haushaltsgeräte sind parallel geschaltet

Im Haushalt können alle Geräte unabhängig voneinander ein- und ausgeschaltet werden. Sie sind direkt an die beiden Netzleitungen des Hausanschlusses angeschlossen. Deshalb können wir das Ergebnis von ➔ **V1** auf den Haushalt übertragen: Durch Zuschalten weiterer Geräte erhöht sich jeweils die Gesamtstromstärke im Hausanschluss. Diese Gesamtstromstärke ist die Summe der Teilstromstärken in den Geräten.

3. Die Geräte bestimmen die Stromstärke

In → V1 hängt es von den angeschlossenen Geräten ab, wie groß die Stromstärke im Stromkreis ist. Die gleiche Stromquelle liefert beim Betrieb zweier parallel geschalteter Lampen einen stärkeren Strom als beim Betrieb einer Lampe. Schaltet man in → V1 weitere Lampen parallel zu den schon vorhandenen, so erhöht sich die Stromstärke in der Hauptleitung weiter.

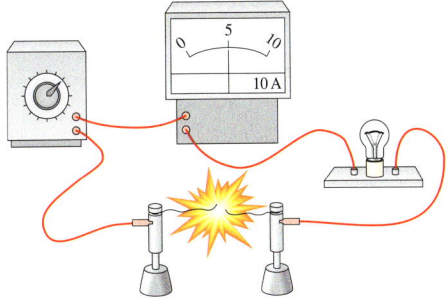

4. Sicherungen begrenzen die Stromstärke

Der Hausanschluss, über den das Hauhaltsnetz mit dem Stromnetz verbunden ist, stellt eine sehr leistungsfähige Stromquelle dar. Mit ihr lassen sich sehr viele parallel geschlossene Geräte versorgen. In einer Hauptleitung des Haushaltsnetzes kann die dabei auftretende Stromstärke so groß werden, dass die Leitung heiß wird und sogar einen Brand auslösen kann.

Die gleiche Gefahr geht von einem Kurzschluss aus, z. B. durch defekte Kabel. In → V2 wird der Kurzschluss durch einen dicken Drahtbügel parallel zur Glühlampe erzeugt. Die gemeinsame Stromstärke von dickem Drahtbügel und feinem Draht der Glühlampe ist erheblich. Nach kurzer Zeit schmilzt der dünne Draht in der Hauptleitung und unterbricht dadurch den Stromkreis.

Nach diesem Prinzip arbeiten Schmelzsicherungen → B4 . In einem Glaszylinder liegt ein dünner Schmelzdraht, der in den Stromkreis geschaltet ist. Übersteigt die Stromstärke bei einem Kurzschluss den vorgesehenen Höchstwert der Sicherung (z. B. 10 A), so schmilzt der Draht durch. Nach Beseitigen des Kurzschlusses muss die defekte Sicherung gegen eine unversehrte ausgetauscht werden. Da der Schmelzdraht der Sicherung genauestens bemessen wurde, ist ein Flicken der Sicherung strafbar.

5. Lässt sich Strom verbrauchen?

Im Zusammenhang mit der Stromrechnung ist immer wieder vom „Stromverbrauch" die Rede. Das Ergebnis von → V1 lässt sich auf das verzweigte Haushaltsstromnetz übertragen: Mit jedem zusätzlichen Gerät werden die Elektronen im Hauptkreis nur schneller, aber sie sind alle schon da. Doch wofür müssen wir dann bezahlen? Damit die elektrischen Haushaltsgeräte funktionieren, benötigen sie Energie. Diese wird vom Kraftwerk zur Verfügung gestellt. Hier wird die Energie, die in Kohle, Uran oder im Sonnenlicht steckt, in elektrische Energie gewandelt. Diese wird über geschlossene Stromkreise bis zu den Haushaltsgeräten transportiert. Dort kann die Energie wieder gewandelt werden und uns das Leben angenehmer machen. Für diese Energie müssen die „Stromkunden" bezahlen.

V2 Ein dünner Draht dient als Sicherung. Überbrückt man die Lampe, so schmilzt der Sicherungsdraht.

B4 Viele Geräte (z. B. Amperemeter) werden von Feinsicherungen vor zu hohen Stromstärken geschützt. In die Metallkappe ist die Höchststromstärke eingestanzt.

Mach's selbst

A1 Die Verkehrsstromstärke bestimmt man durch die Zahl der Autos, die in einer bestimmten Zeit eine Kontrollstelle passieren. Erkläre, warum sich die Angaben von zwei Kontrollstellen, die in 1 km Abstand hintereinander liegen, unterscheiden können. Wie verhält es sich dagegen bei unverzweigten elektrischen Stromkreisen?

A2 Beobachte den Stromzähler eures Haushalts. Was ändert sich, wenn du
a) eine Lampe,
b) einen Haartrockner zusätzlich anschaltest? Beschreibe und erkläre.

A3 Alle Steckdosen eines Wohnzimmers werden gewöhnlich von einer Sicherung geschützt. Von dieser Sicherung führt eine Leitung zu einer Verteilerdose im Zimmer und von dort werden die Steckdosen über eventuell weitere Verteiler versorgt. Skizziere einen möglichen Anschlussplan für euer Wohnzimmer.

A4 Finde andere Situationen, in denen von „Stromverbrauch" die Rede ist. Auch in diesen Fällen wird der elektrische Strom natürlich nicht verbraucht. Stelle die Situationen physikalisch richtig dar.

Umgang mit Amperemetern

Der Messbereich der Instrumente gibt an, welche Stromstärke einen Vollausschlag liefert. Je kleiner der Messbereich, desto empfindlicher ist das Gerät. Der gewählte Messbereich muss zur erwarteten Stromstärke passen. Deshalb sind die folgenden Regeln für den Umgang mit diesen oft sehr teuren Geräten wichtig:

- Schalte den Strommesser nie allein zwischen die Pole einer Quelle. Dies käme einem Kurzschluss gleich. Die Stromstärke im Amperemeter könnte dann so groß werden, dass das Gerät zerstört würde. Baue deshalb erst den Stromkreis mit z.B. einer Glühlampe auf, öffne ihn an einer Stelle und füge dort das Messgerät ein. So vermeidest du, was in **→ B1b** als FALSCH markiert ist.
- Prüfe, ob auf Wechselstrom (ACA) oder Gleichstrom (DCA) eingestellt werden muss. Unter der geeigneten Stromart findest du mehrere Messbereiche. Wähle zunächst den größten, also unempfindlichsten Messbereich (**→ B2**).
- Bei Gleichstrom musst du die mit COM bezeichnete Buchse zum Minuspol der Stromquelle hin anschließen, um einen Zeigerausschlag bzw. eine Anzeige zu erhalten.
- Schalte vorsichtig in den nächst kleineren Messbereich und behalte dabei die Anzeige im Auge. Bei analogen Messgeräten soll der Zeiger das Ende der Skala nicht überschreiten. Digitale Messgeräte zeigen eine Überschreitung des Messbereichs durch eine 1 am linken Rand des Displays an.

Du brauchst
mindestens 1, besser 3 Amperemeter
2 Glühlampen mit einer Nennspannung von 6 V
2 Lampenfassungen
1 Stromquelle (6 V)

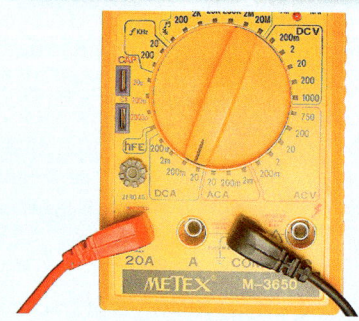

B2 Viele Messgeräte besitzen für den größten Messbereich eine eigene Buchse, hier 20 A. Beim Umschalten des Messbereiches muss umgesteckt werden.

Stromstärke im unverzweigten Stromkreis

Im Gegensatz zu Wasser, das z.B. aus einem defekten Rohr auslaufen kann, können Elektronen den Stromkreis nicht verlassen. An jeder Stelle des Stromkreises ist die Stromstärke deshalb gleich groß. Du kannst das leicht überprüfen, indem du in einem unverzweigten Stromkreis an verschiedenen Stellen die Stromstärke misst.

a)

b)

FALSCH

B1 a) Richtige Schaltung und **b)** falsche Schaltung von Amperemetern

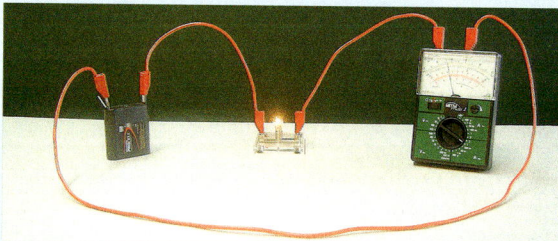

B3 Unverzweigter Stromkreis mit Lampe und Amperemeter

Arbeitsaufträge:

1 Baue den Stromkreis nach **→ B3** zunächst ohne Strommesser auf. Wenn die Lampe leuchtet, sind alle Bauteile funktionstüchtig.

2 Wir wollen die Stärken des Stromes vor und hinter der Glühlampe vergleichen. Um die Stromstärke im Stromkreis zu messen, muss der Strom durch das Amperemeter geleitet werden. Dazu musst du den Stromkreis zunächst öffnen. Schalte das Amperemeter – unter Beachtung der oben genannten Hinweise – wie in **→ B1a links** vor die Lampe – z.B. am Minuspol – in den Stromkreis und notiere deinen Messwert in einer Tabelle ähnlich der **→ T1** .

Miss nun auf die gleiche Weise die Stromstärke wie in **→ B1a rechts** hinter der Lampe, also am Pluspol. Halte auch diesen Wert in der Tabelle fest. Du siehst: An jeder Stelle des Stromkreises ergibt sich etwa die gleiche Stromstärke.

Stelle	vor der Lampe	hinter der Lampe
Stromstärke	0,31 A	0,31 A

T1 In solch einer Tabelle kannst du deine Messwerte übersichtlich festhalten.

Stromstärken im verzweigten Stromkreis

Dreht man in der Küche den Wasserhahn auf, während im Badezimmer ein Bad einläuft, so vergrößert sich der Wasserstrom durch den Wasserzähler am Hausanschluss. Dieser Vergrößerungseffekt lässt sich auch im Stromkreis beobachten.

Arbeitsaufträge:

1 Baue eine Verzweigung in den Stromkreis ein, indem du eine zweite Lampe parallel zur ersten schaltest **→ B4** . Miss nun die Stromstärke zwischen Minuspol und Verzweigung (Knoten) und die beiden Stromstärken hinter dem Knoten. Notiere deine Messwerte in einer Tabelle. Die Summe der Stromstärken hinter dem Knoten ergibt gerade die Stromstärke davor (*Knotenregel*). Wenn du an die fließenden Elektronen denkst, findest du eine Erklärung dafür: Der Elektronenstrom teilt sich wie der Wasserstrom im Haushalt an der Verzweigung auf.
Miss zur Überprüfung die Stromstärkn vor dem zweiten Knoten und zwischen ihm und dem Pulspol.

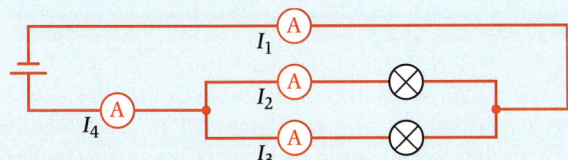

B4 Schaltbild eines verzweigten Stromkreises mit 2 parallelen Lampen und 4 Amperemetern

2 Wiederhole das Experiment mit drei parallel geschalteten Lampen. Sie können unterschiedlich sein, müssen aber zur Spannung der Stromquelle passen.
Notiere deine Ergebnisse übersichtlich in Tabellenform und vergleiche sie mit den Ergebnissen deiner Mitschüler.

Stromstärken im Haushalt

Auch im Stromnetz von Haushalten finden sich Verzweigungen, z.B. bei Mehrfachsteckdosen. Mit ihrer Hilfe werden mehrere Haushaltsgeräte parallel angeschlossen. Aufgrund der Netzspannung von 230 V wäre es lebensgefährlich, die Stromstärken wie bisher mit losen Kabeln zu messen.

Gefahrlos lässt sich die Stromstärke dagegen mit einem Energiekostenmessgerät **→ B5** bestimmen. Solch ein Gerät zeigt neben den Energiekosten auch die Netzspannung der Steckdose und die Stromstärke in der abgeschlossenen Leitung an. Dazu muss das Messgerät zwischen Steckdose und Stecker des entsprechenden Haushaltsgeräts geschaltet werden.

Arbeitsaufträge:

Achtung: Die folgenden Versuche dürfen nur mit Netzsteckern und Energiekostenmessgerät durchgeführt werden, keinesfalls mit losen Kabeln oder Amperemetern!

1 Plane ein Experiment, mit dem sich die Knotenregel an einer Mehrfachsteckdose überprüfen lässt.

2 Fertige eine Versuchsbeschreibung an, in der du ein übersichtliches Schaltbild der verwendeten Mehrfachsteckdose zeichnest. Dabei kannst du dich an den Schaltbildern der vorigen Seiten orientieren.

3 Führe das Experiment durch und halte deine Ergebnisse in einer Tabelle ähnlich der **→ T1** fest. Formuliere das Ergebnis deines Experiments.

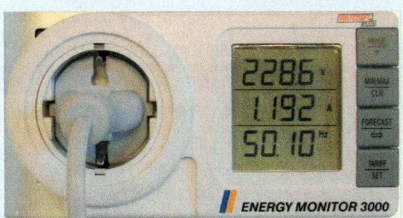

B5 Energiekostenmessgeräte zeigen auch die Stromstärke im angeschlossenen Gerät.

Das ist wichtig

1. Elektrische Ladung

Elektrische Ladung (früher von uns Elektrizität genannt) ist mengenartig. Mit einer Metallkugel auf isolierendem Stiel kann man sie portionsweise transportieren.

Während die Ladung einer isolierten Metallkugel ruht, bedeutet elektrischer Strom fließende elektrische Ladung. In einem geschlossenen Stromkreis fließt ständig elektrische Ladung im Kreis.

Es gibt positive und negative Ladung. Gleichnamig geladene Körper stoßen sich gegenseitig ab, ungleichnamig geladene ziehen sich an. Ein Körper ist nach außen elektrisch neutral, wenn er gleich viel positive und negative Ladung enthält. Elektrisch neutrale Körper werden auch als ungeladen bezeichnet. Man kann positive und negative Ladungen voneinander trennen.

2. Elektronen und Atombau

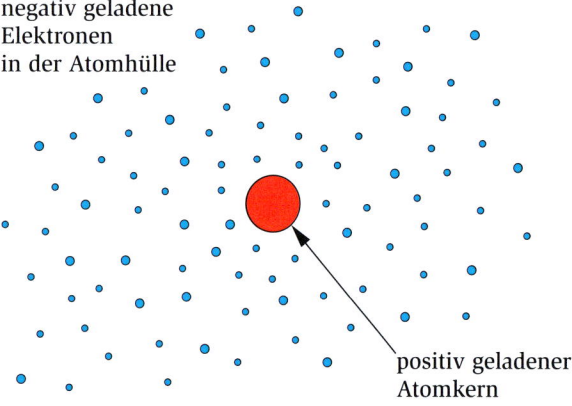

negativ geladene Elektronen in der Atomhülle

positiv geladener Atomkern

Atome bestehen aus positiv geladenen Atomkernen und einer Hülle aus negativ geladenen Elektronen. In den elektrisch neutralen Atomen wird die positive Ladung des Kerns durch die negative Ladung der Elektronen der Hülle neutralisiert. Metalle besitzen frei bewegliche Elektronen, die positive Ladung ist ortsfest gebunden.

3. Stromquellen

Eine Stromquelle ist eine Elektronenpumpe. Sie sorgt für Elektronenüberschuss am Minuspol, vom Pluspol nimmt sie Elektronen weg. Am Pluspol überwiegt deshalb positive Ladung.

Wird der Stromkreis geschlossen, so strömen Elektronen – und mit ihnen negative Ladungen – im Stromkreis vom Minuspol zum Pluspol. Ihre Bewegungsrichtung bezeichnen wir als Richtung des elektrischen Stroms.

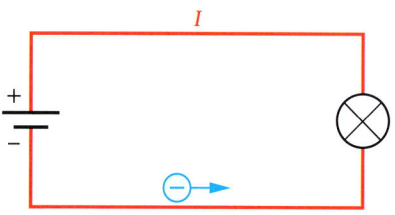

4. Elektrische Stromstärke

Das Größensymbol für die elektrische Stromstärke ist I. Einheiten der Stromstärke sind 1 A, 1 mA (= 0,001 A), 1 μA (= 0,000001 A) usw. An einer Stelle eines Stromkreises beträgt die Stromstärke 1 A, wenn dort in einer Sekunde die Ladung von $6,24 \cdot 10^{18}$ Elektronen durch den Leiterquerschnitt fließt.

Will man die Stromstärke in einem Gerät messen, so öffnet man den Stromkreis und schaltet ein Amperemeter mit dem Gerät in Reihe, in dem man die Stromstärke messen will. Im unverzweigten Stromkreis ist die Stromstärke an jeder Stelle gleich. Es gehen keine Elektronen verloren.

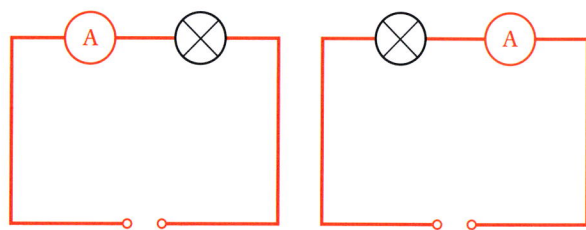

5. Stromkreisverzweigungen

Bei einer Stromkreisverzweigung (Knoten) teilt sich der Elektronenstrom auf. Die Stromstärke I im unverzweigten Teil des Stromkreises ist gleich der Summe der Stromstärken I_1 und I_2 in den Zweigen (Knotenregel). Mit jedem zusätzlichen, parallel angeschlossenen Gerät erhöht sich die Stromstärke im unverzweigten Teil des Stromkreises.

$$I = I_1 + I_2$$

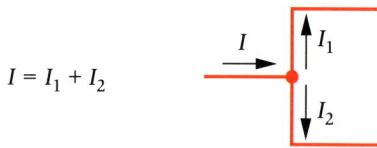

Sicherungen begrenzen die Stromstärke. Sie befinden sich meistens im unverzweigten Teil (in der Hauptleitung) des Stromkreises. Schmelzsicherungen besitzen einen dünnen Draht, der bei Überschreiten einer bestimmten Stromstärke schmilzt und so den gefährdeten Stromkreis unterbricht.

A1 Bei dem Versuch zum „Löffeln" von Ladung → **Elektrische Ladung** berührt man mit der noch ungeladenen Metallkugel zuerst die mit dem Pluspol verbundene Glimmlampe B und danach A. Wieder blitzen beide Glimmlampen kurz auf. Erkläre die Beobachtung.

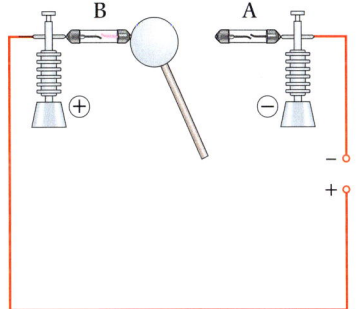

A2 Beschreibe, wie du die Ladungsart einer geladenen Metallkugel experimentell bestimmen kannst.

A3 a) Gib physikalische Unterschiede zwischen Gewichtskräften und elektrischen Kräften an.
b) Im Zusammenhang mit elektrischer Ladung spricht man von Neutralisation. Erläutere, was man darunter versteht.

A4 Im Verlaufe des Unterrichts hast du schon einiges über Elektronen erfahren. Fertige einen Steckbrief an, in dem du Wissenswertes über das Elektron darstellst. Die Darstellung kann in Form eines Textes, einer Tabelle oder einer Mindmap erfolgen.

A5 Im abgebildeten Versuch wird dem Kugelpaar ein geriebener Kunststoffstab genähert, ohne dass die Kugeln berührt werden.
a) Fertige eine vollständige Versuchsbeschreibung an (Aufbau und Durchführung, Beobachtung, Ergebnis).

b) Die Kugeln werden in Anwesenheit des Stabes getrennt, der Stab anschließend entfernt. Beschreibe, was sich beobachten lässt.
c) Zum Schluss werden die Elektroskope wieder zusammen geschoben, sodass sich die Kugeln wieder berühren. Gib auch dafür die Beobachtung an und erkläre sie.

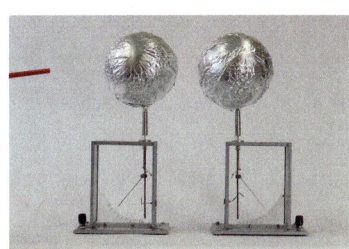

A6 Zwei leichte, metallische und ungeladene Kügelchen hängen an Isolierfäden und berühren sich. Man nähert von unten eine positiv geladene Kugel, ohne dass Ladung überspringt. Erkläre, warum sich die Kügelchen etwas voneinander entfernen. Fertige eine Folge von Skizzen zu diesem Versuch an, die auch die Verteilung der Ladung zeigen.

A7 Für ein Wannenbad werden ca. 100 l Wasser benötigt. Das Füllen der Wanne dauert 5 min. Berechne die Wasserstromstärke im Hahn in der Einheit l/s.

A8 Rechne folgende Stromstärken in A um:
2 kA; 5 mA; 12,5 kA; 100 mA; 0,02 kA; 0,05 mA; 125 µA.

A9 Gib den Faktor an, um den die Stromstärke eines Blitzes die der Armbanduhr übersteigt.

Armbanduhr	0,01 mA
Glimmlampe	0,1 – 3 mA
Taschenlampe	0,07 – 1 A
Bügeleisen	2 – 5 A
Elektr. Heizofen	5 – 10 A
Überlandleitung	100 – 1000 A
Blitz	bis 100 kA

A10 Begründe, warum es falsch ist, ein Amperemeter auf die abgebildete Weise anzuschließen. Verfolge dazu den Elektronenstrom vom Minuspol bis zum Pluspol der Quelle.

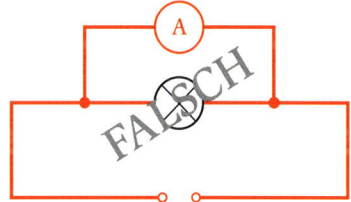

A11 Bestimme in folgenden Schaltungen die fehlenden Stromstärken.

a)

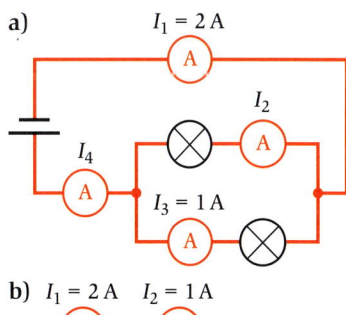

b)

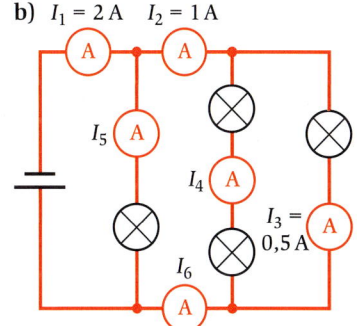

Elektrische Energie im Alltag

Im Dezember wird in deutschen Haushalten am meisten elektrische Energie gebraucht – insbesondere rund um Weihnachten.
Ein Leben ohne Elektrizität können wir uns nicht vorstellen. Der Bedarf steigt jährlich, denn die Zahl der Haushalte steigt und diese werden mit immer mehr Elektrogeräten ausgestattet.

Was ihr Betrieb kostet, wird in diesem Kapitel unter physikalischen Aspekten untersucht.

A1 Elektrische Energie kostet Geld. Nenne Situationen, in denen du selbst für elektrische Energie zahlen musstest oder in denen deine Eltern für dich bezahlt haben.

A2 Der Strom kann erhitzen, erleuchten und Motoren antreiben. Nenne Haushaltsgeräte, die diese Wirkungen des Stroms ausnutzen.

A3 Zähle alle Geräte mit Motoren auf, die ihr zu Hause benutzt. Beschreibe ihre jeweilige Aufgabe.

A4 Lass dir zu Hause den „Stromzähler" zeigen. Schalte verschiedene Geräte ein und wieder aus. Beschreibe deine Beobachtung am Stromzähler.

A5 Du hast vielleicht schon von deinen Eltern gehört, dass du keine Energie verschwenden sollst. Begründe, warum dies sinnvoll ist. Notiere Möglichkeiten, Energie zu sparen.

A6 Im Gegensatz zu Akkus sind gewöhnliche Zellen (oft „Batterien" genannt) nicht wiederaufladbar. Mono-, Baby-, Mignon- und Microzelle besitzen die gleiche Spannung von 1,5 V, haben aber unterschiedliche Bauformen und Größen.
a) Nenne typische Einsatzmöglichkeiten für jeden Batterietyp.
b) Worin unterscheiden sich die Batterietypen, wenn nicht in ihrer Spannung?

1. Elektrische Energie

Die Lampe in → **V1** leuchtet nur, solange Lisa am Generator kurbelt und Alexander den Schalter geschlossen hält. Mit deinem Wissen über Stromkreise kannst du das erklären. Der Generator stellt – ähnlich wie ein Netzgerät oder eine Batterie – eine Elektronenpumpe dar. Sie sorgt für den Antrieb der Elektronen. Ist der Schalter geschlossen, strömen überall im geschlossenen Stromkreis Elektronen, wir sprechen vom **Elektronenstrom**.

→ **B1** zeigt den Weg der Elektronen. In den Leitungen und der Glühwendel der Lampe bewegen sich die Elektronen vom Minuspol zum Pluspol des Generators. Innerhalb des Generators werden sie vom Pluspol zum Minuspol befördert. Die Elektronen strömen also im Kreis.

Es gibt aber noch einen anderen Strom. Während die Elektronen im Kreis strömen, wird die Lampe heiß. Sie sendet Licht aus und erwärmt die Umgebung, d. h. von ihr strömt ständig Energie in die Umgebung. Damit die Lampe dauerhaft leuchtet, muss ihr die abgegebene Energie sofort wieder zugeführt werden. Doch woher kommt die Energie? Und wie gelangt sie zur Lampe?

Während Lisa kurbelt, merkt sie, dass sie allmählich erschöpft. Schließlich muss sie dem Generator Energie zuführen, wenn die Lampe leuchten soll. Es liegt nahe, dass diese Energie bis zur Lampe gelangt, für das Leuchten sorgt und am Ende in der Umgebung landet. Den Weg der Energie zeigt die Energie-Übertragungskette in → **B2a** . Sie beginnt bei Lisa und endet in der Umgebung. Während des Kurbelns nimmt Lisas Energiekonto ab, das Konto der Umgebung nimmt zu, d. h. es strömt Energie von Lisas Konto auf das Konto der Umgebung. Diesen Energiestrom symbolisiert der rote Blockpfeil in → **B2a** .

Der Weg der Energie führt über den Generator, den Stromkreis und die Lampe. Der geschlossene Stromkreis sorgt für die Übertragung der Energie vom Generator zur Lampe. Damit das funktioniert, muss die Energie gewandelt werden. Das erledigt der Generator. Er wandelt die ihm mechanisch zugeführte Energie in **elektrische Energie**. Diese kann vom Stromkreis übertragen werden und wird von der Lampe in Licht und Wärme gewandelt. Generator und Glühlampe sind also **Energiewandler**. Du kannst sie in → **B2b** anhand der Diagonalen und des Schaltsymbols von den Konten unterscheiden. Zugeführte Energie wird von ihnen nicht gespeichert, sondern sofort weitergegeben.

Merksatz

Mittels Stromkreis wird Energie als elektrische Energie übertragen.

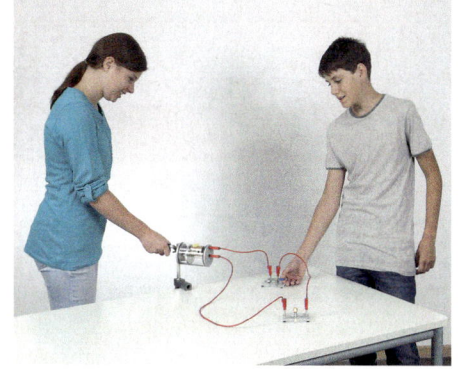

V1 Solange der Stromkreis Energie überträgt, ist das Kurbeln für Lisa ziemlich anstrengend. Sobald Alexander den Schalter öffnet, hört die Energieübertragung auf, das Kurbeln fällt plötzlich ganz leicht.

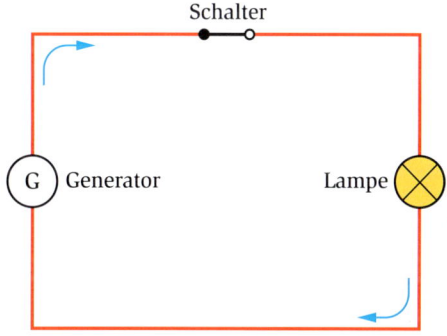

B1 Der Stromkreis in → **V1** stellt für die Elektronen einen „Kreisverkehr" dar: Solange Lisa kurbelt und der Schalter geschlossen ist, strömen sie im Kreis, angetrieben vom Generator.

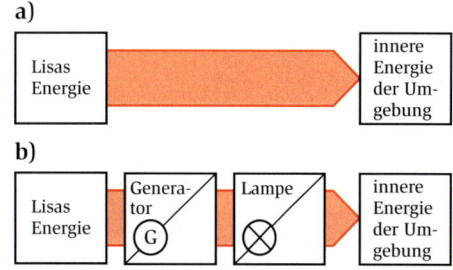

B2 **a)** Energie strömt von Lisas Energiekonto auf das der Umgebung.
b) Generator und Lampe speichern keine Energie. Sie sind Energiewandler. Der Generator wandelt die ihm mechanisch zugeführte Energie in elektrische Energie, die Lampe wandelt elektrische Energie in Licht und Wärme.

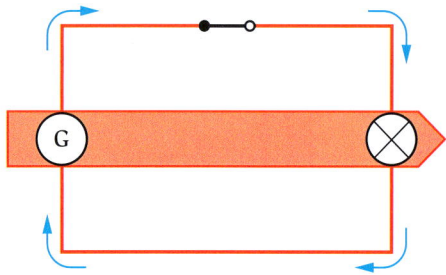

B1 Vereinfachte Energie-Übertragungskette ohne die Symbole für Energiekonten und -wandler. Während des Kurbelns bilden sich zwei Ströme aus: Elektronenstrom und Energiestrom. Während der Stromkreis für die Elektronen einen Kreisverkehr darstellt, ist er für die Energie eine Einbahnstraße.

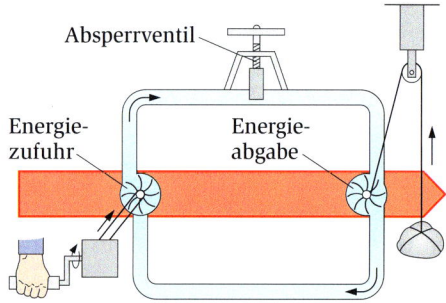

B2 Solange die Pumpe arbeitet, bilden sich auch beim Wasserstromkreis zwei Ströme: Wasserstrom und Energiestrom. Auch beim Wasserstromkreis kennt die Energie nur eine Richtung. Das Wasser hingegen fließt – wie die Elektronen – im Kreis.

2. Energie in der Einbahnstraße

In **→ B1** wurden die Symbole für Energiekonten und Energiewandler aus Gründen der Übersichtlichkeit weggelassen. Es zeigt deutlich: Solange am Generator gekurbelt wird und der Schalter geschlossen ist, gibt es zwei Ströme, den Elektronenstrom und den Energiestrom. Während die Elektronen im Kreis strömen, überträgt der Stromkreis Energie vom Generator zur Glühlampe. Von dort gibt es für sie kein Zurück. Für die Energie ist der Stromkreis eine Einbahnstraße, für die Elektronen ein Kreisverkehr.

Wenn Marc den Schalter öffnet, erlischt die Glühlampe. Der Stromkreis ist unterbrochen, der Kreisverkehr für Elektronen beendet. Die Glühlampe zeigt uns auch an, dass die Umwandlung von elektrischer Energie in Licht und Wärme beendet ist. Der Generator wandelt jetzt keine Energie mehr – Lisa braucht keine mehr zu liefern und könnte es auch nicht.

Wenn Marc den Schalter wieder schließt, ist der Kreisverkehr für Elektronen wieder eröffnet und die Einbahnstraße für die Energie wieder freigegeben. Jetzt könnte Lisa wieder Energie liefern.

Merksatz

Wir unterscheiden den Elektronenstrom und den Energiestrom. Während die Elektronen im Kreis fließen, stellt der Stromkreis für die Energie eine Einbahnstraße dar. Die Energie strömt von der Quelle zu den angeschlossenen Geräten.

→ B2 zeigt, wie das Wassermodell unsere Vorstellung von der Energieübertragung als Einbahnstraße unterstützt.

Kompetenz – Kommunikation

Mit der abgebildeten Lampe kannst du abends ganz gemütlich ein spannendes Buch lesen. Dass das Funktionieren der Lampe etwas mit Strom zu tun hat, wusstest du auch ohne Physik. Mittlerweile kannst du aber genau beschreiben, was da alles strömt: Während der Elektronenstrom im Kreis führt, kennt der Energiestrom nur eine Richtung – von der Quelle zur Lampe.

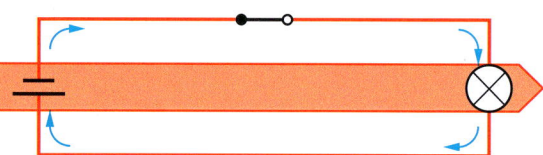

Welcher Strom ist nun aber gemeint, wenn im Alltag das Wort „Strom" benutzt wird? Sätze wie „der Strom wird immer teurer", „dieses Fernsehgerät hat einen hohen Strombedarf" und „wechseln Sie jetzt Ihren Stromanbieter" legen nahe, dass etwas vom besagten Anbieter zu einem Gerät strömt, dort für dessen Funktionieren benötigt wird, nicht wieder zurück gelangt und dass man dafür bezahlen muss. Dabei kann es sich nur um die Energie handeln. Im Alltag ist mit „Strom" also meistens der Strom der Energie gemeint, manchmal sogar die Energie selbst.

Interessantes

Laden und Entladen von Akkumulatoren

Akkumulatoren (Akkus) sind Energiespeicher. Sie speichern Energie in chemischer Form und wandeln diese bei Bedarf in elektrische Energie um. Immer mehr Geräte werden durch Akkus mit Energie versorgt. Selbst Kraftfahrzeuge können mit der elektrischen Energie, die von Akkumulatoren abgegeben wird, betrieben werden.

Ist ein Akku erschöpft, so muss er mithilfe eines Ladegerätes wieder aufgeladen werden. **→ B2a** zeigt den Akku eines Modellfahrzeuges an einem Schnellladegerät. Du kannst erkennen, dass die beiden schwarzen Leitungen miteinander verbunden sind. Mit schwarz wird üblicherweise der Minuspol von elektrischen Geräten gekennzeichnet. Das bedeutet, das Ladegerät pumpt Elektronen in den Minuspol des Akkus hinein, durch ihn hindurch und zurück zum Pluspol des Ladegerätes. Während die Elektronen im Kreis fließen, wandelt der Akku die vom Stromkreis übertragene Energie in chemische Form und speichert sie so.

Den Ladevorgang kannst du dir mithilfe des Wasserstromkreises in **→ B2b** erklären. Mit der von der Pumpe gewandelten Energie gewinnt der Sack an Höhe. So wird die Energie beim Anheben gespeichert.

Ersetzt man den Antriebsmotor durch einen Ventilator, so kann der angehobene Sack umgekehrt die Energie für die Drehung des Ventilators liefern. Die drehende Turbine wirkt nun als Pumpe und lässt das Wasser im Kreis strömen. Dadurch wird das linke Flügelrad der Pumpe in Drehung versetzt und treibt seinerseits den Ventilator an **→ B3b**. Die Energie des Sackes strömt zum Ventilator.

Ist der Akku geladen, so kann die gespeicherte Energie einem elektrischen Gerät zugeführt werden. Ersetzt man das Ladegerät beispielsweise durch eine Lampe, so dient der Akku als Stromquelle **→ B3a**. Elektronen werden aus dem Minuspol durch die Lampe zurück zum Pluspol gepumpt. Während die Elektronen im Kreis fließen, wird die Energie vom Akku zur Lampe übertragen.

a)

a)

b)
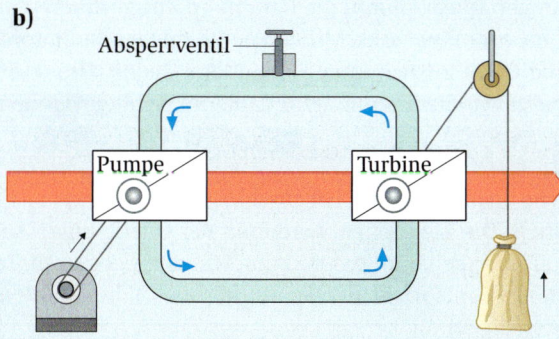

b)
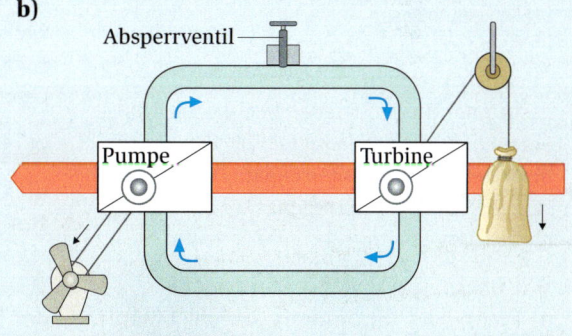

B2 **a)** Ein Modellbau-Akku wird aufgeladen.
b) Der gehobene Sack dient wie der geladene Akku als Energiespeicher.

B3 **a)** Der Akku gibt die Energie an die Lampe ab.
b) Der Sack verliert an Höhe, die Energie wird zum Ventilator übertragen.

Mach's selbst

A1 Skizziere eine vereinfachte Energie-Übertragungskette wie in **→ B1** für den Fall, dass Lisa andersherum kurbelt.

A2 Skizziere ausführliche Energie-Übertragungsketten
a) für einen Wasserkocher,
b) für einen Fernseher.

A3 Beschreibe die elektrischen Vorgänge beim Laden eines Handy-Akkus und skizziere Energie-Übertragungsketten.

V1 Zwei Zylinder sind durch ein Rohr verbunden. Sie werden verschieden hoch mit Wasser gefüllt. Ein Hahn kann das Strömen des Wassers verhindern. Es ist ein Flügelrad eingebaut. Wir beobachten:

a) Wenn der Hahn geschlossen ist, kann Wasser nicht fließen, trotz eines Höhenunterschieds der Wasserspiegel. Das Rädchen steht still.

b) Wenn der Hahn offen ist: Zu Beginn ist der Höhenunterschied der Wasserspiegel groß. Das Rädchen rotiert schnell.

c) Je geringer der Höhenunterschied wird, desto langsamer dreht sich das Rädchen.

d) Stehen die Wasserspiegel gleich hoch, fließt kein Wasser.

e) Wenn wir einen gleichmäßigen Wasserfluss haben wollen, müssen wir das durchgeströmte Wasser wieder hochheben. Mit einem Schöpflöffel sorgen wir für gleich bleibenden Höhenunterschied. Dazu müssen wir Energie aufbringen.

Wir übertragen dies ins **Elektrische**:

a) Wenn der Stromkreis durch einen Schalter unterbrochen wird, fließen keine Elektronen – trotz bestehender Spannung.

b) Bei großer Spannung leuchtet die gleiche Lampe heller, die Stromstärke ist größer.

c) Bei kleiner Spannung ist die Stromstärke bei der gleichen Lampe kleiner.

d) Bei Spannung null fließen keine Elektronen.

e) Die Spannungsquelle pumpt die Elektronen.

1. Spannung kennzeichnet eine elektrische Quelle

Im Inneren einer Quelle werden Elektronen unter Aufwand von Energie vom Pluspol zum Minuspol gepumpt. Dadurch entsteht zwischen den Anschlüssen der Quelle eine Spannung. Je mehr Energie dabei je Elektron aufgewendet wird, desto größer sind die Spannung und damit der Antrieb der Elektronen durch ein angeschlossenes Gerät. Dabei wird im Gerät Energie gewandelt.

Die Spannung ist der Antrieb für den elektrischen Strom.

Die Spannung besteht aber auch, wenn keine Elektronen fließen, weil z.B. der Stromkreis noch unterbrochen ist. Spannung an der Quelle (Spannungsquelle) zeigt an, dass im elektrischen Gerät Energie gewandelt werden kann, sobald Elektronen fließen.

Dies lässt sich im Wasserkreis veranschaulichen. In **→ V1** sorgt der Höhenunterschied der beiden Wasserspiegel dafür, dass Wasser aus dem rechten Zylinder in den linken fließen kann. Je größer der Höhenunterschied ist, desto stärker wird das Flügelrad angetrieben. Der Höhenunterschied besteht natürlich auch bei zugedrehtem Hahn, wenn gar kein Wasser fließt. Bei geöffnetem Hahn muss man während des Fließens Wasser vom linken ins rechte Rohr heben – mit Schöpflöffel oder Pumpe. Dazu braucht man Energie. Nur so bleiben Höhenunterschied und Antrieb bestehen. Dem Höhenunterschied der Wasserspiegel entspricht bei der elektrischen Quelle die Spannung.

So wie man das Wasser vom rechten in den linken Zylinder hoch pumpen muss, pumpt die Batterie in ihrem Inneren die Elektronen vom Plus- zum Minuspol. Sie fließen dann durch Kabel und Gerät zurück zum Pluspol der Quelle. Die in der Quelle aufgewandte Energie wird dabei im Gerät gewandelt.

Merksatz

Elektrische Spannung sorgt bei geschlossenem Stromkreis für den Antrieb. Die Elektronen werden in der Quelle unter Aufwand von Energie vom Pluspol zum Minuspol gepumpt. Im Wassermodell entspricht der Spannung die Höhendifferenz der Wasserspiegel.

2. Die Stromstärke hängt nicht nur von der Spannung ab

Bei gleichem Höhenunterschied der Wasserspiegel entscheidet in **→ V1** die Bauweise des Flügelrades darüber, wie groß der Wasserstrom ist. Ähnlich verhält es sich im elektrischen Stromkreis. Wie groß die elektrische Stromstärke im Stromkreis tatsächlich ist, hängt auch vom angeschlossenen Gerät ab. Bei gleicher Spannung ist die Stromstärke in der dünnen Glühwendel eines Fahrradrücklichts kleiner als in der dickeren Glühwendel der Scheinwerferlampe. Diesen Einfluss und weitere werden wir später noch genauer untersuchen.

3. Spannungserhöhung durch Reihenschaltung

Im Taschenradio in → **B1** sind zwei Einzel-(Mono-)zellen *in Reihe* (hintereinander) *geschaltet*: Der Pluspol der einen ist mit dem Minuspol der anderen verbunden. Um zu untersuchen, welche Auswirkung diese Reihenschaltung auf die Vorgänge im elektrischen Stromkreis hat, führen wir → **V2** durch:

a) Ein Lämpchen ist für die (Nenn-)Spannung $U_1 = 1,5$ V gebaut. Es leuchtet mit einer Monozelle normal hell.

b) Schalten wir zwei Monozellen in Reihe, so leuchtet das Lämpchen heller als in a), d. h. die Stromstärke in der Glühwendel hat sich vergrößert. Messen wir die Spannung zwischen den Polen unserer Batterie aus zwei Monozellen, so erhalten wir mit 3 V den doppelten Wert wie in a).

Beim Hintereinanderschalten von Monozellen addieren sich die Spannungswerte:

$$U_{ges} = U_1 + U_2 = 1,5 \text{ V} + 1,5 \text{ V} = 3 \text{ V}.$$

Die Vorgänge im elektrischen Stromkreis lassen sich im Bild unseres Wassermodells veranschaulichen. Eine Verdopplung der Spannung bedeutet, dass der Höhenunterschied der Wasserspiegel verdoppelt wird. Dadurch kann eine Turbine viel kräftiger angetrieben werden. Durch den stärkeren Antrieb dreht sich das Flügelrad schneller, weil jetzt die Wasserstromstärke in den Leitungen größer ist.

Merksatz
Schaltet man mehrere Spannungsquellen in Reihe, so addieren sich die Spannungen.

4. Parallelschalten erhöht die Spannung nicht

In → **B2** sorgen zwei *parallel geschaltete* Pumpen für die gleiche Höhendifferenz, wie sie eine allein aufbringt. Auch zusammen fördern sie das Wasser nur 5 m hoch. Was entspricht dem elektrisch?

Wir schalten zwei gleiche Zellen parallel: Pluspol wird mit Pluspol, Minuspol mit Minuspol verbunden. Das Lämpchen leuchtet normal hell wie bei einer Zelle. Die Spannung bleibt beim Parallelschalten gleich.

Merksatz
Schaltet man gleiche Spannungsquellen parallel, so bleibt die Spannung unverändert.

Die Parallelschaltung von Monozellen ändert die Spannung also nicht. In jeder Sekunde wird immer noch die gleiche Energie an die Lampe geliefert, aber jetzt liefert jede Zeile davon nur die Hälfte. Dadurch verdoppelt sich ihre Lebensdauer.

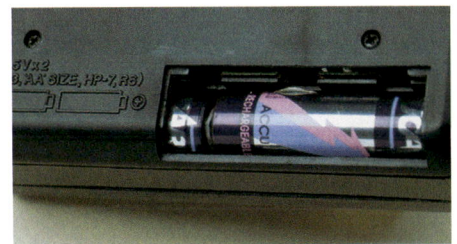

B1 Im Batterieschacht dieses Taschenradios sind zwei Monozellen hintereinander geschaltet.

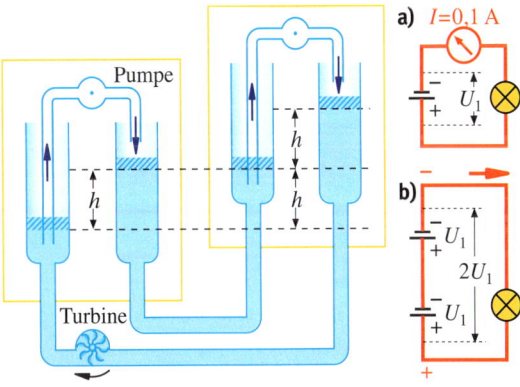

V2 **a)** Ein Lämpchen liegt an nur einer Zelle. Ein Strommesser zeigt $I = 0,1$ A an.
b) Liegen 2 Zellen in Reihe, so addieren sich ihre Spannungen. Dadurch steigt die Stromstärke und das Lämpchen leuchtet heller.
Eine Pumpe kann Wasser 5 m hoch pumpen. Staffelt man zwei Pumpen übereinander, so pumpen sie Wasser 10 m hoch. Durch den jetzt stärkeren Antrieb steigt die Wasserstromstärke und die Turbine dreht sich schneller.

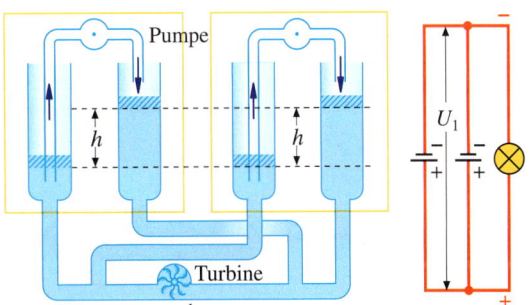

B2 Beim Parallelschalten von Pumpen erhöht sich der Höhenunterschied nicht. Genauso erhöht auch die Parallelschaltung gleicher Spannungsquellen die elektrische Spannung nicht.

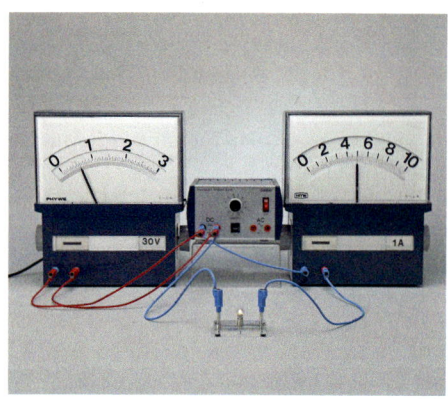

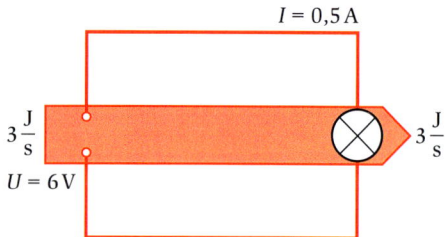

V1 Vergleichsstromkreis mit einer 3 W-Lampe; die Energiestromstärke beträgt 3 W = 3 J/s.

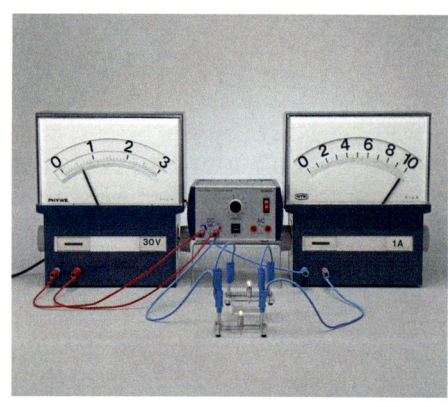

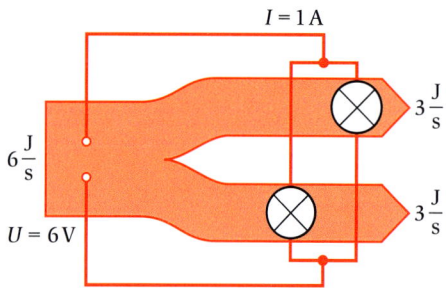

V2 Schaltet man eine baugleiche Lampe parallel, so verdoppelt sich die Stromstärke auf 1 A und mit ihr die Energiestromstärke auf 6 W = 6 J/s. Der Energiestrompfeil ist insgesamt doppelt so breit wie in → **V1** .

5. Energiestromstärke

Wenn eine Lampe leuchtet, wandelt ihre Glühwendel ständig Energie. Diese muss von der elektrischen Quelle über den Stromkreis nachgeliefert werden. Wie viel Energie die Lampe pro Sekunde wandelt, ist meistens auf der Lampe angegeben. Die Aufschrift 60 W (Watt) bedeutet, dass in jeder Sekunde 60 J in der Lampe gewandelt werden, während die Elektronen im Kreis strömen: 60 W = 60 J/s.

Ist es in deinem Zimmer zu dunkel, kannst du zusätzliche Lampen einschalten. Leuchten zwei 60-W-Lampen, so werden in jeder Sekunde 120 J gewandelt. Die Lampen geben zusammen in jeder Sekunde doppelt so viel Energie in Form von Licht und Wärme ab wie eine Lampe, dadurch wird es heller. Doch welche Folgen hat die Verdopplung der **Energiestromstärke** für den Stromkreis? Wie hängt sie mit den elektrischen Größen Stromstärke und Spannung zusammen?

In → **V1** stellen wir die Situation bei ungefährlicher Spannung $U = 6$ V nach. Zunächst schließen wir eine einzelne 3 W-Lampe an und messen die Stromstärke $I = 0,5$ A. Dies ist im Folgenden unser Vergleichsstromkreis. Wie bei Geräten im Haushalt schalten wir in → **V2** die zweite, baugleiche Lampe ebenfalls parallel zur ersten. Die erste Lampe leuchtet dabei unverändert hell und genauso hell leuchtet jetzt auch die zweite. Jede Lampe wandelt in jeder Sekunde 3 J, zusammen werden also 6 J je Sekunde gewandelt. Die Energiestromstärke hat sich auf 6 W = 6 J/s verdoppelt.

Was hat sich im Elektronenstromkreis geändert? Im unverzweigten Teil des Stromkreises beträgt die Stromstärke jetzt 1 A. Die Stromquelle pumpt also in jeder Sekunde doppelt so viele Elektronen wie im Vergleichsstromkreis durch die Leitung. Eine Verdopplung der Energiestromstärke P wurde durch Verdopplung der elektrischen Stromstärke I erreicht. Das Experiment lässt sich fortsetzen, indem man drei oder mehr Lampen parallel schaltet. Die n-fache Energiestromstärke P wird dabei durch die n-fache Stromstärke I erreicht. Die Spannung der Quelle beträgt in allen Fällen 6 V. Bei konstanter Spannung ist die Energiestromstärke P proportional zur Stromstärke I:

$$P \sim I$$

Umso erstaunlicher erscheint das Ergebnis von → **V3** . Trotz kleinerer Stromstärke leuchtet die Haushaltslampe viel heller als die Lämpchen vorher. Ist die hohe Spannung der Steckdose der Grund für den größeren Energiestrom? In → **V4** verdoppeln wir dazu die Spannung der Quelle. Damit die 6 V-Lampen nicht durchbrennen, schalten wir sie in Reihe. Dadurch verteilt sich die Spannung der Quelle zu gleichen Teilen auf die beiden Lampen. Jede leuchtet genauso hell wie im Vergleichsstromkreis, wandelt wieder 3 J je Sekunde.

Wie in → **V2** hat sich die Energiestromstärke P verdoppelt, jedoch ist diesmal die elektrische Stromstärke dieselbe wie im Vergleichsstromkreis. Die Verdopplung der Energiestromstärke wurde diesmal durch eine Verdopplung der Spannung der Quelle erreicht. Auch dieses Experiment lässt sich mit noch weiteren Lampen durchführen.

Bei konstanter Stromstärke ist die Energiestromstärke P proportional zur Spannung U:

$$P \sim U$$

Die Proportionalitäten
• $P \sim I$, wenn U konstant und
• $P \sim U$, wenn I konstant
kann man zusammenfassen zu $P \sim U \cdot I$.

In → **T1** findest du dies noch einmal veranschaulicht.

6. Die Spannung und ihre Einheit, das Volt

Zur Berechnung der Energiestromstärke bei bekannter Spannung und Stromstärke reicht die gefundene Proportionalität noch nicht aus. Um zu einer Gleichung zu gelangen, muss man noch den Wert der Proportionalitätskonstanten bestimmen. Nun passen die Werte für Stromstärke und Spannung mit dem an der Glühlampe angegebenen Wert für die Energiestromstärke allerdings auffallend einfach zusammen:

$$3\ \text{W} = 6\ \text{V} \cdot 0{,}5\ \text{A}$$
$$6\ \text{W} = 6\ \text{V} \cdot 1\ \text{A}$$

Allgemein gilt:

$$P = U \cdot I.$$

Die Energiestromstärke P ist gleich dem Produkt aus Spannung U und elektrischer Stromstärke I:

$$P = U \cdot I.$$

Die Einheit der Energiestromstärke P ist
$1\ \text{V} \cdot 1\ \text{A} = 1\ \text{VA}\ \text{(Voltampere)} = 1\ \text{W}\ \text{(Watt)} = 1\ \text{J/s}.$

Grund dafür ist die weltweit getroffene Vereinbarung für die Einheit der Spannung: Eine Quelle hat die Spannung 1 V, wenn im Stromkreis bei einer Stromstärke von 1 A in jeder Sekunde 1 J gewandelt wird. Die Energiestromstärke beträgt dann gerade 1 W = 1 J/s, die Proportionalitätskonstante ist 1:

$$1\ \text{V} = 1\ \frac{\text{J}}{\text{A} \cdot \text{s}}.$$

Eine Spannungsquelle hat die Spannung 1 V, wenn sie bei einem Strom der Stärke 1 A in jeder Sekunde die Energie 1 J liefert.

V3 Lehrerversuch! Erstaunlich – trotz kleinerer Stromstärke leuchtet die Haushaltslampe deutlich heller. Ob die Spannungen der Quellen etwas damit zu tun haben?

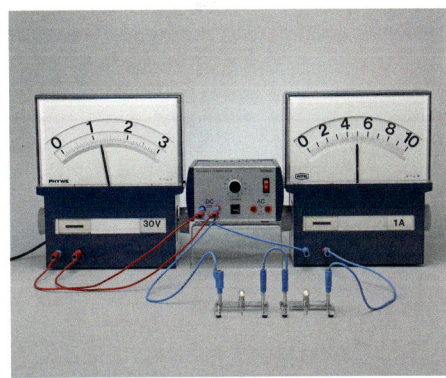

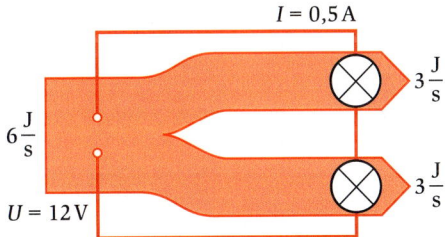

V4 Schaltet man beide Lampen in Reihe, so verteilt sich die Spannung der Quelle. Es ist also die doppelte Spannung nötig, damit beide so hell leuchten wie die Lampe in → **V1**. Die Stromstärke beträgt wieder 0,5 A. Der Energiestrompfeil ist wieder doppelt so breit wie in → **V1**.

Spannung	Stromstärke	Energiestromstärke
U	I	P
U	$2\,I$	$2\,P$
$3\,U$	I	$3\,P$
$3\,U$	$2\,I$	$3 \cdot 2\,P = 6\,P$

T1 Verdreifacht sich die Spannung und verdoppelt sich gleichzeitig die Stromstärke, so versechsfacht sich die Energiestromstärke.

Umgang mit Voltmetern

Spannungen misst man mit einem Voltmeter. Meistens sind die Funktionen von Amperemeter und Voltmeter in einem Gerät vereint (Multimeter). Zum Messen von Spannungen müssen die Messleitungen in die Buchsen COM (schwarz) und V (rot) eingesteckt werden, bei Analoggeräten − (schwarz oder blau) und + (rot).

- Stelle die richtige Spannungsart ein – Wechselspannung (ACV) oder Gleichspannung (DCV). Du findest jeweils mehrere Messbereiche. Sie bezeichnen die größte Spannung, die noch angezeigt werden kann. Wähle einen Messbereich, den die zu messende Spannung nicht überschreitet → B1. Spannungen über 24 V können lebensgefährlich sein und dürfen nur von Fachleuten gemessen werden!
- Spannungsmesser werden immer parallel zum Stromkreis zwischen zwei Punkte geschaltet, zwischen denen die Spannung gemessen werden soll. Dies können z.B. die Anschlüsse einer Stromquelle sein → B2. Anders als bei den Amperemetern wird der Stromkreis dazu nicht geöffnet.
- Ist der Ausschlag des Zeigers bzw. die Zahl in der Anzeige sehr klein, so kannst du den nächstkleineren Messbereich wählen.

B1 Bei der Spannungsmessung stecken die Messleitungen in den Buchsen COM (schwarz) und V/Ω (rot).

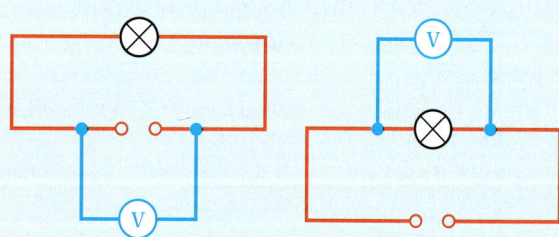

B2 Im Gegensatz zu Amperemetern können Voltmeter auch direkt mit den Anschlüssen von Stromquellen verbunden werden.

Reihen- und Parallelschaltung von Zellen

Du benötigst:
- ein Voltmeter
- eine Glühlampe (Nennspannung 6 V) mit Fassung
- drei Zellen („Batterien", ca. 1,5 V)
- Verbindungsleitungen

In vielen batteriebetriebenen Geräten, z.B. Stabtaschenlampen, werden die Zellen hintereinander eingelegt, jeweils Plus- an Minuspol. In anderen Geräten liegen sie nebeneinander im Batterieschacht, auch hier liegt über Metallkontakte wieder Plus- an Minuspol. Warum muss beim Einlegen der Zellen genau auf deren Polung geachtet werden?

Arbeitsaufträge:

1 Nimm zwei Zellen und miss zunächst die Spannung zwischen den Polen jeder Zelle und notiere die Messwerte. Verbinde nun den Minuspol der einen Zelle mit dem Pluspol der anderen. Schließe das Voltmeter an die noch freien Pole an und notiere auch diesen Wert. Du wirst bemerken, dass sich die Einzelspannungen zur Gesamtspannung addieren. Überprüfe diese Behauptung an drei Zellen.

2 Verbinde die drei hintereinander geschalteten Zellen aus → 1 mit einer Glühlampe. Ändere die Polung einer Zelle gemäß → B3 und miss die Gesamtspannung. Wie hängt diese mit den Spannungen der einzelnen Zellen zusammen? Protokolliere deine Beobachtung und deute sie schriftlich. Dabei kann ein Vergleich mit dem Wasserkreis helfen.

3 Gleichspannungsquellen mit gleicher Spannung können auch parallel geschaltet werden. Dazu werden die gleichnamigen Pole miteinander verbunden. Baue einen Stromkreis mit zwei parallel geschalteten Zellen und einer Lampe auf und miss die Gesamtspannung. Halte den Versuchsaufbau in deinem Protokoll als Schaltbild fest. Dazu kannst du dich an den Schaltbildern zur Parallelschaltung orientieren. Formuliere das Ergebnis deines Versuchs.

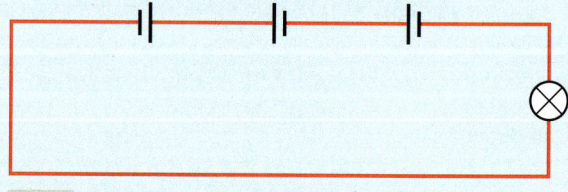

B3 Gegeneinanderschaltung von Zellen

Interessantes

Wie werden Ladungen im Stromkreis angetrieben?

a)  b)  c) 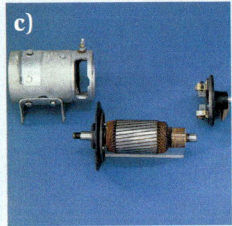 d)  e)

B3 **a)** In Batterien liefert chemische Energie den Antrieb für die Ladungsträger. Die Spannungen liegen zwischen 1,2 und 24 V. **b)** Beim Fahrradgenerator (Dynamo) muss sich der Mensch plagen – Spannung bis 6 V. **c)** Der Autogenerator (Lichtmaschine) wird vom Motor angetrieben. Ein Regler sorgt für 12 V Spannung. **d)** Der Generator im Elektrizitätswerk wird meist von einer Dampfturbine angetrieben – Spannung 27 000 V. **e)** In der Solarzelle werden die Elektronen durch die Energie des Sonnenlichts angetrieben – Spannung 0,6 V.

Wie lange hält eine Batterie?

Auf den Batterien ist die Spannung angegeben, nicht aber die Zeitdauer, während der man mit ihnen ein Gerät betreiben kann. Dies hat seinen Grund:

Eine Alkali-Mangan-Zelle besteht aus einer Mangandioxid- und einer Zink-Elektrode. Als Elektrolyt dient Kaliumhydroxid. Bei Gebrauch wird die Zinkelektrode zu Zinkoxid umgewandelt. Aus dem Mangandioxid wird Manganoxidhydroxid. Die Elektrode wird dabei positiv, die Zinkelektrode negativ geladen. So entsteht die Spannung. Wenn die ursprünglichen Stoffe verbraucht sind, sagt man: „die Batterie ist leer". Es hängt von der Menge der verwendeten Stoffe und von der Stärke des Stromes ab, wie lange es dauert, bis eine Batterie „verbraucht" ist.

Die Betriebsdauer kann man aus der Batteriekapazität errechnen. Sie wird in Amperestunden (Ah) angegeben. 1 Ah bedeutet, dass diese Batterie ein Gerät mit 1 A eine Stunde lang betreiben kann (bei 0,1 A 10 h, bei 2 A 1/2 h).

Batterietyp	Spannung	Kapazität
4,5 V Flach	4,5 V	5 Ah
Knopfzelle	1,55 V	0,1 Ah
Monozelle	1,5 V	15 Ah
Mignonzelle	1,5 V	2,5 Ah
Block	9 V	0,5 Ah

B5 Die Kapazität von Batterien

Mach's selbst

A1 Die Zelle eines Bleiakkus hat die Spannung 2 V. Wie viele davon benötigt eine Autobatterie?

A2 Wie sind die Monozellen oben geschaltet? Welche Spannung benötigt das Gerät?

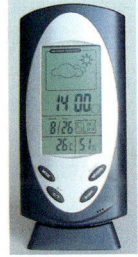

A3 Begründe am Beispiel der Wetterstation: In manchen Fällen ist die Möglichkeit zur Parallelschaltung zweier Zellen sinnvoll.

A4 Nenne weitere Geräte, die zum Funktionieren mehrere Zellen benötigen. Notiere, auf welche Art die Zellen geschaltet sind.

A5 Eine geeignete Glühlampe wird auf drei Arten an baugleichen Monozellen betrieben. Einmal an einer Zelle, einmal an zwei Zellen in Serie und einmal an zwei parallel geschalteten Zellen. Vergleiche die Lebensdauer der Zellen in den drei Fällen. Begründe deine Antwort.

1		2		3		4		5		6		7
Zählerstand neu (31.12.)	–	Zählerstand alt (1.1.)	=	Gesamtverbrauch (kWh)	x	Preis je kWh	=	Verbrauchsbetrag	+	Grundpreis pro Jahr	=	Nettobetrag
						€		€		€		€

+ Umsatzsteuer (19%)

Rechnungsbetrag

Zähler Nr. 5.765.270

B1 Ausschnitt aus einer so genannten „Stromrechnung"

1. Beobachte euren „Elektrizitätszähler". Beschreibe, wie er
a) auf das Einschalten einer Lampe und
b) auf das Einschalten eines Haartrockners (verschiedene Stufen) reagiert. Formuliere eine Erklärung.

12 V 20 W

B2 Die angegebene Spannung von 12 V ist eine Empfehlung. Bei höherer Spannung leuchtet die lampe zwar heller, ihre Lebensdauer ist aber kürzer. Bei 12 V werden in jeder Sekunde 20 J gewandelt: Die Nennleistung beträgt 20 W.

Elektrogeräte
D-33033 Illenbach

GS geprüfte Sicherheit

Typ 14769
230 V ~ 50 - 60 Hz 1400 W
Nur für Wechselstrom • For AC only
Made in Germany

B3 Typenschild eines Wasserkochers

1. Das Watt ist auch die Einheit der Leistung

Das Watt ist dir bereits als Einheit der Energiestromstärke begegnet. Mit ihr haben wir die Stärke des Energiestromes z.B. zwischen Mensch und Dynamo, Dynamo und Lampe beschrieben. Die Angabe 3 W besagt: In jeder Sekunde wird von der Batterie eine Energieportion von 3 J an die Lampe geliefert. Diese wandelt sie und gibt sie als Licht und Wärme weiter in die Umgebung.

In der Technik interessiert oft nur das vorliegende Gerät und was es „leistet". Gemeint ist aber auch hier, welche Energie es in einer Sekunde aufnimmt (und natürlich auch abgibt). Dies ist aber derselbe Wert, den wir für die Energiestromstärke schon gefunden haben. Deshalb können wir zur Berechnung der elektrischen Leistung die Formel der Energiestromstärke und deren Einheit übernehmen. Die Leistung P eines elektrischen Gerätes ist das Produkt aus der Spannung U und der Stromstärke I:

$$P = U \cdot I.$$

Die Einheit der Leistung ist 1 W = 1 J/s.
1000 W = 1 kW (Kilowatt); 10^6 W = 1 MW (Megawatt)

Der Aufdruck 12 V; 20 W **→ B2** auf einer Lampe bedeutet, dass diese in jeder Sekunde die Energie 20 J wandelt, wenn sie mit ihrer Nennspannung 12 V betrieben wird. Steht auf dem Typenschild eines Elektrogerätes z.B. 230 V; 1400 W **→ B3** , so bedeutet dies, dass die Maschine bei 230 V eine Leistung von 1400 W hat. Sie wandelt während des Betriebs in jeder Sekunde 1400 J.

2. Elektrische Energie kann berechnet werden

Vielleicht ist es auch dir schon einmal passiert: Du hast vergessen, über Nacht das Licht im Keller auszuschalten. Von deinen Eltern wurde dir daraufhin der Vorwurf gemacht, dass sei reine Energieverschwendung. Das stimmt natürlich auch.

Aber wie viel Energie wurde eigentlich für die Beleuchtung benötigt? Das hängt davon ab, welche Lampe brannte und wie lange. Nehmen wir an, im Keller wurden fünf Halogenlampen mit einer Leistung von jeweils 20 W →**B2** vergessen. Dann haben sie zusammen eine Leistung von 100 W, d. h. in jeder Sekunde benötigten sie gemeinsam 100 J. Brannten sie von 20 Uhr bis 6 Uhr, so beträgt die Zeitdauer in Sekunden $t = 10\,h = 10 \cdot 60\,min = 10 \cdot 3600\,s = 36000\,s$. In dieser Zeit wandelten die fünf Lampen insgesamt die Energie

$$W = 100\,J/s \cdot 36000\,s = 3600000\,J.$$

Kennt man die Leistung P eines elektrischen Gerätes und die Betriebsdauer t, so kann man die gewandelte **elektrische Energie** W berechnen: $W = P \cdot t$. Da für die Leistung P elektrischer Geräte $P = U \cdot I$ gilt, beträgt die im Gerät gewandelte elektrische Energie

$$W = P \cdot t = U \cdot I \cdot t$$

Die Einheit der Energie ist $1\,W \cdot 1\,s = 1\,J/s \cdot 1s = 1\,J$. Sie hängt von der Spannung U, der Stromstärke I und der Betriebsdauer t des Gerätes ab.

3. Abrechnung in Kilowattstunden (kWh)

Die **elektrische Energie**, die zum Betrieb von Lampen, Motoren und anderen elektrischen Geräten nötig ist, wird vom Elektrizitätswerk geliefert und mithilfe von „Elektrizitätszählern" →**B4** in jeder Wohnung gemessen. Um bei der Abrechnung große Zahlen zu vermeiden, wird anstelle der Einheit 1 J eine größere Einheit verwendet. Verwendet man als Leistungseinheit 1 kW (Kilowatt) und als Zeiteinheit 1 h, dann erhält man die Energieeinheit 1 kWh (**Kilowattstunde**):

$$W = P \cdot t = 1\,kW \cdot 1\,h = 1000\,W \cdot 3600\,s = 3600000\,J.$$

Mit der Energie 1 kWh lässt sich ein 100 W-Gerät 10 h lang betreiben. Ein Heizgerät mit der Nennleistung 1 kW kann mit der gleichen Energie 1 h lang betrieben werden. Bei der Nennleistung 2 kW wird diese Energie schon in 1/2 h umgewandelt. 1 kWh kostet etwa 0,28 €. Vorsicht! Verwechsle nie die Leistungseinheit 1 kW mit der Energieeinheit 1 kWh!

Merksatz

Die elektrische Leistung P ist das Produkt aus Spannung U und Stromstärke I:

$\boldsymbol{P = U \cdot I}$ Einheit: 1 W (1 kW = 1000 W).

Die umgewandelte elektrische Energie W ist das Produkt aus Spannung U, Stromstärke I und Zeit t:

$\boldsymbol{W = U \cdot I \cdot t}$ Einheit: 1 J.

Die elektrische Energie W kann auch in der Einheit 1 kWh angegeben werden: 1 kWh = 3600000 J.

B4 Der „Elektrizitätszähler" misst Energie in Kilowattstunden (kWh). Die Aufschrift 375 Umdrehungen/kWh gibt an, dass sich die Scheibe mit der roten Markierung während der Lieferung einer Energie von 1 kWh 375-mal dreht.

Beispiel

Berechnung von Energiekosten

Ein Heizgerät liegt während der Zeit $t = 1\,h$ an der Spannung $U = 230\,V$; die Stromstärke ist $I = 10\,A$. Wie viel kostet die Energie, die in dieser Zeit gewandelt wird?

Lösung:

1. Berechnung der gewandelten Energie:

Nach $W = U \cdot I \cdot t$ ist die Energie in J
$$W = 230\,V \cdot 10\,A \cdot 3600\,s$$
$$= 2300\,W \cdot 3600\,s = 8280000\,J$$
oder in kWh
$$W = 230\,V \cdot 10\,A \cdot 1\,h = 2300\,W \cdot 1\,h$$
$$= 2,3\,kW \cdot 1\,h = 2,3\,kWh.$$

Im Heizgerät wird in 1 h die Energie 8280000 J = 2,3 kWh gewandelt.

2. Berechnung der Energiekosten:

1 kWh kostet etwa 0,28 €.
2,3 kWh kosten $2,3 \cdot 0,28\,€ = 0,64\,€$.

Berücksichtigt man zusätzlich die Umsatzsteuer wie in →**B1**, so werden für den einstündigen Betrieb ca. 0,77 € fällig.

Energie – begehrt und verschwendet

USA	Frankreich	Norwegen	Deutschland	Polen
12 700	7 040	23 200	6 620	3 400

Weltdurchschnitt **2 188**

Kolumbien	Tschad	Indien	Kambodscha	China
977	8	577	142	2 690

B1 Jahresbedarf an elektrischer Energie je Person in kWh

A. Wohlstand und Energie

Der Mensch braucht ständig Energiezufuhr, etwa 1,5 kWh pro Tag – auch beim Nichtstun. Seine Leistung schwankt zwischen 40 W (Ruhe) und 160 W (schwere körperliche Tätigkeit). Teilt man die in Deutschland von den E-Werken in einem Jahr gelieferte Energie durch die Anzahl der Bewohner, so kommen auf eine Person etwa 7000 kWh elektrischer Energie. Dies entspricht einer Durchschnittsleistung von 800 W. Der Bedarf an elektrischer Energie ist weltweit sehr unterschiedlich → **B1** .

Damit wir so komfortabel leben können, wie wir es gewohnt sind, muss also dauernd ein großer Energiestrom fließen. Dies wollen wir veranschaulichen: Wenn der Generator, der die Leistung von 800 W liefert, von Hand betrieben würde, bräuchte man fünf Personen zum Kurbeln (800 W/(160 W) = 5). Da sie nach acht Stunden abgelöst werden müssten, würden nur für die von dir allein benötigte elektrische Energie 15 Mann benötigt (24 h/(8 h) = 3; 5 · 3 = 15)! Und dabei stellt die elektrische Energie nur ein Sechstel der Gesamtenergie dar, die benötigt wird!

Arbeitsaufträge:

1 Ermittle mit einem Energiemonitor den Jahresbedarf an elektrischer Energie zweier Haushaltsgeräte. Berechne auch die Jahreskosten.

2 Schätze deinen persönlichen Jahresbedarf an elektrischer Energie ab. Liste dazu benutzte elektrische Geräte mit Nutzungsdauer (pro Jahr) und elektrischer Leistung auf und berechne Jahresbedarf und -kosten. Wo siehst du Einsparmöglichkeiten?

B. Teurer Stand-by-Betrieb

Hast du dir schon einmal klargemacht, wie viel elektrische Energie alleine dafür bereitgestellt werden muss, damit Fernsehgerät, Hi-Fi-Anlage und PC sofort betriebsbereit sind? In Deutschland werden durch den Stand-by-Betrieb pro Jahr neun Milliarden kWh (2011) für diesen „Leerlauf" benötigt. Das ist die Energiemenge, die von zwei Großkraftwerken im Jahr geliefert wird und etwa die Hälfte der Energie aller Wasserkraftwerke. Ein durchschnittlicher Haushalt muss dafür jährlich ca. 120 € ausgeben → **B2** . Wie kann man sparen?

- Du kannst auf den Stand-by-Modus verzichten und die Geräte einfach komplett ausschalten.
- Es gibt aber auch Zusatzgeräte, die diese Aufgabe für dich automatisch erledigen. Sie werden zwischen Steckdose und z. B. Fernsehgerät oder PC geschaltet. Du kannst dann die elektrischen Geräte wie gewohnt im Stand-by-Betrieb aus- und wieder einschalten, das Zusatzgerät schaltet den Strom selbsttätig ab und wieder ein.
- Frage beim Kauf elektrischer Geräte nach der Leerlaufleistung. Ein Wert unter 1 W ist heutzutage realistisch.

Private Haushalte	in kWh	in Euro
Warmwasserspeicher (50–80 l)	199,4	55,80
Hi-Fi-Anlage	76,7	21,50
Desktop-PC (komplett)	76,7	21,50
Festplattenrecorder	61,3	17,20
Satellitenempfänger	46,0	12,90
Fernseher (Röhre)	46,0	12,90
Kaffeevollautomat	26,8	7,50
Elektroherd	23,0	6,40
Spielkonsole	23,0	6,40
Multifunktionsgerät	19,2	5,40
Handy	15,3	4,30
Elektrische Zahnbürste	13,8	3,90
Radiowecker	13,0	3,60
Notebook	7,7	2,20
Fernseher (LCD)	7,7	2,20

B2 Jahreskosten durch Stand-by-Betrieb (Angenommene Energiekosten: 0,30 €/kWh)

Mach's selbst

A1 Viele elektrische Geräte nutzen die Wärmewirkung des elektrischen Stromes. Erstelle eine Liste solcher Geräte.

A2 Die Haussicherung unterbricht den Strom, wenn dessen Stärke 16 A überschreitet. Berechne die gerade noch erlaubte Gesamtleistung der angeschlossenen Geräte.

A3 Im Keller bleiben Heizstrahler (2 kW) und Leuchtstofflampe (11 W) versehentlich während der Nacht eingeschaltet. Vergleiche rechnerisch die dadurch angefallenen Energiekosten.

A4 Schätze die jährlichen Kosten für die Beleuchtung deines Zimmers ab. Notiere dazu zunächst für jede Lampe in deinem Zimmer die Leistung und die durchschnittliche Nutzungsdauer pro Tag. Erkundige dich bei deinen Eltern nach dem „Strompreis".

A5 Ein Bleiakku hat die Aufschrift 6 V, 10 Ah, eine anderer 12 V, 5 Ah. Vergleiche die elektrischen Energien, die die vollgeladenen Akkus liefern können.

A6 Das Handy, zu dem der abgebildete Akku gehört, lässt sich bei vollständig geladenem Akku durchschnittlich zwei Tage nutzen.
a) Berechne die durchschnittliche Stromstärke während des Betriebes.

b) Erläutere, inwiefern es sich bei dem berechneten Wert um einen Durchschnittswert handelt.
c) Wie viel kostet das Laden eines vollständig entladenen Akkus etwa?

A7 Für eine Fahrradbeleuchtung werden fünf der abgebildeten Mignonzellen (Typ AA) benötigt.
a) Zeichne ein Schaltbild.
b) Wie lange könnte bei vollständig geladenen Akkus eine der abgebildeten Lampen (Rücklicht) betrieben werden?
c) Bei modernen Fahrrädern werden meist LEDs statt Glühlampen verwendet. Sie benötigen geringere Stromstärken. Erläutere die Folgen für die Betriebsdauer.

A8 (→ **Interessantes**)
a) Erkläre, wie man aus der in → **B2** angegebenen Leistung die Kosten für den Stand-by-Betrieb eines Gerätes pro Jahr berechnen kann.
b) Überprüfe, welche Geräte der Liste in → **B2** sich auch in eurem Haushalt befinden. Finde heraus, wie viel ihr für eine Kilowattstunde elektrischer Energie bezahlt und schätze damit die allein für Stand-by-Betrieb anfallenden Kosten.

A9 **Aufgabe mit Hilfen** → **www**
Der obere der abgebildeten Spots ist mit Leuchtdioden (LEDs) bestückt und kann anstelle des unten gezeigten Halogenspots eingesetzt werden. Dass die LEDs weniger Energie benötigen, kannst du den Energielabeln entnehmen. Die LEDs sind in eine bessere „Energieklasse" eingestuft.

Ob sich der Tausch auch finanziell lohnt, musst du selbst entscheiden. Der Anschaffungspreis für die LEDs ist mit ca. 10 € etwas höher als der für die Halogenspots mit ca. 2,50 €. Dafür sind die Betriebskosten bei gleicher Nutzungsdauer geringer. Ermittle, nach welcher Zeit sich der höhere Anschaffungspreis bezahlt gemacht hat.

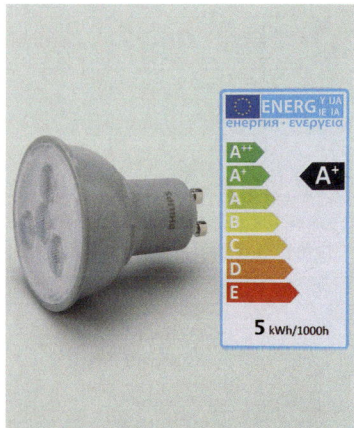

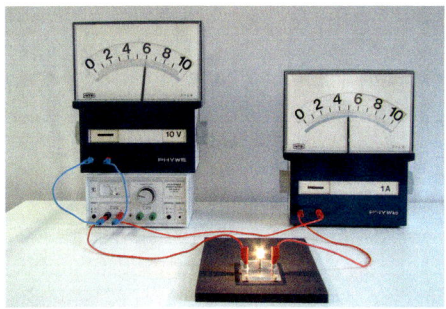

V1 Wir schließen den Leiter an eine Spannungsquelle an und messen mit dem angeschlossenen Voltmeter die Spannung. Das Amperemeter im Stromkreis zeigt die Stromstärke an. Die Spannung wird nun schrittweise erhöht. Jedes Mal wird auch die Stromstärke ermittelt. Wir tragen die Wertepaare in ein Diagramm und erhalten so die U-I-Kennlinie des Leiters.

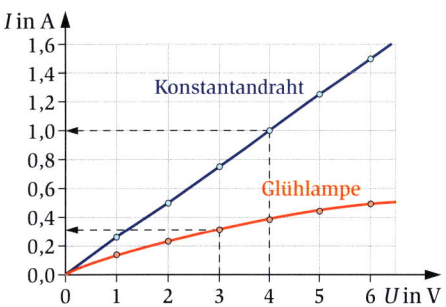

B1 U-I-Kennlinien für verschiedene Leiter; aus der Kennlinie kann man ablesen, wie groß die elektrische Stromstärke bei einer bestimmten elektrischen Spannung ist.

	Konstantandraht		Glühlampe	
U in V	I in A	U/I in V/A	I in A	U/I in V/A
0	0	–	0	–
1	0,25	4	0,20	5,00
2	0,50	4	0,25	8,00
3	0,75	4	0,32	9,40
4	1,00	4	0,37	10,80
5	1,25	4	0,43	11,60
6	1,50	4	0,48	12,50

T1 Messwerte von Spannung U und Stromstärke I aus → **V1** und deren Quotient U/I für Leiter mit gerader und gekrümmter Kennlinie

1. Wovon hängt die Stromstärke ab?

Betreiben wir die 6-V-Lampe einer Fahrradleuchte mit einer 4,5-V-Flachbatterie, so leuchtet die Lampe gewohnt hell. Nehmen wir eine 1,5-V-Monozelle, so leuchtet dieselbe Lampe nur schwach. Die kleinere Spannung hat zu einer kleineren Stromstärke im Glühdraht der Lampe geführt.

Schließt man unterschiedliche Typen von Lampen immer an dieselbe 4,5-V-Flachbatterie an, so leuchten die Lampen ebenfalls unterschiedlich hell.

Die Stromstärke in einem Leiter hängt also ab
• von der an dem Leiter angelegten Spannung U und
• von dem jeweiligen Leiter im Stromkreis.

In → **V1** untersuchen wir die Abhängigkeit der Stromstärke von der angelegten Spannung für verschiedene Leiter. Die Messwerte U und I tragen wir in einem **U-I-Diagramm** auf → **B1** . Man nennt eine solche Messkurve auch **Kennlinie**, sie kennzeichnet das jeweilige Bauteil. Mithilfe einer schon vorliegenden Kennlinie kann man für jede an das Bauteil angelegte Spannung ablesen, welche Stromstärke zu erwarten ist.

Kennlinien verschiedener Leiter verlaufen stets durch den Ursprung, denn ohne angelegte Spannung gibt es keinen elektrischen Strom. Sie haben aber unterschiedliche Formen.

Der einfachste Fall einer Kennlinie liegt vor, wenn bei einem Leiter Stromstärke und Spannung proportional zueinander sind. Man sagt dann: „Es gilt das **ohmsche Gesetz**". In diesem Spezialfall der Proportionalität gilt:
• Die U-I-Kennline ist eine Ursprungsgerade,
• der Quotient U/I aus Spannung und Stromstärke ist immer gleich groß.

Wir finden eine solche Gerade z. B. bei einem Draht aus der Metalllegierung Konstantan → **B1** . Da die gerade Kennlinie oft vorkommt und andere Kennlinien für kleine Spannungen häufig auch einen proportionalen Verlauf besitzen, ist dieser Spezialfall besonders wichtig.

Merksatz

Sind die Stromstärke I und die angelegte Spannung U proportional zueinander ($I \sim U$), dann ist die Kennlinie eine Ursprungsgerade in einem U-I-Diagramm.
Man sagt: Es gilt das ohmsche Gesetz.

In anderen Fällen ist die Kennlinie nicht gerade und daher ist der Quotient U/I nicht konstant, sondern ändert sich mit zunehmender Spannung, die an dem Bauteil anliegt. → **T1** zeigt dies für eine Glühlampe (→ **B1** , rote Kennlinie) im Vergleich zum Bauteil Konstantandraht (→ **B1** , blaue Kennlinie).

2. Der elektrische Widerstand

Die Kennlinien in → **B1** zeigen, dass verschiedene Leiter trotz gleicher anliegender Spannung unterschiedliche Stromstärken führen. In einem einfachen Modell der elektrischen Leitung kann man die Herkunft dieser Eigenschaft verstehen: Die angelegte Spannung treibt die frei beweglichen Elektronen durch z. B. einen Draht oder ein anderes leitfähiges Material. Auf ihrem Weg stoßen sie immer wieder gegen die Atomrümpfe und werden in ihrer Bewegung je nach Material unterschiedlich stark behindert, der Draht bietet ihrer Vorwärtsbewegung einen „Widerstand".

Dieser Vorstellung folgend hat man in der Physik den elektrischen **Widerstand R** (lat. resistere, sich widersetzen) als Quotient aus Spannung U und Stromstärke I definiert:

$R = U/I$;   Einheit $1\,V/A = 1\,\Omega$ (1 Ohm).

Ist bei einer bestimmten Spannung U die Stromstärke I klein, so ist der Quotient U/I groß und somit der Widerstand R. Ist bei gleicher Spannung die Stromstärke groß, so ist R vergleichsweise klein.
Leider nennt man auch manche (z. B. eingelötete) Bauteile „Widerstand". Diese Bauteilzeichnung ist sorgfältig von der Größe elektrischer Widerstand R zu unterscheiden.

Merksatz

Der elektrische Widerstand R eines Leiters ist definiert als Quotient aus der anliegenden Spannung U und der Stromstärke I durch den Leiter:

$R = U/I$;   Einheit $1\,V/A = 1\,\Omega$ (1 Ohm).

Gilt $I \sim U$, so ist der Quotient U/I, also der Widerstand R konstant. Für den Leiter gilt dann das ohmsche Gesetz.

Gilt $I \sim U$ nicht, so ist der Widerstand von der anliegenden Spannung abhängig, R ist dann also nicht konstant.

Interessantes

Der Widerstand von Drähten

Wir untersuchen den elektrischen Widerstand von Metalldrähten. Sie sollen homogen sein, d. h. Material, Dichte und Querschnittsfläche sind überall gleich.

Wie in → **V1** wird durch Messung von Stromstärke und Spannung der elektrische Widerstand von unterschiedlich langen Metalldrähten untersucht. Man erhält zum Beispiel die folgenden Ergebnisse:

Länge in m	1	2	2,5	3
R in Ω	46	92	115	138

Der elektrische Widerstand R ist proportional zur Länge des Metalldrahtes: $R \sim l$.

Untersucht man Drähte, die sich nur in ihren Querschnittsflächen, aber nicht in Länge, Dichte oder Material unterscheiden, so erhält man zum Beispiel diese Ergebnisse:

Querschnittsfläche in mm²	0,03	0,06	0,09	0,12
R in Ω	120	60	40	30

Der elektrische Widerstand R ist umso kleiner, je größer die Querschnittsfläche ist. Es handelt sich sogar um eine umgekehrte Proportionalität: $R \sim 1/A$. Der elektrische Widerstand R ist also der Drahtlänge l und dem Kehrwert der Querschnittsfläche A proportional: $R \sim l/A$.

Interessantes

Georg Simon OHM – Lehrer und Forscher

Georg Simon OHM (1789–1854) wurde als Sohn eines Schlossers in Erlangen geboren. Sein Lebensweg ist gekennzeichnet durch abwechselnde Beschäftigungen an Universitäten und Lehrertätigkeiten an verschiedenen Schulen. Sein Interesse galt der Mathematik, Physik und Philosophie. Seine bekannteste Arbeit zum Zusammenhang zwischen Stromstärke und Spannung hat er während seiner Anstellung als Lehrer in  Köln mit den aus heutiger Sicht außerordentlich primitiven Geräten der Schulsammlung durchgeführt. Seine Forschungsergebnisse wurden erst spät national und international durch zum Beispiel Preise oder 1852 durch eine ordentliche Professur für Experimentalphysik an der Universität München anerkannt. Ihm zu Ehren wurde die Einheit des elektrischen Widerstandes „Ohm" benannt.

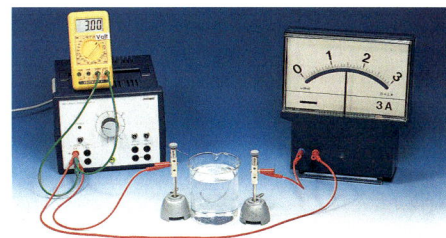

V1 Aufnahme der Kennlinie eines Eisendrahtes. Das Wasserbad sorgt für eine konstante Temperatur.

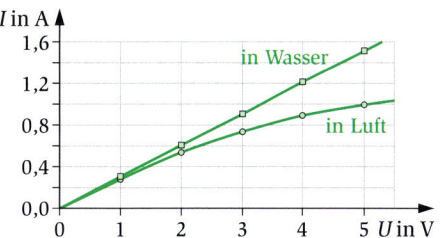

B1 U-I-Kennlinie eines Eisendrahtes in Luft und in Wasser.

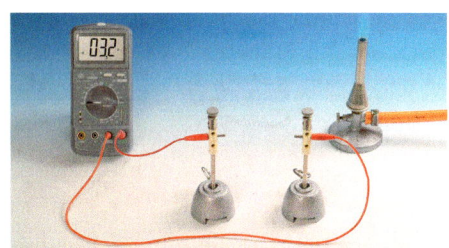

V2 Ein Eisendraht wird mit einer Flamme erhitzt. Trotz der angelegten konstanten Spannung ist die Stromstärke gesunken. Der Widerstand ist also größer geworden.

3. Wie reagiert der Metalldraht auf Erhitzen?

Bisher haben wir uns nur für den Zusammenhang der Größen elektrische Stromstärke und Spannung interessiert. Dabei haben wir die neue physikalische Größe elektrischer Widerstand eingeführt. In den Versuchen konnte man jedoch auch sehen, dass sich oft eine andere physikalische Größe, die Temperatur, stark ändert: Ein Metalldraht wird bei zunehmender Stromstärke heißer und die Farbe der Glühwendel einer Glühlampe ändert sich. Der Wechsel von orange zu weiß zeigt eine starke Temperaturerhöhung an.

In → **V1** untersuchen wir die Abhängigkeit des elektrischen Widerstandes von der Temperatur. Dazu nehmen wir die Kennline eines Eisendrahtes auf. Die Kennlinie in → **B1** ist keine Gerade. Die Widerstandswerte werden vielmehr mit steigender Temperatur immer größer. Anschließend bringen wir den Draht in ein Wasserbad mit konstanter Temperatur. In → **B1** sehen wir, dass sich jetzt wieder eine Ursprungsgerade ergibt. Es gilt also das ohmsche Gesetz: $I \sim U$. Der Widerstand $R = U/I$ bleibt also gleich. Auch andere Metalldrähte liefern dasselbe Ergebnis.

Merksatz

Bei konstanter Temperatur gilt für reine Metalldrähte das ohmsche Gesetz, d. h. es gilt $I \sim U$. Der Widerstand ist konstant und die Kennlinie ist eine Ursprungsgerade.

Erhitzt man wie in → **V2** einen Metalldraht bei konstanter angelegter Spannung, dann sinkt die Stromstärke deutlich ab. Der elektrische Widerstand wird entsprechend $R = U/I$ also mit zunehmender Temperatur größer. Im Leitungsmodell der elektrischen Leitung kann man die Vergrößerung des elektrischen Widerstandes beim Erhitzen verstehen: Je größer die Temperatur dist, desto heftiger bewegen sich die Atomrümpfe um ihre Ruhelage. Sie behindern dadurch stärker die Bewegung der Leitungselektronen als bei niedrigeren Temperaturen.

Mach's selbst

A1 Bestimme aus den Kennlinien jeweils drei Widerstandswerte.

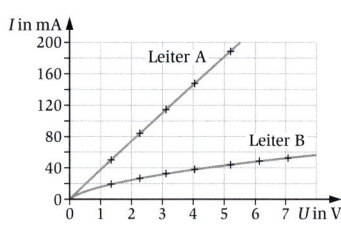

Berechne die Widerstandswerte von
a) Leiter A bei einer Spannung von U_1 = 3 V und U_2 = 5 V,
b) Leiter B bei einer Spannung von U_1 = 4 V und U_2 = 7 V.

A2 In einem Versuch wird an drei verschiedenen Konstantandrähten jeweils eine Spannung angelegt und die zugehörige Stromstärke gemessen. Einige Daten sind in der Tabelle verloren gegangen.

U in V	20	12	?
I in A	4	?	0,08
R in Ω	?	200	1500

Übertrage die Tabelle in dein Heft und fülle die Lücken aus.

A3 Jemand bezeichnet die Gleichung $I = U/R$ als ohmsches Gesetz. Ist dies richtig? Unter welcher Bedingung gilt es für Metalle? Welche Form hat dann die Kennlinie? Antworte jeweils begründet.

A4 **a)** Berechne den Widerstandswert eines Bügeleisens, in dem bei einer Spannung von 230 V die Stromstärke 4,0 A beträgt.
b) Nimm an, dass der Widerstandswert eines Bügeleisens konstant ist und berechne die Stromstärke, wenn die Spannung auf 220 V gesunken ist.

Methode – Gruppenpuzzle

Widerstand von Drähten

A. Aufträge
- Bearbeitet die Aufträge im Rahmen eines Gruppenpuzzles.
- Ermittelt, von welchen physikalischen Größen der Widerstand eines elektrisch leitenden Drahtes abhängt. Stellt anschließend für den Widerstand eines Drahtes eine Gleichung auf.

B. Organisatorisches zum Gruppenpuzzle
- Bildet *Stammgruppen* mit jeweils drei Personen (später Experten). Jede Stammgruppe verteilt die Aufträge an ihre Experten selbstständig.
- Bildet anschließend drei *Expertengruppen*.

C. Aufgabe der Stammgruppen
- *Hypothesenbildung:* Jede Stammgruppe überlegt, von welchen physikalischen Größen der elektrische Widerstand eines Drahtes abhängen könnte. Für jede vermutete Abhängigkeit ist eine Begründung anzugeben (Alltagserfahrung, Kenntnis aus dem bisherigen Physikunterricht, …). Jede Stammgruppe stellt für ihre Vermutungen „Je-desto-Beziehungen" auf (z. B.: Je größer die Größe X, desto größer ist der Drahtwiderstand *R*).
- Findet eine Stammgruppe keine Vermutungen, so kann sie sich bei der Lehrkraft Hilfe (z. B. ein Hilfekärtchen) holen.
- Anschließend benennen die Stammgruppen zur Untersuchung jeder vermuteten Abhängigkeit (Länge, Querschnittsfläche und Material des Drahtes) einen Experten aus ihrer Mitte.

D. Untersuchung in den Expertengruppen
- Jede Expertengruppe überlegt sich für die Untersuchung der Abhängigkeit des Widerstands von Länge, Querschnitt oder Material des Drahtes einen Versuch und plant seine Durchführung.
- Versuchsaufbau, Versuchsdurchführung samt Messergebnissen (Auswertung mit einem Tabellenkalkulationsprogramm) und die Folgerungen werden schriftlich dokumentiert.
- Jede Expertengruppe stellt für den von ihr gefundenen Zusammenhang zwischen dem Widerstand *R* und der entsprechenden physikalischen Größe eine „Je-desto-Beziehung" auf.
- Anschließend wird dieser Zusammenhang mit einer Gleichung (Proportionalität) formuliert. Das ermittelte Ergebnis wird mit der Hypothese, die

zuvor in den Stammgruppen aufgestellt wurde, verglichen. Stimmen beide überein? Falls nein, sollen Gründe angegeben werden.
- Die Experten bereiten zum Abschluss den Bericht für ihre Stammgruppe vor.

E. Expertenbericht in den Stammgruppen
- Jeder Experte berichtet über die Ergebnisse seiner Expertengruppe.
- Anschließend fasst die Stammgruppe die Ergebnisse der einzelnen Expertengruppen zu Gleichung für den Drahtwiderstand *R* zusammen.
Falls du das Thema Drahtwiderstand im Gruppenpuzzle bearbeitet oder selbstständig eine Lösung gefunden hast, brauchst du den Abschnitt F eigentlich nicht zu lesen – oder nur zur Kontrolle. Hier steht, „wie es ist".

F. Spezifischer Drahtwiderstand
Die Ergebnisse $R \sim l$, $R \sim 1/A$ liefern zusammengefasst: $R \sim l/A$, d. h. der Quotient $R/(l/A)$ ist konstant. Der Wert dieser Konstante hängt vom Material des Drahtes ab. Er wird **spezifischer Widerstand ϱ des Drahtes genannt.** *Damit gilt: $R/(l/A) = \varrho$.*
Ein Draht der Länge l, der Querschnittsfläche A und des spezifischen Widerstands ϱ hat den elektrischen Widerstand R:

$$R = \varrho \cdot \frac{l}{A}$$

G. Vergleich Messergebnisse – Tabellenwerte
Berechne den spezifischen Widerstand ϱ des verwendeten Drahtmaterials aus den Messergebnissen der Expertengruppen.
Vergleiche deine Werte für den spezifischen Widerstand ϱ mit den Tabellenwerten **→ T1** . Falls Abweichungen auftreten, suche nach Gründen.
Warum werden in der Tabelle die spezifischen Widerstände für eine Temperatur von 18 °C angegeben? Begründe deine Antwort.

Silber	0,016	Kohle	50–100
Kupfer	0,017	Germanium	900
Gold	0,023	Silicium	1 200
Aluminium	0,028	Akkusäure	um 1 300
Eisen, Stahl	0,1–0,5	Meerwasser	200 000
Wolfram	0,05	dest. Wasser	10^{10}
Konstantan	um 0,5	Porzellan, Glas	10^{19}

T1 Spezifischer Widerstand in $\Omega \cdot mm^2/m$ bei 18 °C

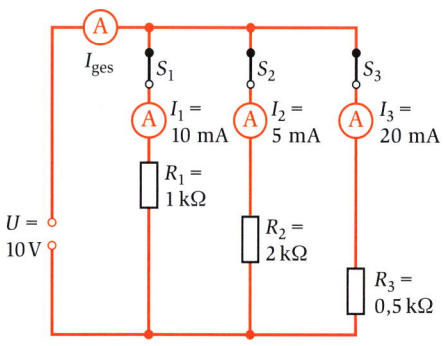

B1 Modellschaltung für Geräte im Haushalt aus drei parallel geschalteten Geräten

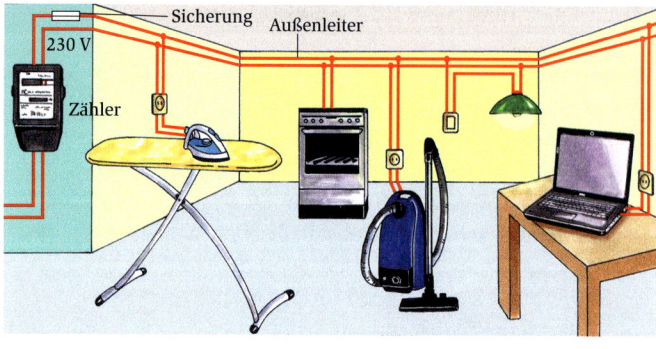

B2 Die Geräte im Haushalt sind parallel geschaltet. Sie liegen alle an der Spannung 230 V.

V1 Die Schaltskizze in ➔ **B1** entspricht der Schaltung der Elektrogeräte im Haushalt ➔ **B2** . Jeder Widerstand (z. B. R_1) steht für ein Gerät. Statt 230 V wählen wir zur Sicherheit die Spannung $U = 10$ V.

a) Zunächst öffnen wir die Schalter S_2 und S_3. So erhalten wir einen Stromkreis mit nur einem Widerstand von $R_1 = 1$ kΩ. Wir messen die Gesamtstromstärke zu $I_{ges} = 10$ mA. Eine Berechnung liefert dasselbe Ergebnis:

$$I_{ges} = I_1 = \frac{U}{R_1} = 10 \text{ mA.}$$

b) Schließen wir nun Schalter S_2, so liegt auch am zweiten Widerstand die Spannung U an. Sein Widerstand R_2 ist doppelt so groß wie R_1: $R_2 = 2$ kΩ, die in dem Zweig gemessene Stromstärke halb so groß wie im ersten Zweig: $I_2 = U/R_2 = 5$ mA.

Die Gesamtstromstärke im unverzweigten Teil der Schaltung beträgt nun – wie als Summe der Zweigströme berechnet:

$$I_{ges} = I_1 + I_2 = 15 \text{ mA.}$$

c) Schließen wir zuletzt auch den Schalter S_3, so liegt auch am Widerstand mit $R_3 = 0{,}5$ kΩ die Spannung U an und die Stromstärke in diesem Zweig beträgt $I_3 = U/R_1 = 20$ mA. Der Widerstand R_3 ist also im Vergleich zu R_2 ein Viertel so groß und die Stromstärke I_3 im Vergleich zu I_2 also viermal so hoch.

Die Gesamtstromstärke im unverzweigten Teil ist auch hier die Summe der Stromstärken in den Zweigen:

$$I_{ges} = I_1 + I_2 + I_3 = 35 \text{ mA.}$$

1. Zweig-Stromstärken addieren sich

Im Haushalt in ➔ **B2** sind alle Geräte parallel an die beiden oberen Netzleitungen angeschlossen, zwischen denen eine Spannung von 230 V besteht. Jedes Gerät kann aber unabhängig von den anderen an- und ausgeschaltet werden. Manchmal „fliegt die Sicherung heraus", woran liegt das?

Um die Gesetze des elektrischen Stromes in der Parallelschaltung zu finden, messen wir in ➔ **V1** die Stromstärken I_1, I_2 und I_3 in jedem Gerät, also in jedem einzelnem Zweig der Schaltung. Anschließend bestimmen wir noch die Stromstärke I_{ges} im unverzweigten Teil. Als Ergebnis finden wir:

- Die Zweig-Stromstärken addieren sich stets zur Gesamtstromstärke I_{ges} im unverzweigten Teil der Schaltung. Für drei parallele Widerstände, d. h. für eine Schaltung mit drei Zweigen, gilt: $I_{ges} = I_1 + I_2 + I_3$.
- Die Zweig-Stromstärken sind umso größer, je kleiner die Widerstände in den Zweigen sind.

Die Sicherung ➔ **B2** unterbricht den unverzweigten Teil des Stromkreises, wenn die Gesamtstromstärke I_{ges} zu groß wird. So wird einer Brandgefahr vorgebeugt, wenn man aus Versehen zu viele Geräte parallel angeschlossen hat.

Merksatz

Bei der Parallelschaltung liegt an allen Geräten (Widerständen) die gleiche Spannung. Die Gesamtstromstärke ist die Summe der Stromstärken in den Zweigen. Für drei parallele Widerstände gilt:

$$I_{ges} = I_1 + I_2 + I_3.$$

Bei einer Stromkreisverzweigung verhalten sich die Stromstärken in den Zweigen umgekehrt wie die Widerstände in den Zweigen. Das bedeutet: Bei einer Parallelschaltung ist die elektrische Stromstärke in dem Zweig mit dem kleinsten Widerstand am größten.

2. Viele Geräte – weniger Widerstand

Versuch →**V1** hat gezeigt, dass die Gesamtstromstärke I_{ges} mit jedem weiteren parallel geschalteten Gerät ansteigt. Der **Gesamtwiderstand** R_{ges} der Schaltung sinkt aufgrund von $U = R_{ges} \cdot I_{ges}$ entsprechend mit jedem weiteren Gerät. Man berechnet den Gesamtwiderstand mithilfe der Kehrwerte. Dabei nutzt man aus, dass $U_1 = U_2 = U_3 = U$:

$$\frac{1}{R_{ges}} = \frac{I_{ges}}{U} = \frac{I_1 + I_2 + I_3}{U} = \frac{I_1}{U} + \frac{I_2}{U} + \frac{I_3}{U} = \frac{1}{R_1} + \frac{1}{R_2} + \frac{1}{R_3}$$

Man könnte die Parallelschaltung auch durch einen einzigen Widerstand mit genau diesem Wert R_{ges} ersetzen. Der Widerstandswert R_{ges} wird daher auch **Ersatzwiderstand** genannt.

Merksatz

Der Gesamtwiderstand R_{ges} einer Schaltung mit drei parallelen Widerständen ergibt sich aus:

$$\frac{1}{R_{ges}} = \frac{1}{R_1} + \frac{1}{R_2} + \frac{1}{R_3}.$$

3. Energiestromstärken addieren sich

Aus den Messungen an der Modellschaltung in →**V1** lassen sich auch die Energiestromstärken berechnen. Wir wissen, die Energiestromstärke erhält man als $P = U \cdot I$.

Die Gesamtenergiestromstärke P_{ges} im unverzweigten Teil unserer Modellschaltung →**B1, B3** mit drei parallel geschalteten Widerständen berechnet sich damit zu

$$P_{ges} = U \cdot I_{ges} = 10 \text{ V} \cdot 35 \text{ mA} = 350 \text{ mW}.$$

In den einzelnen Zweigen liegt an jedem Widerstand die Spannung U an und mit den gemessenen Zweig-Stromstärken lassen sich die jeweiligen Energiestromstärken berechnen:

$$P_1 = U \cdot I_1 = 10 \text{ V} \cdot 10 \text{ mA} = 100 \text{ mW},$$
$$P_2 = U \cdot I_2 = 10 \text{ V} \cdot 5 \text{ mA} = 50 \text{ mW und}$$
$$P_3 = U \cdot I_3 = 10 \text{ V} \cdot 20 \text{ mA} = 200 \text{ mW}.$$

Die Gesamtenergiestromstärke ergibt sich daher als Summe der Energiestromstärken in den einzelnen Zweigen: $P_{ges} = P_1 + P_2 + P_3$. In →**B3** wird dieser Zusammenhang veranschaulicht. Zudem sieht man, dass die Energiestromstärke in einem Zweig umso größer ist, je kleiner der Widerstand in diesem Zweig ist.

Merksatz

Bei der Parallelschaltung ist die Energiestromstärke im unverzweigten Teil gleich der Summe der Energiestromstärken in den Zweigen der Schaltung. Für drei Zweige gilt:

$$P_{ges} = P_1 + P_2 + P_3.$$

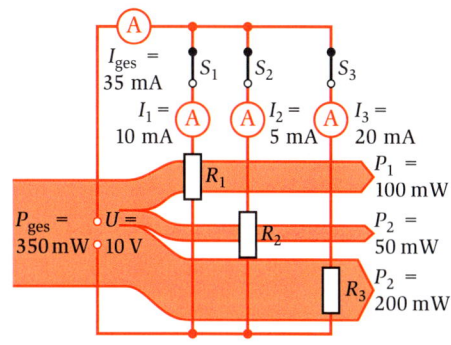

B3 Energiestromstärken in einer Parallelschaltung

Beispiel

Scheinwerfer und Rücklicht sind beim Fahrrad parallel geschaltet. Für die gute Sicht nach vorne wird eine hellere Lampe eingesetzt als hinten für das Rücklicht. Dazu muss der Energiestrom zum Scheinwerfer stärker als zum Rücklicht sein.

Am Metallrand der Lampe kannst du die empfohlene Spannung und Energiestromstärke ablesen:
Scheinwerferlampe: $U = 6$ V, $P_1 = 2,4$ W
Rücklichtlampe: $U = 6$ V, $P_2 = 0,6$ W
Im Betrieb beträgt die Gesamtenergiestromstärke
$$P_{ges} = P_1 + P_2 = 2,4 \text{ W} + 0,6 \text{ W} = 3 \text{ W}.$$

Mach's selbst

A1 a) Berechne für das obige →**Beispiel** die Widerstandswerte der beiden Lampen bei einer Spannung von 6 V.
b) Fertige eine Schaltskizze an und zeichne die Energieströme ein.

A2 Vier Widerstände mit $R_1 = 150\,\Omega$, $R_2 = 50\,\Omega$, $R_3 = 25\,\Omega$ und $R_4 = 5\,\Omega$ liegen parallel an einer Spannung $U = 0,1$ V. Berechne I_1, I_2, I_3, I_4 und I_{ges}.

A3 Die Leuchtstoffröhren in deinem Klassenzimmer sind parallel geschaltet. Die Energiestromstärke einer Röhre kann z.B. 39 W betragen. Zähle die Röhren in deinem Klassenzimmer. Schätze ab, welche Gesamtstromstärke allein die Beleuchtung deiner Schule verursacht.

A4 „In einer Parallelschaltung ist der Gesamtwiderstand kleiner als der kleinste Einzelwiderstand". Begründe die Aussage.

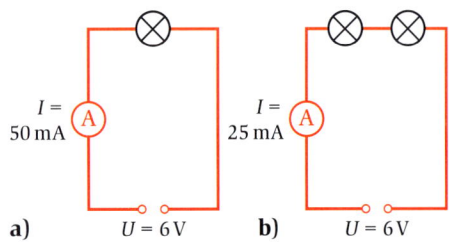

a) $U = 6\,V$ b) $U = 6\,V$

B1 Stromkreis a) mit einer Lampe L_1 und b) mit zwei Lampen L_1 und L_2 in Reihe

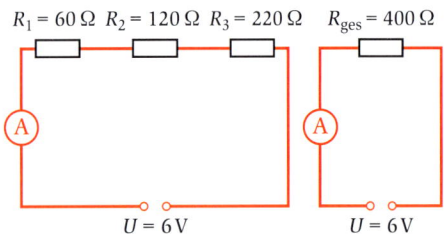

$R_1 = 60\,\Omega$ $R_2 = 120\,\Omega$ $R_3 = 220\,\Omega$ $R_{ges} = 400\,\Omega$

$U = 6\,V$ $U = 6\,V$

V1 An drei in Reihe geschaltete Widerstände mit $R_1 = 60\,\Omega$, $R_2 = 120\,\Omega$ und $R_3 = 220\,\Omega$ wird eine Spannung $U = 6\,V$ angelegt. Das Amperemeter zeigt einen Strom der Stärke $I \approx 0{,}015\,A$ an. Mit der Stromstärke und der bekannten Spannung können wir den Gesamtwiderstand R der Schaltung ermitteln, d. h. wir fragen nach dem Wert eines Widerstandes, der alle drei Widerstände ersetzen könnte, ohne dass sich die Stromstärke I ändert:

$$R = \frac{U}{I} = \frac{6\,V}{0{,}015\,A} = 400\,\Omega.$$

Dieser Wert R des Gesamtwiderstandes ist gleich der Summe der Werte der Einzelwiderstände R_1, R_2 und R_3:

$$R_1 + R_2 + R_3 = 60\,\Omega + 120\,\Omega + 220\,\Omega.$$

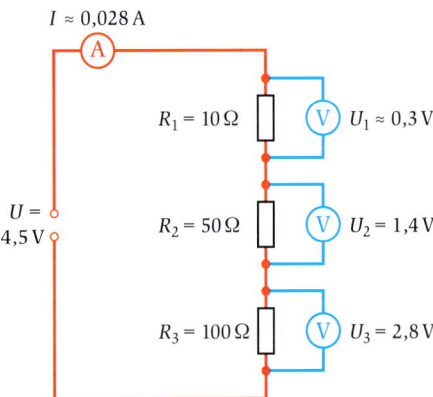

$I \approx 0{,}028\,A$

$R_1 = 10\,\Omega$ $U_1 \approx 0{,}3\,V$

$U = 4{,}5\,V$

$R_2 = 50\,\Omega$ $U_2 = 1{,}4\,V$

$R_3 = 100\,\Omega$ $U_3 = 2{,}8\,V$

V2 Messung von Stromstärke und Teilspannungen in einer Reihenschaltung aus drei Widerständen

1. Viele Geräte – großer Widerstand

Wird zu einer Lampe L_1 eine weitere Lampe L_2 in Reihe geschaltet, so leuchten beide Lampen nun schwächer als Lampe L_1 vorher → **B1** . Die Stromstärke im gesamten Kreis ist also kleiner als vorher. Das Amperemeter in der Schaltung zeigt dies auch an. Da die Spannung nicht verändert wurde, muss sich der Gesamtwiderstand der Schaltung vergrößert haben.

Den genauen Zusammenhang von Gesamtwiderstand und Einzelwiderständen liefert → **V1** mit Widerständen der Werte R_1, R_2 und R_3. Die einzelnen Werte der Teilwiderstände addieren sich zum Wert des Gesamtwiderstandes: $R = R_1 + R_2 + R_3$. Mit jedem zusätzlichen Widerstand vergrößert sich somit der Gesamtwiderstand der Schaltung.

Merksatz

Bei der Reihenschaltung von Widerständen ist die Stromstärke in allen Widerständen gleich groß.
Der Gesamtwiderstand ist gleich der Summe der einzelnen Widerstände.
Für drei in Reihe geschaltete Widerstände gilt:

$$R = R_1 + R_2 + R_3.$$

Der Gesamtwiderstand ist stets größer als jeder Teilwiderstand der Reihenschaltung.

2. Die Spannung teilt sich den Widerständen gemäß auf

Damit in einem Teilwiderstand ein Strom entstehen kann, muss zwischen seinen Enden eine Spannung bestehen. Wie eine solche **Teilspannung** mit der Gesamtspannung der Reihenschaltung zusammenhängt, zeigt der folgende Versuch.

In → **V2** ist die Stromstärke in allen Widerständen der Reihenschaltung gleich groß und beträgt $I \approx 0{,}028\,A$. Die angelegte Spannung beträgt $U = 4{,}5\,V$. Mit den Widerstandswerten R_1, R_2 und R_3 und der Stromstärke I lassen sich die über den Widerständen „abfallenden" Teilspannungen berechnen:

$U_1 = R_1 \cdot I \approx 10\,\Omega \cdot 0{,}028\,A \approx 0{,}3\,V$,
$U_2 = R_2 \cdot I \approx 50\,\Omega \cdot 0{,}028\,A = 1{,}4\,V$ und
$U_3 = R_3 \cdot I \approx 100\,\Omega \cdot 0{,}028\,A = 2{,}8\,V$.

Eine Messung der Teilspannungen an den Widerständen in → **V2** bestätigt die berechneten Werte.
Zwei Zusammenhänge fallen auf:
- Addiert man die Teilspannungen U_1, U_2 und U_3, so erhält man die angelegte Spannung $U = U_1 + U_2 + U_3$.
- Die in allen Widerständen gleiche Stromstärke liefert ein gleiches Verhältnis von Spannungen und Widerständen:

$$I = \frac{U}{R} = \frac{U_1}{R_1} = \frac{U_2}{R_2} = \frac{U_3}{R_3}, \text{ also z. B. } \frac{U_1}{U} = \frac{R_1}{R} \text{ oder } \frac{U_1}{U_2} = \frac{R_1}{R_2}.$$

Merksatz

In einer Reihenschaltung verhalten sich die Teilspannungen zueinander wie die Widerstände, an denen sie gemessen werden. Es gilt also z. B.:

$$\frac{U_1}{U} = \frac{R_1}{R} \quad \text{oder auch} \quad \frac{U_1}{U_2} = \frac{R_1}{R_2}; \; \frac{U_1}{U_3} = \frac{R_1}{R_3} \dots$$

Die Gesamtspannung ist die Summe der Teilspannungen:

$$U = U_1 + U_2 + U_3.$$

3. Auch hier addieren sich die Energiestromstärken

Widerstände (Bauteile) wandeln – oft unerwünscht – elektrische Energie in Wärme. Mit den Erkenntnissen aus **→ V2** lässt sich auch der Zusammenhang zwischen den Energiestromstärken in den einzelnen Widerständen (Wandlern) und der Gesamtenergiestromstärke ableiten.

Die Gesamtenergiestromstärke P_{ges} der Reihenschaltung berechnet sich zu:

$$P_{ges} = U \cdot I.$$

Die Spannung ist bei der Reihenschaltung die Summe der Teilspannungen an den einzelnen Widerständen:

$$U = U_1 + U_2 + U_3.$$

Also gilt:

$$P_{ges} = (U_1 + U_2 + U_3) \cdot I$$
$$= U_1 \cdot I + U_2 \cdot I + U_3 \cdot I = P_1 + P_2 + P_3.$$

Die Gesamtenergiestromstärke ergibt sich also als Summe der Energiestromstärken in den einzelnen Widerständen. Dies überrascht uns nicht, es entspricht ja dem Satz von der Erhaltung der Energie.

Eine Energiestromstärke im ersten Widerstand in **→ V2** von $P_1 = U_1 \cdot I = 0{,}3 \text{ V} \cdot 0{,}028 \text{ mA} = 8{,}4 \text{ mW}$ bedeutet, dass der Widerstand mit $R_1 = 10 \; \Omega$ eine Energie von 8,4 mJ in jeder Sekunde wandelt. Der Widerstand mit dem zehnfachen Wert $R_3 = 100 \; \Omega$ wandelt die zehnfache Energie je Sekunde. In **→ B2** sieht man diesen Zusammenhang: Die Breite der Pfeile symbolisiert die Energiestromstärke. Sie ist umso größer, je größer der Wert des Widerstandes ist.

Merksatz

Bei der Reihenschaltung ist die Gesamtenergiestromstärke gleich der Summe der Energiestromstärken in den einzelnen Wandlern (Geräten).

Damit gilt – wie bei der Parallelschaltung:

$$P_{ges} = P_1 + P_2 + P_3.$$

Diese Ergebnisse lassen sich auch auf Reihenschaltungen mit 2, 4, 5, … Widerständen verallgemeinern.

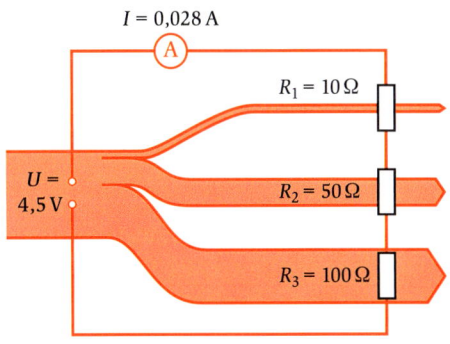

B2 Energiestromstärken in einer Reihenschaltung

Mach's selbst

A1 Lea behauptet, dass sich die Energiestromstärke in einer Reihenschaltung vervierfacht, wenn die Spannung verdoppelt wird. Prüfe dies anhand der Schaltung in **→ B2** nach.

A2 Du hast drei identische Lampen. Wird eine dieser Lampe an eine 4,5-V-Batterie angeschlossen, so leuchtet sie normal hell. Werden alle drei Lampen in Reihe an die Batterie angeschlossen, so nimmt die Helligkeit stark ab. Berechne den Faktor, um den die Energiestromstärke einer Lampe in der Reihenschaltung im Vergleich zur Energiestromstärke bei nur einer angeschlossenen Lampe abnimmt. Nimm dazu an, dass die Widerstände der Lampen konstant sind.

A3 Versuche aus vier Widerständen mit den Werten $R_1 = 10 \; \Omega$, $R_2 = 20 \; \Omega$, $R_3 = 50 \; \Omega$ und $R_4 = 100 \; \Omega$ möglichst viele Schaltungen mit unterschiedlichem Gesamtwiderstand zu konstruieren.

A4 Berechne den Ersatzwiderstand der Schaltung in **→ V2**, die Teilspannung über dem ersten Widerstand (R_1), die Gesamtenergiestromstärke und die Energiestromstärken in den einzelnen Widerständen $(R_1, R_2 \text{ und } R_3)$.

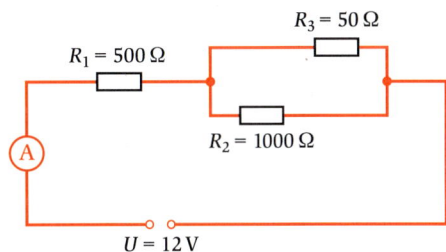

Kompetenz – Problem lösen

Die Regeln im verzweigten und unverzweigten Stromkreis sind Spezialfälle der allgemeineren kirchhoffschen Regeln, die auf theoretische Betrachtungen des Physikers Gustav R. KIRCHHOFF zurückgehen. Sie spielen beim Lösen physikalischer Probleme mit elektrischen Schaltungen eine große Rolle.

A. Die Knotenregel (Verzweigungssatz)

Ein wichtiges Gesetz der Physik, der **Ladungserhaltungssatz**, besagt, dass elektrische Ladung weder erzeugt noch vernichtet werden kann. Da sich Ladung in verzweigten Stromkreisen an den Knoten nicht anhäuft, folgt aus dem Erhaltungssatz, dass in jeder beliebigen Zeiteinheit die

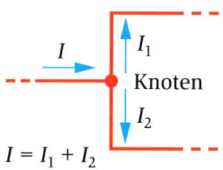

zum Knoten hinfließende Ladung genauso groß ist, wie die vom Knoten wegfließende Ladung. Dann ist die Summe der Stromstärken in den ankommenden Leitungen so groß wie die Summe der Stromstärken in den wegführenden. Also gilt für den Sonderfall der abgebildeten Schaltung:

$$I = I_1 + I_2.$$

Dieser wichtige Zusammenhang wird als **Knotenregel** bezeichnet.

Beispiel

Bestimme die Stromstärken I_2 und I_3 in der Schaltung.

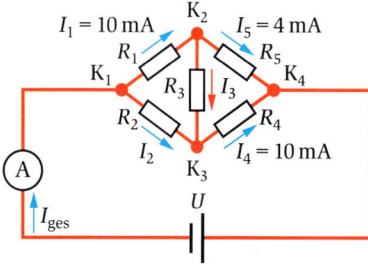

Lösung:
Mit der Knotenregel lässt sich diese Aufgabe lösen; Angaben wie U, R_1 bis R_5 oder I_{ges} werden dazu nicht benötigt. Das Netzwerk hat insgesamt vier Knoten K_1 bis K_4. Betrachte den Knoten K_2 und wende die Knotenregel an. Es gilt: $I_1 = I_3 + I_5$. Mit den bekannten Stromstärken I_1 und I_5 folgt:

$$I_3 = I_1 - I_5 = 10\,\text{mA} - 4\,\text{mA} = 6\,\text{mA}.$$

Betrachte den Knoten K_3 und wende die Knotenregel an. Es gilt: $I_2 + I_3 = I_4$. Mit der bekannten Stromstärke I_4 und der bereits berechneten Stromstärke $I_3 = 6\,\text{mA}$ folgt:

$$I_2 = I_4 - I_3 = 10\,\text{mA} - 6\,\text{mA} = 4\,\text{mA}.$$

B. Die Maschenregel

Aus einem anderen wichtigen Gesetz, dem **Energieerhaltungssatz**, lässt sich eine weitere Regel ableiten, die sich auf sogenannte „Maschen", geschlossene Teile von Stromkreisen, bezieht.
Betrachte dazu die einfache Masche aus einer Quelle und einer Reihenschaltung aus zwei Widerständen. Aus der Energieerhaltung folgt, dass zu jedem Zeitpunkt die von

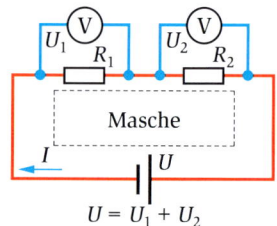

der Quelle gewandelte Energie genauso groß ist wie die von den Widerständen. Für die Bilanz der Energiestromstärken bedeutet dies: $P_{Quelle} = P_1 + P_2$. Mit der Leistung $P = U \cdot I$ folgt für diese Masche: $U \cdot I = U_1 \cdot I_1 + U_2 \cdot I_2$. Die Stromstärke ist in der Masche überall gleich (Reihenschaltung): $I_1 = I_2 = I$. Die Quellenspannung U ist also so groß wie die Summe $U_1 + U_2$ der Teilspannungen über den Widerständen:

$$U = U_1 + U_2.$$

Dieser Zusammenhang heißt **Maschenregel**.

Beispiel

Bestimme die Spannung U_3 über dem Widerstand R_3.

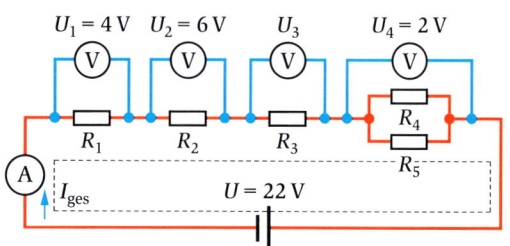

Lösung:
Zur Lösung dieser Aufgaben werden viele Angaben wie I_{ges} oder R_1 bis R_5 nicht benötigt. Betrachte die strichpunktierte Masche im Netzwerk und wende darauf die Maschenregel an.
Es gilt:

$$U = U_1 + U_2 + U_3 + U_4.$$

Also gilt: $U_3 = U - U_1 - U_2 - U_4 = 10\,\text{V}$.
Die Teilspannung über dem Widerstand U_3 beträgt somit 10 V.

Methode – Kugellager

Supraleiter – Leiter ohne elektrischen Widerstand

Bei sinkender Temperatur nimmt der Widerstand reiner Metalle ab. Bei einigen Stoffen fällt der Widerstand bei tiefen Temperaturen sogar schlagartig ganz auf null Ohm – es entsteht sogenannte **Supraleitung**. Supraleitende Stoffe leiten den elektrischen Strom ohne Verluste an elektrischer Energie.

Die Temperatur, bei der ein Stoff plötzlich supraleitend wird, nennt man seine Sprungtemperatur. Bei Metallen liegt die Sprungtemperatur nahe dem absoluten Nullpunkt, der tiefst möglichen Temperatur $-273\,°C$ bzw. 0 K (ausgesprochen: 0 Kelvin; Kelvin-Temperaturskala).

Für Blei beträgt sie $-266\,°C$ (7 K). Dies bedeutet, dass man mit teurem flüssigem Helium kühlen muss. Helium siedet bei $-269\,°C$ (4 K).

1987 wurde der Physiknobelpreis an den Deutschen J. G. Bednorz und den Schweizer K. A. Müller vergeben. Sie wurden für die Entdeckung der Hochtemperatursupraleitung geehrt. Kurz nach der Entdeckung fand man ein Material mit einer Sprungtemperatur $-174\,°C$ (99 K) **→ B1** . Man kann hier mit preiswertem flüssigen Stickstoff kühlen, der bei $-196\,°C$ (77 K) siedet.

Arbeitsaufträge:

1 Recherchiere: Welche Supraleiter haben zurzeit die höchsten Sprungtemperaturen? Wo werden Supraleiter eingesetzt? Wozu forscht man nach Stoffen, die schon bei Raumtemperatur supraleitend sind?

2 Informationsaustausch: Teilt eure Klasse in zwei Hälften und setzt euch jeweils zu zweit so gegenüber, dass Innen- und Außenkreis entstehen. Jeder im Außenkreis berichtet seinem Gegenüber von seinen Ergebnissen. Nach 5 min dreht sich der Außenkreis um eine Position weiter. Jetzt berichten die Personen im Innenkreis, was sie mittlerweile alles über Supraleiter wissen. Dreht euch so lange weiter, bis ihr nichts Neues mehr erfahrt.

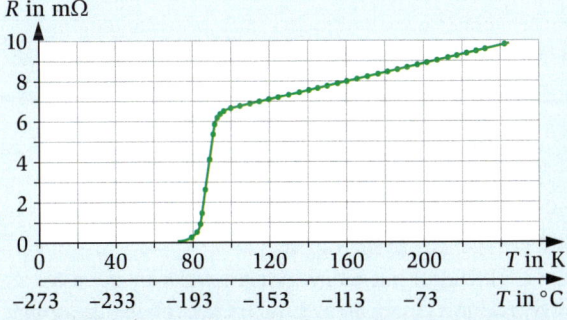

B1 Der Widerstand einer Probe aus $YBa_2Cu_3O_7$ fällt bei einer Temperatur von $-174\,°C$ (99 K) plötzlich auf null Ohm.

Physik und Technik

Technische Widerstände

Im Bild rechts sind Festwiderstände zu sehen, die als Bauteile in vielen elektronischen Schaltungen eine wichtige Rolle spielen. Sie haben einen bestimmten Widerstandswert und werden genutzt, um die Stromstärke oder Spannung auf geeignete Weise einzustellen. Sie bestehen aus einem Keramikröhrchen mit aufgedampfter Kohle- oder Metallschicht.

Zur Angabe des Widerstandswertes benutzt man eine Farbcodierung **→ T1** .

Aufgaben:

1 Welcher der Widerstände im Bild hat einen Widerstandswert von 4,3 kΩ? Erkläre deine Antwort.

2 Rechne für diesen Widerstand die angegebene Genauigkeit in ein Widerstandsintervall um.

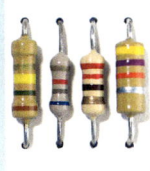

Farbe	1. Ring	2. Ring	3. Ring	4. Ring
silber	—	—	10^{-2}	$\pm\,10\,\%$
gold	—	—	10^{-1}	$\pm\,5\,\%$
schwarz	0	0	10^{0}	—
braun	1	1	10^{1}	$\pm\,1\,\%$
rot	2	2	10^{2}	$\pm\,2\,\%$
orange	3	3	10^{3}	
gelb	4	4	10^{4}	—
grün	5	5	10^{5}	$\pm\,0,5\,\%$
blau	6	6	10^{6}	$\pm\,0,25\,\%$
violett	7	7	10^{7}	$\pm\,0,1\,\%$
grau	8	8	10^{8}	$\pm\,0,05\,\%$
weiß	9	9	10^{9}	—

T1 Farbcode zur Angabe des Widerstandswertes Die ersten zwei Ringe bestimmen die ersten zwei Ziffern, der dritte Ring die Zahl der daran anzuhängenden Nullen (Angabe in Ohm). Der vierte Ring gibt die Genauigkeit des angegebenen Wertes an.

Interessantes

Nützliche, oft vernachlässigte, sehr kleine, unerwünschte und exotische Widerstände

A. Vorwiderstände

Technische Widerstände in elektrischen Geräten haben viele unterschiedliche Aufgaben. Eine häufige und nützliche Anwendung ist die des **Vorwiderstandes**. Ein einfaches Beispiel ist die Schaltung eines Widerstandes in Reihe zu einer sogenannten LED-Lampe (kurz: LED):

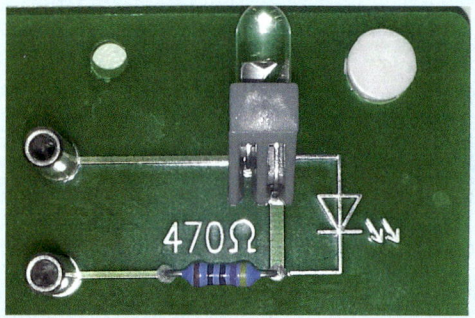

Oftmals rote oder grüne LEDs siehst du bei alltäglichen Elektrogeräten als Betriebs- oder Störungsanzeige. Sie sind klein und kostengünstig. Wie bei allen elektrischen Geräten muss die Stromstärke passen. Ist die Stromstärke zu klein, leuchtet die LED nur schwach. Ist die Stromstärke zu groß, wird die LED zerstört.
Ein Vorwiderstand hilft, die Stromstärke in einem Bauteil wie die LED auf ungefährliche Werte zu begrenzen und damit die LED zu schützen. Einen Nachteil hat der Einbau eines Vorwiderstandes: Er ist ein zusätzlicher Energiewandler in der Schaltung.

Beispiel

Bestimme eine obere Grenze für die Stromstärke durch eine LED, wenn diese durch einen 100 Ω-Vorwiderstand geschützt und mit einer 4,5 V-Batterie betrieben wird.

Lösung:
Ohne LED entsteht ein Strom mit der Stärke $I = 4{,}5\ \text{V}/(100\ \Omega) = 0{,}045\ \text{A}$. Durch eine mit dem Widerstand in Reihe geschaltete LED kann nun die neue Stromstärke nur noch kleiner sein, da der Gesamtwiderstand zunimmt. Der Vorwiderstand begrenzt also die Stromstärke auf maximal 0,045 A. Da der Widerstand der LED sehr klein ist, wäre ohne den Vorwiderstand die Stromstärke zu groß und die LED würde zerstört werden.

B. Kabel als Widerstände

Du weißt schon lange, wie man einen Stromkreis aus Batterie, Kabel und Glühlampe aufbaut. Da Kabel im Inneren aus Metall bestehen, also im Wesentlichen Metalldrähte sind, sind sie auch Widerstände und man kann ihnen einen Widerstandswert zuordnen.
Eines ist seltsam: In der Regel wird dieser Widerstand gar nicht berücksichtigt. Der Kabelwiderstand wird vernachlässigt, d.h. man tut so, als wäre der Widerstandswert null Ohm. Man begründet dies damit, dass der Kabelwiderstand sehr klein im Vergleich zu anderen Widerständen einer Schaltung ist. Die verwendeten Kabel sollten dazu möglichst kurz sein und einen großen Querschnitt besitzen. Streng genommen muss man aber in jeder Schaltung prüfen, ob man die Kabelwiderstände vernachlässigen darf oder nicht.

Beispiel

Gartenfest mit Elektrogrill

Ein Elektrogrill hat einen Widerstand von $R_G = 30\ \Omega$ und wird mit einem 50 m langen Elektrokabel aus zwei Zuleitungen („Adern") an das Haushaltsnetz (230 V) angeschlossen. Jede der beiden Zuleitungen hat einen Widerstand von $R_K = 2\ \Omega$. Es liegt also eine Reihenschaltung aus insgesamt drei Widerständen vor:

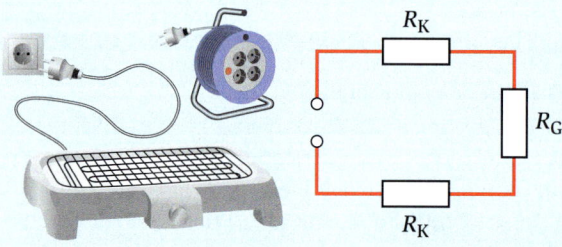

Bestimme die Stromstärke in der Schaltung mit und ohne Vernachlässigung des Elektrokabels.

Lösung:
Der Gesamtwiderstand R der Schaltung beträgt $R = 2\,R_K + R_G = 34\ \Omega$. Die Stromstärke berechnet sich zu $I = U/R = 230\ \text{V}/(34\ \Omega) = 6{,}76\ \text{A}$. Vernachlässigte man hier die Widerstände der Kabel, erhielte man die falsche Stromstärke 7,67 A.
Neben der Stromstärke ändert sich bei Verwendung eines langen Elektrokabels noch etwas und das ist viel wichtiger für das Grillen: Die Leistung des Elektrogrills sinkt! Rechne selbst nach! (**→ A14** , S. 151)

C. Kurzschluss

In der Zeitung liest man manchmal etwas von „Stromausfall durch Kurzschluss" und vermutlich weißt du auch, dass man Kurzschlüsse vermeiden sollte.

Was ist ein Kurzschluss genau? Beim Kurzschluss sind – in der Regel unabsichtlich – die Pole einer Spannungsquelle über eine leitende Verbindung mit einem sehr kleinen Widerstand direkt miteinander verbunden. Diese leitende Verbindung kann z.B. ein sogenanntes Kurzschlusskabel oder die Metallplatte eines Gehäuses sein. Das Bild zeigt dir eine einfache Situation mit und ohne Kurzschluss in gegenständlicher Ansicht und mit zugehöriger Schaltskizze:

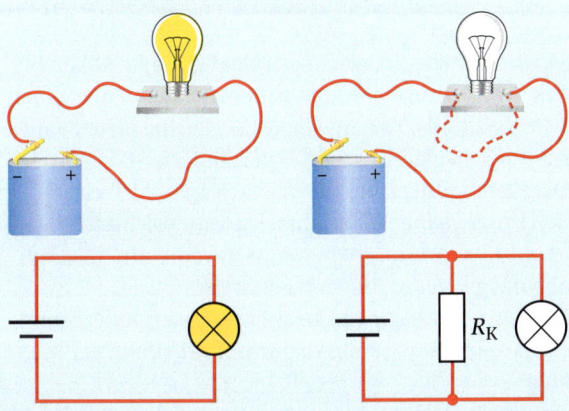

Der Widerstand des zusätzlichen Kurzschlusskabels R_K ist im Vergleich zum Widerstand der Glühlampe R_G sehr klein. Erinnere dich an die Merkregeln für Parallelschaltungen: Die Stromstärke im kleinsten Widerstand ist am größten und der Gesamtwiderstand der Parallelschaltung ist kleiner, als jeder einzelne Widerstand. Beim Kurzschluss ist daher die Stromstärke in der Glühlampe sehr klein im Vergleich zur Stromstärke im Kurzschlusskabel, die Gesamtstromstärke ist dagegen sehr groß.

Man sieht hier übrigens auch, dass das Sprichwort „der elektrische Strom nimmt immer den kürzesten Weg" nicht richtig ist. Es kommt auf die Widerstandswerte an und nicht auf die Länge der Kabel!

Ein Kurzschluss kann sehr gefährlich werden. Wegen der großen Stromstärken kommt es oft zu starken Erwärmungen und manchmal sogar Bränden. Wie man sich davor schützt, erfährst du im Abschnitt über Sicherheitsmaßnahmen (→ S. xxx – xxx).

D. Exotische Widerstände

Am Beispiel der Kennlinien unterschiedlicher Bauteile und an der Untersuchung von Metalldrähten bei unterschiedlichen Temperaturen hast du gesehen: Der Wert des elektrischen Widerstands ist nur in Spezialfällen konstant und ändert sich zum Beispiel eben auch mit der Temperatur. Eine Ausnahme ist z.B. Konstantandraht. Sein Widerstandswert ändert sich bei Temperaturänderungen fast nicht.

Es gibt andere elektrische Bauteile, deren Widerstandswert besonders empfindlich von der Temperatur abhängt. Das sind sogenannte **Kaltleiter** und **Heißleiter**.

Die Bezeichnung dieser Bauteile weist auf ihre Eigenschaften hin: Ein Kaltleiter leitet den elektrischen Strom bei niedrigen Temperaturen besser als bei hohen Temperaturen. Der Kaltleiter als Widerstand betrachtet, besitzt also einen kleinen Widerstandswert bei niedrigen Temperaturen und einen großen Widerstandswert bei hohen Temperaturen.

Bei einem Heißleiter ist es genau umgekehrt. Bei höheren Temperaturen stellt sich eine größere Stromstärke ein. Der Widerstandswert des Heißleiters sinkt also mit zunehmender Temperatur.

Eine praktische Anwendung dieser Widerstände ist die Temperaturmessung mit sogenannten Widerstandsthermometern. Manchmal ist eine Messung nicht nötig und es reicht die Überwachung der Temperatur aus – zum Beispiel mit einer Schaltung aus Batterie, Heißleiter und Lampe

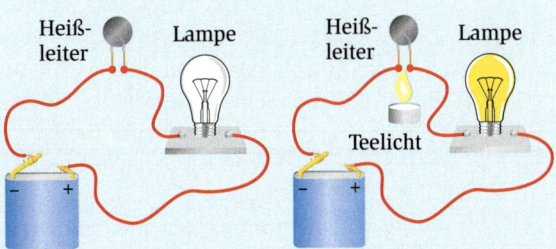

Die Lampe leuchtet nicht, wenn der Heißleiter Zimmertemperatur besitzt. Wird der Heißleiter vorsichtig (und nur für kurze Zeit) erwärmt oder steigt die Temperatur im Inneren eines elektrischen Gerätes stark an, sinkt sein Widerstand und damit der Gesamtwiderstand der Schaltung. Die Stromstärke steigt entsprechend an und daher leuchtet die Lampe.

Interessantes

Gefahren durch den elektrischen Strom

Zwei Arbeiter sterben durch Stromschlag

Bahnhof Nordstadt: Gegen 15 Uhr hatten ein 45-Jähriger und sein 21 Jahre alter Kollege auf dem Bahnsteig eine Leiter an die Fassade gestellt, um die Glasbausteine besser säubern zu können. Plötzlich kippte die Metallleiter nach hinten und kam mit der 15000-Volt–Hochspannungsleitung der Bahn in Kontakt. Die beiden Arbeiter erlitten vor den Augen zahlreicher Fahrgäste [...] die tödlichen Stromschläge und verbrannten. Einige der Augenzeugen wollten den Verunglückten zu Hilfe eilen, wurden aber zum Glück von einem anderen Fahrgast davon abgehalten. Die Helfer hätten sich beim Kontakt mit den Verletzten ebenfalls schwere Verletzungen zuziehen können.

B1 Notiz in einer Tageszeitung aus dem Jahr 2012

Der menschliche Körper ist ein Leiter. Je nach Stromstärke, der Einwirkungsdauer des Stromes und des Weges, den die Ladungen durch den Körper nehmen, können ernste gesundheitliche Schäden auftreten:
- Verkrampfungen von Muskeln,
- Verbrennungen bei Hochspannung → **B1** oder
- Herzflimmern und Herzstillstand.

Die Stromstärke hängt auch hier von der anliegenden Spannung und dem Widerstand ab. Dieser setzt sich aus dem **Körperwiderstand** (ca. 1,2 kΩ, abhängig vom Weg der Ladungen durch den Körper) und dem Übergangswiderstand zusammen.

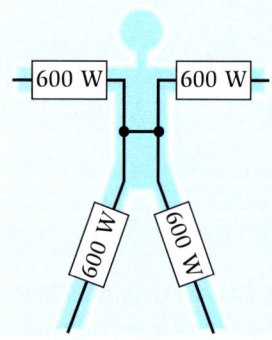

Dabei spielt die Größe der Berührungsfläche von Haut und Leiter ebenso eine Rolle wie der Feuchtigkeitsgrad der Haut. Man hat herausgefunden, dass die Stromstärke durch den menschlichen Körper ungefährlich bleibt, wenn die Spannung 24 V nicht überschreitet.

Deshalb darfst du nie mit der Steckdose als Spannungsquelle arbeiten.
Ungefährlich sind Experimente mit einzelnen Taschenlampenbatterien und Netzgeräten bis 24 V.

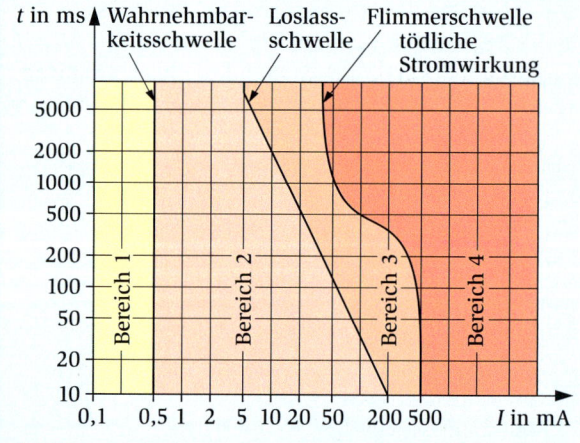

B2 Gefährdung durch elektrischen Strom

→ **B2** zeigt die Schwere der Schädigung in Abhängigkeit von Stromstärke und Einwirkungsdauer eines Wechselstroms. Beachte die nicht gleichmäßige Skalierung der beiden Achsen! Man kann vier Bereiche im Diagramm unterscheiden:

Bereich 1: keine Wahrnehmung von Wechselströmen unter 0,5 mA (Wahrnehmungsschwelle) und zwar unabhängig von der Einwirkungsdauer

Bereich 2: spürbares Kribbeln und bei steigender Stromstärke oder Einwirkungsdauer Verkrampfung der Muskeln

Bereich 3: starke Krämpfe der Muskulatur; der Strom führende Leiter kann nicht mehr losgelassen werden (Loslassschwelle).

Bereich 4: tödliche Stromwirkung durch Herzflimmern; nicht ausreichende Durchblutung von Gehirn und Lunge, Bewusstlosigkeit.

Dem Diagramm kannst du entnehmen, dass bei ca. 40 mA bereits die Flimmerschwelle erreicht ist und 50 mA bei einer Einwirkungsdauer von nur 1 s tödlich sein können.

Hilfeleistungen bei einem Elektrounfall:

1 Sicherung des Verletzten und Eigensicherung beachten: Erst dem Verletzten helfen, wenn keine Ladungen mehr fliessen können → **B1**. Bei Hochspannung muss dies eine Elektrofachkraft machen.

2 Die Notfallkette (Rettungsdienst, Feuerwehr) über die Notfallnummer 112 aktivieren.

3 Lebensrettende Sofortmaßnahmen einleiten: stabile Seitenlage, Beatmung und Herzmassage bei Bewusstlosigkeit und Atemstillstand.

A. Schutzleiter in elektrischen Geräten

Ein elektrisches Gerät wird in der Regel mit drei Kabeln an das Haushaltsnetz angeschlossen: einem sogenannten **Außenleiter** (Polleiter, Leiter, Phase), der in der Regel stromleitend ist und mit **L** bezeichnet wird, einem **Neutralleiter N** (Nullleiter) und einem **Schutzleiter PE** (PE für protective earth).

Die Kabel sind über einen Farbcode unterscheidbar:

L : schwarz (braun, grau)

N : blau

PE: gelb-grün.

Im Zweifelsfall, bei zum Beispiel veralteter Haustechnik, sollte man stets nachprüfen lassen, wie und welche Kabel verlegt wurden!

Der Schutzleiter PE ist ein zusätzliches Kabel, welches in den bisherigen Versuchen mit ungefährlichen Spannungen und Stromstärken noch nicht verwendet wurde. Die besondere Schutzfunktion des Schutzleiters lässt sich an einem Bügeleisen einsehen.

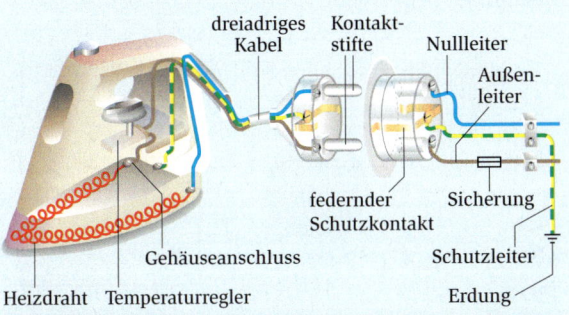

dreiadriges Kabel · Kontaktstifte · Nullleiter · Außenleiter · federnder Schutzkontakt · Sicherung · Gehäuseanschluss · Schutzleiter · Heizdraht · Temperaturregler · Erdung

Der Schutzleiter verbindet das Metallgehäuse des Bügeleisens über die gelb gezeichneten Schutzkontakte im Schukostecker mit der Erdung am Hausanschluss. Im normalen Betrieb des Bügeleisens führt der Schutzleiter keinen elektrischen Strom. Die Zuleitungen zur Energieversorgung sind nur der L- und der N-Leiter. Bei einem Defekt besitzt der L-Leiter elektrischen Kontakt mit dem Metallgehäuse. Über Gehäuse, Schutzleiter, Erde entsteht ein Kurzschluss zum Neutralleiter. Aufgrund der kleinen Widerstandswerte der beteiligten Leiter ist die Stromstärke so groß, dass die Sicherung im Außenleiterstrang ausgelöst wird.

Ohne Schutzleiter bestünde eine Spannung zwischen Metallgehäuse und Erdboden. Ein Mensch, der nun das defekte Gerät berühren würde, hätte einen zu großen Körperwiderstand, um die Sicherung auszulösen. Die Stromstärke wäre aber groß genug, um für den Menschen tödlich zu sein.

Gefahr: Verwechselt ein unwissender Bastler bei der Montage eines neuen Schukosteckers den Schutz- mit dem Außenleiter, dann besteht zwischen Gehäuse und Erde die Netzspannung 230 V!

Besonderheit: Bei vielen Küchenmaschinen und anderen Haushaltsgeräten sowie vielen Lampen fehlt der Schutzleiter PE. Diese Geräte besitzen *zweiadrige* Zuleitungen mit L- und N-Kabel. Hier sorgt die Gehäuseisolierung aus Kunststoff für Sicherheit. Auch die nach außen führenden Metallteile sind durch Kunststoffteile unterbrochen.

B. RCD – Residual Current Protective Device

Einen noch umfassenderen Schutz bieten RCDs, *Fehlerstrom-Schutzschalter*, die man im Alltag auch als FI-Schalter bezeichnet.

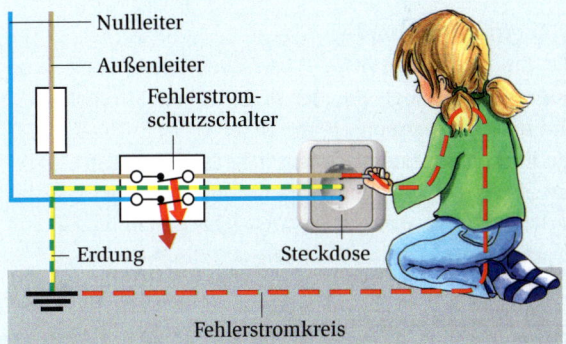

Nullleiter · Außenleiter · Fehlerstromschutzschalter · Erdung · Steckdose · Fehlerstromkreis

Sie überprüfen, ob die Stromstärken im Außenleiter und im Nullleiter gleich groß sind. Das Bild zeigt eine Situation in der ein zusätzlicher Stromkreis Steckdose-Kind-Erde entstanden ist (Szene nicht nachstellen). Der Unterschied der Stromstärken ist daher nicht mehr null. Bei 30 mA „Fehlerstrom" wird der Stromkreis innerhalb von 0,03 s vom Netz getrennt. Dank des schnellen Abschaltens ist das Kind außer Gefahr. Der Schutzleiter hätte in diesem Fall nicht schützen können.

C. Sicherheitsvorrichtungen im Alltag

Kindersicherungen in Steckdosen verhindern, dass Kinder mit Nägeln oder anderen leitenden Gegenständen den spannungsführenden Pol berühren können.

Pilzdrucktasten („Not-Aus") wie in deinem Physikraum trennen sofort alle Steckdosen vom Netz. Bei einem Stromschlag kannst du mit ihnen Menschenleben retten.

Das ist wichtig

1. Im Stromkreis ist Energie im Spiel

Mithilfe eines Stromkreises wird Energie von der Stromquelle zum angeschlossenen Gerät übertragen. Der Stromkreis stellt für die Energie eine **Einbahnstraße** dar. Die Elektronen fließen dagegen im Kreis. Wird der Elektronenstromkreis unterbrochen, z.B. durch einen Schalter, hört auch der Energiestrom auf.

2. Die elektrische Spannung

Im Inneren von Spannungsquellen werden Elektronen unter Aufwand von Energie vom Pluspol zum Minuspol gepumpt. Dadurch entsteht zwischen den Anschlüssen der Quelle eine **Spannung** U. Je mehr Energie dabei – berechnet je Elektron – aufgewendet wird, desto größer ist die Spannung. Die Einheit der Spannung ist 1 V (Volt). Die Spannung ist auch messbar, wenn keine elektrische Ladung fließt.

3. Energiestromstärke

Die **Energiestromstärke** P zwischen einer Quelle und einem Gerät hängt von der elektrischen Stromstärke I und von der Spannung U ab: $P = U \cdot I$
Die Einheit der Energiestromstärke ist 1 W (Watt).
Auf vielen elektrischen Geräten ist die zum Betrieb erforderliche Energiestromstärke angegeben. Man bezeichnet sie als die **elektrische Leistung** des Gerätes.

4. Elektrische Energie

Betreibt man ein Gerät mit der Leistung P für die Zeitdauer t, so ist die im Gerät gewandelte Energie:
$$W = P \cdot t.$$

Die Einheit der elektrischen Energie ist 1 J. Oft wird auch die Einheit kWh (Kilowattstunde) verwendet. Es gilt:
1 kWh = 3 600 000 J.

Kennt man die Spannung U und die Stromstärke I, mit der das Gerät während der Zeitdauer t betrieben wird, so lässt sich die elektrische Energie W berechnen:
$$W = U \cdot I \cdot t.$$

5. Der elektrische Widerstand

Der **elektrische Widerstand** R ist definiert als Quotient aus Spannung und Stromstärke:
$$R = \frac{U}{I}; \text{ Einheit } 1\,\frac{V}{A} = 1\,\Omega \text{ (Ohm)}.$$

Liegt an einem Leiter die Spannung U an, so bestimmt R die Stärke des elektrischen Stroms I:
$$I = \frac{U}{R}.$$

Ist der elektrische Widerstand eines Leiters konstant, so gilt für den Leiter das **ohmsche Gesetz**: $I \sim U$.

Das hilft bei der Verständigung

Kommunizieren

Du unterscheidest bei der Beschreibung von elektrischen Stromkreisen zwischen Elektronenbewegung und Energieübertragung.

Du unterscheidest sorgfältig zwischen den physikalischen Größen Spannung und Stromstärke sowie zwischen den Größen Energie und Energiestromstärke.

Dokumentieren

Du kannst zur Darstellung von Messwerten geeignete Tabellen und Diagramme anfertigen:

U in V	0	2	4	6	8
I_1 in A	0	0,06	0,12	0,18	0,24
I_2 in A	0	0,004	0,008	0,012	0,016

Du bist in der Lage, Stromkreise in Form von Skizzen zu beschreiben und kennst auch Darstellungsformen, die gleichzeitig sowohl Schaltskizzen wie auch Energiebetrachtungen enthalten.

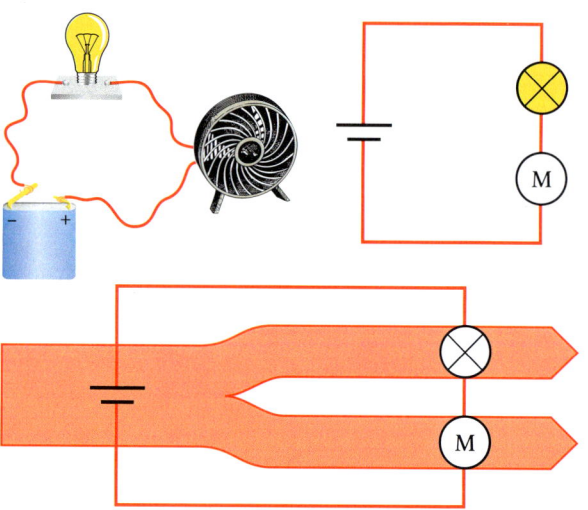

Bewerten

Du kennst die Gefahren des elektrischen Stroms und geeignete Schutzmaßnahmen wie den Schutzleiter oder den RCD (Fehlerstrom-Schutzeinrichtung).

Insbesondere experimentierst du nur mit Quellen einer Spannung von höchstens 24 V.

Du kennst die Unterschiede zwischen Reihen- und Parallelschaltung von Geräten und dir ist die Zweckmäßigkeit der elektrischen Schaltungen im Haushalt bekannt.

Das Vorgehen hat sich in der Physik bewährt

Physikalisch argumentieren

Du unterscheidest zwischen der *physikalischen Größe* **elektrischer Widerstand**, dem *Bauteil* **Widerstand** und dem **Widerstandswert** eines Leiters.

Du unterscheidest zwischen **verzweigten** und **unverzweigten Stromkreisen** und kannst mit Teilspannungen über einzelnen Widerständen und Stromstärken in einzelnen Zweigen einer Schaltung argumentieren.
Du weißt, dass in Reihen- und in Parallelschaltungen stets gilt: Die Gesamtenergiestromstärke ist die Summe der Energiestromstärken zu den einzelnen Geräten.

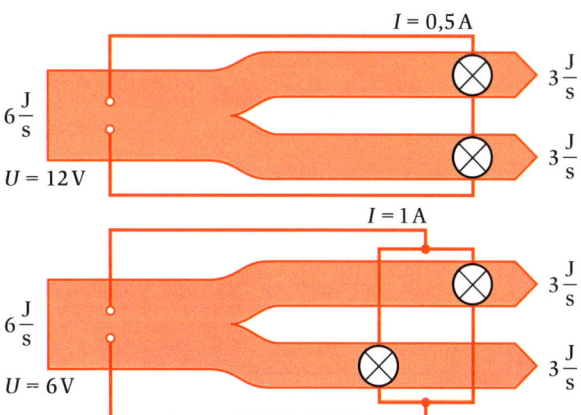

Verzweigter und unverzweigter Stromkreis mit eingezeichneten Energiestromstärken

Planen, experimentieren, auswerten

Du kannst Spannungen über Quellen und Geräten (wie Glühlampen) mit **Voltmetern** und Stromstärken in Schaltungen mit **Amperemetern** bestimmen.
Aus deinen Messwerten kannst du zum Beispiel Energiestromstärken berechnen.
Durch gleichzeitige Messung von Stromstärke und Spannung kannst du **Kennlinien** von Leitern aufnehmen.
Aus einer Kennlinie eines Leiters kannst du zu einer gegebenen Spannung die Stromstärke ablesen.

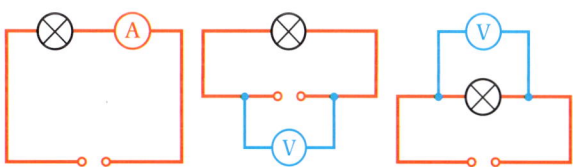

Messung von Stromstärke im Kreis und Spannung über Quelle und Gerät

Mathematisieren

Du kannst Messwerte in geeigneten Diagrammen darstellen und Daten aus Graphen und Tabellen entnehmen.
Du weißt, dass eine **lineare Kennlinie** ein Kennzeichen eines elektrischen Widerstandes ist, für den das **ohmsche Gesetz** ($I \sim U$) gilt. Den konstanten **Widerstandswert** bestimmst du aus der Steigung der U-I-Kennlinie oder aus dem Verhältnis zugehöriger Spannungs- und Stromstärkewerte.

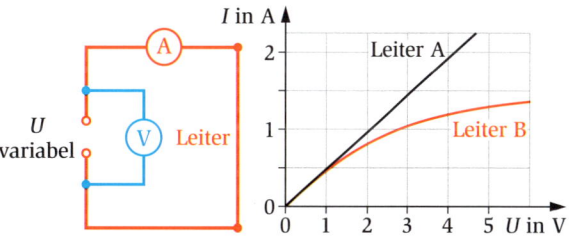

Aufnahme und Auswertung einer Kennlinie

Mit Modellen arbeiten

Mit einem einfachen **Modell der elektrischen Leitung** kannst du erklären, warum ein metallischer Leiter einen elektrischen Widerstand besitzt.

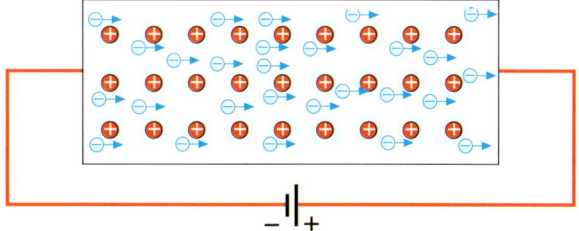

Einfaches Modell der elektrischen Leitung: Leitungselektronen und Rumpfatome

Probleme lösen

Du kannst den **Ersatzwiderstand** von in Reihe und parallel geschalteten Widerständen berechnen.

Mithilfe der **kirchhoffschen Regeln** (**Knotenregel** und **Maschenregel**) bestimmst du Stromstärken, Teilspannungen oder Ersatzwiderstände in Widerstandsnetzwerken.

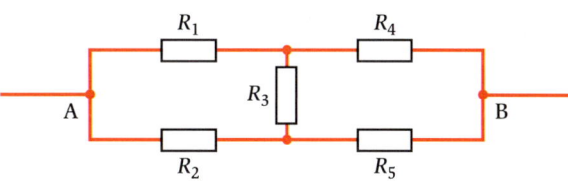

Netzwerk aus Widerständen

Kennst du dich aus?

A1 Die Zeitung schreibt „Strom wird teurer". Wie schreibst du die gleiche Nachricht physikalisch korrekt?

Übersicht

Strom wird teurer

Millionen Haushalte in Deutschland müssen sich auf steigende Strompreise einstellen. Bundesweit will mehr als ein Drittel der ~~anbieter zum Anfang des~~

A2 Während du diesen Satz liest, hat die 60-W-Glühlampe über deinem Schreibtisch etwa 100 J Energie gewandelt. Beschreibe mögliche Wege, die diese Energieportion auf dem Weg zu dir genommen hat.

A3 Petra behauptet: „Ein Stromstärkemessgerät misst nur den Strom im Messgerät. Über den Strom in der Lampe kann man gar nichts wissen." Nimm begründet Stellung.

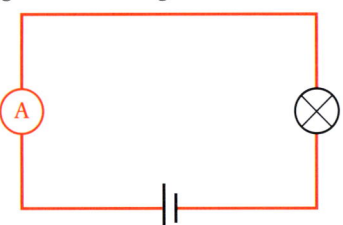

A4 Die Buchstaben A bis F bezeichnen im Schaltbild Punkte, an denen eines der beiden Messkabel des Voltmeters eingesteckt werden kann. Schreibe in Tabellenform alle Möglichkeiten, die Spannung zwischen zwei Punkten zu messen. Notiere die dabei erwarteten Spannungswerte.

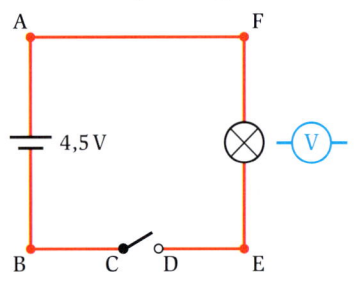

A5 Aus Ladenpreis, Nennspannung und Kapazität (Ah) für eine Batterie kannst du berechnen, wie teuer 1 kWh der mit der Batterie gekauften Energie ist. Vergleiche mit den Kosten für elektrische Energie im Haushalt.

A6 Die Lampen im Experiment mit diesem Schaltbild sind gleich. Ermittle die Stromstärken I_1, I_2, I_3 in den Zweigen. Erläutere und begründe den Lösungsweg.

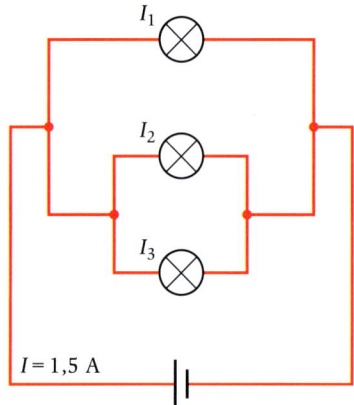

A7 Im abgebildeten Stromkreis beträgt die Stromstärke 0,1 A. Mache begründete Voraussagen für die Lampenhelligkeit bei folgenden Veränderungen der Widerstände:
a) Der Widerstand R_1 wird verdoppelt.
b) Der Widerstand R_2 wird verdoppelt.
c) Der Widerstand R_1 wird verdoppelt und der Widerstand R_2 wird entfernt.
d) Beide Widerstände werden entfernt.

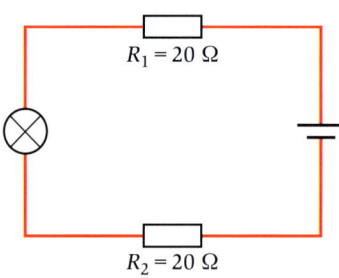

A8 Zwei Glühlampen unterscheiden sich durch nichts außer durch die Dicke des in der Wendel aufgewickelten Drahtes. Vergleiche sie nach Widerstand, Helligkeit und Leistung.

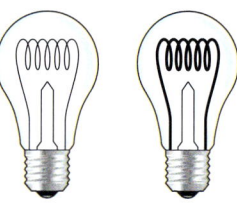

A9 Drei Widerstände sind wie in der folgenden Abbildung geschaltet:
a) Nimm Werte für die Widerstände R_1, R_2, R_3 an und ordne die elektrischen Ströme durch die drei Widerstände nach ihrer Größe.
b) Stelle möglichst allgemein dar, wie die Reihenfolge der Stromstärken von den gewählten Widerstandswerten abhängt.

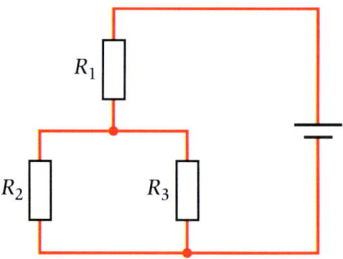

A10 Jemand sagt: „In den USA müsste dieser 500-W-Haartrockner eigentlich billiger zu betreiben sein. Denn dort ist die Netzspannung 115 V". Überlege dir eine physikalisch richtige Antwort auf diesen wirren Gedanken.

A11 Mit dem Begriff Ökostrom wird elektrische Energie bezeichnet, die auf ökologisch vertretbare Weise aus erneuerbaren Energiequellen hergestellt wird. Was erwartet ein „Stromkunde", wenn er einen Vertrag zur Lieferung von Ökostrom abschließt?

A12 Vor schwarzem Hintergrund ist ein 25 cm langer Eisendraht ausgespannt (Durchmesser 0,22 mm). Eine regelbare Spannungsquelle ist angeschlossen, die Spannung ist so eingestellt, dass der Draht dunkelrot glüht. Jetzt kühlt man das mittlere Drittel des Drahtes mit einem Haartrockner (ohne Heizung).
a) Beschreibe und begründe die zu erwartenden Beobachtungen.
b) Erläutere, was sich ändern würde, wenn man das mittlere Drittel mit einem Bunsenbrenner vorsichtig erhitzte.

A13 Aus dem Internet-Chat: *„Weiß jemand, wie man diese Aufgabe löst: Konstruieren Sie einen international benutzbaren Haartrockner mit 1000 W Heizleistung. Er soll zwischen 115 V Netzspannung in USA und 230 V Netzspannung hierzulande umschaltbar sein, indem man zwei Heizdrähte (Widerstand jeweils R) unterschiedlich schaltet. Wie groß muss man R wählen? Wie ist die Schaltung für 115 V und 230 V?"*

Antwort: *„Probier mal, ob du die beiden Drähte wahlweise parallel (für USA) oder in Reihe (Rest der Welt) schalten kannst. Die Heizdrähte (wie auch immer sie gerade geschaltet sind) kommen sozusagen als Vorschaltwiderstände an den Motor des Haartrockners."*

Übersetze den Lösungsvorschlag in ein Schaltbild und beurteile ihn.

A14 **Aufgabe mit Hilfen → www**
Ein Elektrogrill hat einen Widerstand von $R_G = 30\,\Omega$. Er wird **a)** direkt und **b)** über ein 50 m langes Elektrokabel aus zwei Zuleitungen an das Haushaltsnetz angeschlossen. Jede Zuleitung hat einen Widerstand von $R_K = 2\,\Omega$.

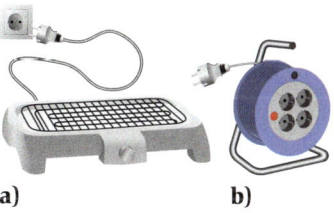

a)   **b)**

Berechne für beide Fälle die Leistung des Elektrogrills. Diskutiere was sich für das Grillen ändert, wenn man das lange Elektrokabel verwendet.

Projekt

Standlicht mit Energiespeicher

Was macht man abends, wenn man mit dem Fahrrad an einer Kreuzung halten muss und der Dynamo keine Energie liefert? Für diesen Fall gibt es Rücklichter mit Standlicht. Sie besitzen eine Leuchtdiode, die ihre Energie aus einem Speicher für elektrische Energie bezieht, sobald das Fahrrad steht.

Wir ahmen diese Schaltung nach. In dieser Form reicht sie für den Straßenverkehr aber noch nicht aus! Als Energiespeicher wählen wir ein besonderes Bauteil, einen Kondensator, z. B. einen „Gold-Cap®". Eine Quelle mit einer Spannung von maximal 5,5 V führt ihm Energie zu. Das macht während der Fahrt normalerweise der Dynamo.

Steht das Fahrrad, nutzt man die im Kondensator gespeicherte elektrische Energie zum Betrieb der Beleuchtung. Der Kondensator hat damit für eine kurze Zeit die Funktion einer Batterie.

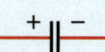

Schaltsymbol Kondensator

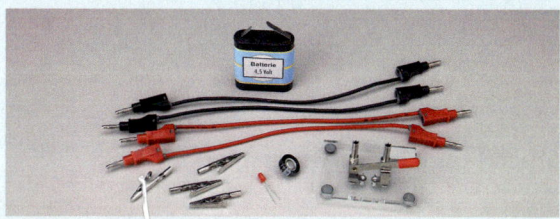

Arbeitsaufträge:

1 Besorge dir – zum Beispiel mithilfe deiner Lehrkraft – eine 4,5-V-Flachbatterie, Krokodilklemmen, eine Leuchtdiode, einen Kondensator (Gold-Cap® oder vergleichbar), einige Kabel und einen Schalter.

2 Recherchiere, welchen Vorwiderstand du zum Schutz der Leuchtdiode benötigst und welchen zum Schutz des Kondensators beim Laden. Erbitte die Widerstände von deiner Lehrerin bzw. deinem Lehrer.

3 Konstruiere aus den genannten (und nur aus diesen) Bauteilen eine Schaltung, in der die Leuchtdiode leuchtet,
• wenn die Batterie zum Betrieb genutzt wird,
• wenn die Batterie über einen Schalter „ausgeschaltet" wird, d. h. nicht zum Betrieb der Leuchtdiode genutzt wird. Zeichne das Schaltbild auf.

4 Untersuche, wie lange die Leuchtdiode leuchtet, wenn sie nur von dem Kondensator betrieben wird.

Energieeinheiten

	J	kWh	cal*	eV
1 J	1	$2,7777 \cdot 10^{-7}$	0,23884	$0,6242 \cdot 10^{19}$
1 kWh	$3,6000 \cdot 10^6$	1	$0,8598 \quad \cdot 10^6$	$2,247 \quad \cdot 10^{25}$
1 cal*	4,1868	$1,1630 \cdot 10^{-6}$	1	$2,613 \quad \cdot 10^{19}$
1 eV	$1,602 \quad \cdot 10^{-19}$	$4,45 \quad \cdot 10^{-26}$	$3,826 \quad \cdot 10^{-20}$	1

1 J (Joule) = 1 Nm (Newtonmeter); 1 kWh = 1000 W $\cdot$ 1 h = 3,6 = 10^6 Joule.

1 eV (Elektronvolt) ist die Energie, die ein Teilchen mit der Elementarladung $e = 1,6 \cdot 10^{-19}$ C beim Durchlaufen der Spannung 1 Volt aufnimmt.

Massen, Längen und Zeiten

Massen (in kg)	
Weltall	$\sim 10^{50}$
Sonne	$1,99 \cdot 10^{30}$
Erde	$5,98 \cdot 10^{24}$
Mond	$7,3 \cdot 10^{22}$
Lufthülle der Erde	$2 \cdot 10^{18}$
Cheopspyramide	$6 \cdot 10^9$
Mensch	$7 \cdot 10^1$
1 l Wasser	1
Fliege	$\sim 10^{-3}$
Staubkorn	$\sim 10^{-10}$
Uranatom	$4 \cdot 10^{-25}$
Elektron	$9,1 \cdot 10^{-31}$

Längen und Ausdehnungen (in m)	
Weltall (Ø)	$\sim 10^{26}$
1 Lichtjahr (Lj)	$9,46 \cdot 10^{15}$
nächster Fixstern (Proxima Centauri)	4,24 Lj
1 Astron. Einheit (AE)	$1,496 \cdot 10^{11}$
Entfernung Sonne – Erde	1 AE
Sonne (Ø)	$13,9 \cdot 10^8$
Erde (Ø)	$1,28 \cdot 10^7$
Berlin (Ø)	$\sim 10^5$
Mensch	1,75
Bakterien	$\sim 10^{-6}$
Atome	$\sim 10^{-10}$
Atomkern	$\sim 10^{-14}$
Elektron	$5,6 \cdot 10^{-15}$

Zeiten (1 a = 1 Jahr)	
Weltalter	10^{10} a
Erdalter	$5 \cdot 10^9$ a
Halbwertszeit von Uran	$5 \cdot 10^9$ a
Erdkruste	$3 \cdot 10^9$ a
Paläozoikum vor	$2 \cdot 10^9$ a
Mesozoikum vor	$5 \cdot 10^8$ a
Spuren des ersten Menschen vor	$6 \cdot 10^5$ a
Neandertaler vor	$2 \cdot 10^5$ a
Bronzezeit vor	$5 \cdot 10^3$ a
Lichtlaufzeit Sonne – Erde	500 s
Pulsschlag des Menschen	~ 1 s

Farbcode auf Schichtwiderständen

	schwarz	braun	rot	orange	gelb	grün	blau	violett	grau	weiß	gold	silber
1. Ring	0	1	2	3	4	5	6	7	8	9		
2. Ring	0	1	2	3	4	5	6	7	8	9		
3. Ring		0	00	000	0000	00000	usw.				:10	:100
4. Ring		± 1 %	± 2 %								± 5 %	± 10 %

Spezifischer Widerstand bei 18 °C

Stoff	$\Omega \frac{mm^2}{m}$
Silber	0,016
Kupfer	0,017
Gold	0,023
Aluminium	0,028
Wolfram	0,049
Nickel	0,07
Eisen	0,1 … 0,5
Konstantan	0,5

Stoff	$\Omega \frac{mm^2}{m}$
Kohle	50 … 100
Germanium	900
Selicium	1200
Meerwasser	200 000
dest. Wasser	10^{10}
Schiefer	10^{12}
Marmor	$10^{13} … 10^{14}$
Pressspan	10^{14}

Stoff	$\Omega \frac{mm^2}{m}$
Polystrol	$5 \cdot 10^{18}$
Glas	$10^{16} … 10^{19}$
Porzellan	$10^{19} … 10^{20}$
Glimmer	$10^{19} … 10^{21}$
Hartgummi	$10^{19} … 10^{21}$
Paraffin	$10^{20} … 10^{22}$
Siegellack	10^{22}
Bernstein	$> 10^{22}$

Eigenschaften von Festkörpern, Flüssigkeiten und Gasen

Feste Körper	Dichte in $\frac{g}{cm^3}$	Längenaus- dehnungszahl in $\frac{mm}{m \cdot K}$	Spezifische Wärme in $\frac{kJ}{kg \cdot K}$	Schmelzpunkt in °C	Spezifische Schmelzwärme in $\frac{kJ}{kg}$
Aluminium	2,70	$2,4 \cdot 10^{-2}$	0,9	660	397
Blei	11,34	$3,1 \cdot 10^{-2}$	0,13	327	23
Eis (-4 °C)	0,92	$3,7 \cdot 10^{-2}$	0,24	0	334
Eisen (rein)	7,86	$1,2 \cdot 10^{-2}$	0,45	1535	277
Jenaer Glas	2,5	$0,8 \cdot 10^{-2}$	0,78	–	–
Gold	19,3	$1,4 \cdot 10^{-2}$	0,13	1063	64
Kupfer	8,93	$1,7 \cdot 10^{-2}$	0,38	1083	205
Magnesium	1,74	$2,6 \cdot 10^{-2}$	1,02	650	370
Messing (62 % Cu, 38 % Zn)	~8,3	$1,8 \cdot 10^{-2}$	0,38	~920	–
Natrium	0,97	$7,1 \cdot 10^{-2}$	1,22	97,8	113
Platin	21,4	$0,9 \cdot 10^{-2}$	0,13	1769	111
Silber	10,51	$2,0 \cdot 10^{-2}$	0,24	960,5	105
Wolfram	19,3	$0,4 \cdot 10^{-2}$	0,13	3380	191
Zink	7,14	$2,6 \cdot 10^{-2}$	0,39	419,5	109

Die Längenausdehnungszahl gibt die Längenzunahme ΔL (in mm) eines 1 m langen Stabes bei 1 K Temperatur-zunahme an.

Flüssigkeiten	Dichte bei 18 °C in $\frac{g}{cm^3}$	Raumaus- dehnungszahl in $\frac{dm^3}{m^3 \cdot K}$	Spezifische Wärme in $\frac{kJ}{kg \cdot K}$	Siedepunkt bei 1,013 bar in °C	Verdampfungs- wärme in $\frac{kJ}{kg}$
Benzol	0,879	1,2	1,73	80,1	394
Diethylether	0,716	1,6	2,31	34,5	384
Ethanol (Alkohol)	0,791	1,1	2,43	78,3	840
Glycerin	1,260	0,5	2,39	290,5	–
Petroleum	0,85	1,0	2,1	150–300	–
Quecksilber	13,55	0,2	0,14	357	285
Wasser	0,9986	~0,2	4,19	100	2256

Die Raumausdehnungszahl gibt die Volumenzunahme ΔV (in dm³) von 1 m³ bei 1 K Temperaturzunahme an.

Gase	Dichte bei 0 °C und 1,013 bar in $\frac{g}{dm^3}$	Dichte als Flüssigkeit in $\frac{g}{cm^3}$	Spezifische Wärme in $\frac{kJ}{kg \cdot K}$	Schmelzpunkt in °C	Siedepunkt bei 1,013 bar in °C
Ammoniak	0,771	0,68	2,16	−77,7	−33,4
Helium	0,179	0,13	5,23	−272	−269
Kohlenstoffdioxid	1,98	–	0,84	–	−78,5
Luft	1,293	–	1,01	−213	−191
Sauerstoff	1,43	1,13	0,92	−219	−183
Stickstoff	1,25	0,81	1,04	−210	−196
Wasserdampf (100 °C; 1,013 bar)	0,6	0,96	1,95	–	–
Wasserstoff	0,0899	0,07	14,32	−259	−253

I

Influenz 103, 108 f.
innere Energie 12, 37

K

Kaltleiter 145
Kennlinien 134, 149
Kilowattstunde 131
Kindersicherungen 147
kirchhoffsche Regeln 149
Knautschzone 88
Knotenregel 142, 149
Körperwiderstand 146
Kraft 69, 77, 92
Kräftegleichgewicht 76
Kraftmesser 68
Kraftvektor 69
Kurzschluss 145

L

Ladungserhaltungssatz 142
Ladungspumpe 101
lineare Kennlinie 149

M

Maschenregel 142, 149
Masse 72, 86, 92

N

negativ geladener Körper 102
neutralisierte Ladungen 103
Neutralleiter 147
Newton 68

O

ohmsche Gesetz 134, 148 f.
Ortsachse 59
Ortsfaktor 74

P

Pfeil 69
Pilzdrucktasten 147
positiv geladener Körper 102
Prinzip der Kraftmessung 67
Proportionalität 82

R

reactio 80
Resultierende 77

S

Schutzleiter 147
Schwerkraft 70 f.
Schwersein 86
skalare Größen 69
Spannung 148
spezifischer Widerstand 137
Steigung 61 f.
Stoffwechselprozess 25
Stromstärke 134
Stromstärkemesser 113
Supraleitung 143

T

Teilchenbewegung 37
Teilchenmodell 36
Teilspannung 140
Temperaturausdehnung 34 f.
Temperaturen 27
Temperaturerhöhung 11
Thermometer 28
Trägheit 84, 86, 92
t-v-Diagramm 63

U

U-I-Diagramm 134
unverzweigter Stromkreis 140, 149
Urkilogramm 73

V

Vektor 69
Vektorparallelogramm 79
verzweigter Stromkreis 138, 149
Volt 127
Voltmeter 128, 149
Vorwiderstand 144

W

Wasserstromstärke 112
Watt 130
Wechselwirkungskräfte 80
Widerstandswert 149
Wirkung der Kraft 66

Z

Zeit-Ort-Diagramm 59

Umschlag: photocase.com, Berlin (***DJ***); 3.1, 8.1: fotolia.com, New York (danimages); 4.1, 56.1: fotolia.com, New York (Angelika Bentin); 5.1, 96.1, 7.1: Michael Fabian, Hannover; 10.1: iStockphoto.com, Calgary (LianeM); 10.2 + 4: iStockphoto.com, Calgary (MichaelUtech); 10.3: iStockphoto.com, Calgary (stephenmeese); 10.5: Panthermedia.net, München (dennisvdwater); 10.6: iStockphoto.com, Calgary (mitifo); 10.7: wikipedia.org (Arnold Plesse/CC-Lizenz CC BY-SA 3.0 DE (http://de.wikipedia.org/wiki/Datei:Treidel-schiff_papenburg.jpg)); 10.8: SPILETT new technologies, Berlin (Nadine Hölzinger); 11.B2: BilderBox, Breitbrunn/Hörsching; 12.B1: Shutterstock.com, New York (LoloStock); 12.V1a + b, 37.V2a-b: Hans Tegen, Hambühren; 13.1: Michael Fabian, Hannover; 13.2: Getty Images, München (Clive Streeter); 13.B2: iStockphoto.com, Calgary (Massonstock); 14.B1: Michael Fabian, Hannover; 16.B1: Dipl.-Ing. Jochen Peschel, München; 16.V1: Hans Tegen, Hambühren; 17.1: wikipedia.org; 17.A4: WAZ FotoPool, Essen (Tom Thöne); 17.A5: Michael Fabian, Hannover; 18.B1: iStockphoto.com, Calgary (Dizzo); 18.B2: iStockphoto.com, Calgary (Yuri_Arcurs); 19.A4: Michael Fabian, Hannover; 19.A5: wikimedia.commons (Hermann Luyken/gemeinfrei); 22.1: wikipedia.org (Kungfuman/CC-Lizenz CC BY-SA 3.0) (http://de.wikipedia.org/wiki/Datei:Darda_jeep.png); 22.2: Getty Images, München (Photo Researchers/Edward Kinsman); 22.3: wikimedia.commons (Pearson Scott Foresman/gemeinfrei); 26.A3: Dipl.-Ing. Hagen Marx, Andernach; 26.A4: Michael Fabian, Hannover; 26.B1a: Okapia, Frankfurt (NAS D. Guravich); 26.B1b: Werner Gartung, Neckargemünd; 27.V1: Michael Fabian, Hannover; 28.B1: Helga Lade, Frankfurt (Pictures); 28.B2a-c: Hans Tegen, Hambühren; 28.V1a-f: Michael Fabian, Hannover; 29.V2a-b: Hans Tegen, Hambühren; 30.1: wikipedia.org (Stilfehler/gemeinfrei); 30.2: Michael Fabian, Hannover; 34.1: Okapia, Frankfurt (NAS/Spencer Grant); 35.B2: Martin Kramer, Physik als Abenteuer. Aulis Verlag 2011, S. 31; 36.B1a-c, 36.B2a: Hans Tegen, Hambühren; 36.V1: Max Rubner-Institut (MRI), Bundesforschungsinstitut für Ernährung und Lebensmittel, Institut für Sicherheit und Qualität bei Milch und Fisch, Kiel; 37.B3: Daimler Chrysler AG, Stuttgart; 39.1: Arco Images, Lünen (NPL); 39.2: Premium Stock Photography, Düsseldorf (Wehrle); 39.3: Visuals Unlimited, Hollis (Gerald & Buff Corsi); 40.1: Dirk Blaß, Schmelz-Dorf; 41.1: Michael Fabian, Hannover; 42.V1a-b: ESBIT Compagnie, Hamburg; 44.1: Werner Wegner, Lehrte; 45.B1: Dr. Hagedorn, Ronnenberg; 45.V3: Michael Fabian, Hannover; 48.B1: Visum, Hamburg (Photoshot); 48.B2: fotolia.com, New York (Blaz Kure); 49.B4: iStockphoto.com, Calgary (Andrew Howe); 49.B6: mauritius images, Mittenwald (Oxford Scientific); 49.B7: picture-alliance, Frankfurt (dpa/ZB); 49.B8: argus, Hamburg (Schroeder); 49.B9: iStockphoto.com, Calgary (rotofrank); 51.B6: ddp images, Hamburg (Fraunhofer ISE/Guido Kirsch); 53.1: action press, Hamburg (Lothar Berns); 54.A10: Caro, Berlin (Preuss); 54.A14: mauritius images, Mittenwald (Andrea Marka); 54.A16: fotolia.com, New York (Art Photo Picture); 55.A17: picture-alliance, Frankfurt; 55.A19: Mekruphy, Pfaffenhofen an der Ilm; 58.1: Michael Fabian, Hannover; 58.A2: Thinkstock, Sandyford/Dublin (Dorling Kindersley); 58.A6: Michael Fabian, Hannover; 63.1: Erwin Werthebach, Siegen; 65.B1: Heinz-Werner Oberholz, Everswinkel; 66.B1a-e: Prof. Michael Vollmer, University of Applied Sciences Brandenburg, Brandenburg; 67.A4: Heinz-Werner Oberholz, Everswinkel; 68.B1: Deutsches Museum, München; 68.B3-4: Michael Fabian, Hannover; 71.1: Dr. Erwin-Klaus Haberkant, Heidelberg; 71.A5: fotolia.com, New York (LichtRaum Fotografie); 72.B2: Astrofoto, Sörth (NASA); 73.B3: Physikalisch-Technische Bundesanstalt, Braunschweig; 75.B1a-c: Michael Fabian, Hannover; 76.B1: Druwe & Polastri, Cremlingen/Weddel; 76.V1a-b, 77.A2, 78.B2a-b: Michael Fabian, Hannover; 79.A5: Thinkstock, Sandyford/Dublin (iStockphoto/Jesse Yardley); 81.B3: Reuters, Berlin (Phil Noble, China); 81.B4: Corbis, Berlin (Tetra Images); 83.1: Heinz-Werner Oberholz, Everswinkel; 86.B1a-b: Michael Fabian, Hannover; 86.V1: iStockphoto.com, Calgary (sculpies) (Monitorfoto: Dirk Wenderoth); 87.V2: Michael Fabian, Hannover; 88.1: ADAC, München (Euro NCAP); 88.2: Heinz-Werner Oberholz, Everswinkel; 89.1: Main-Post, Würzburg (Sonja Demmler); 89.2: Angelika Emmerling, Stuttgart; 90.1-3, 91.1-4: Heinz-Werner Oberholz, Everswinkel; 92.1: iStockphoto.com, Calgary (Vlad Konstantinov); 92.2: iStockphoto.com, Calgary; 92.3: picture-alliance, Frankfurt (Bildagentur online/Klein); 92.4: fotolia.com, New York (Thongsee Muellek); 93.1: elephantslackline, Dornstadt; 94.A9: Getty Images, München (Andy Lyons); 98.A2: Heinz-Werner Oberholz, Everswinkel; 98.A3: Michael Fabian, Hannover; 98.A4: Uwe Anders, Cremlingen/Destedt; 98.B1: Blickwinkel, Witten (B. Lamm); 99.B1a-b: Regina Samland, Braunschweig; 100.B1: Michael Fabian, Hannover; 101.1-2: Hans Tegen, Hambühren; 102.V1a-b: Michael Fabian, Hannover; 102.V2: Hans Tegen, Hambühren; 103.1, 103.V4: Michael Fabian, Hannover; 104.B2: picture-alliance, Frankfurt (Sven Simon); 105.B3: Hans Tegen, Hambühren; 106.B1, 106.B2a, 106.B2b: Michael Fabian, Hannover; 107.B3: Shutterstock.com, New York (Minerva Studio); 108.1: Michael Fabian, Hannover; 108.2-4, 109.1-5: Dirk Blaß, Schmelz-Dorf; 110.1-2: Bild der Wissenschaft Shop, Leinfelden; 112.B2: Dirk Blaß, Schmelz-Dorf; 112.B1a: LBME NRW, Köln; 112.B1b, 113.1-2: Dirk Blaß, Schmelz-Dorf; 113.B3, 113.V1a-b: Hans Tegen, Hambühren; 114.B1: Bernd Vorwerk, Wedel; 114.V1a-b: Dirk Blaß, Schmelz-Dorf; 115.B4: Conrad Electronic SE, Hirschau; 116.B2-3, 117.B5, 119.A5a-b: Dirk Blaß, Schmelz-Dorf; 120.1: Fotex, Hamburg (Camerique); 120.A5: Jan Bintakies, Hannover; 120.A6, 121.V1: Michael Fabian, Hannover; 122.1: Interfoto, München (Neon 2); 123.1-2: Michael Fabian, Hannover; 124.V1: Klaus Wieder, Karlsruhe; 125.B1: Hans Tegen, Hambühren; 126.V1-4, 128.B1: Michael Fabian, Hannover; 129.A1, 129.B3a: Hans Tegen, Hambühren; 129.B3a: Dirk Blaß, Schmelz-Dorf; 129.B3b: Hans Tegen, Hambühren; 129.B3b: Dirk Blaß, Schmelz-Dorf; 129.B3c: Hans Tegen, Hambühren; 129.B3d: NASA, Houston/Texas; 129.B3e: picture-alliance, Frankfurt (dpa); 130.B2: Michael Fabian, Hannover; 131.B4: Creativ Studio Heinemann, Bad Hönningen; 133.A6-7, 133.A9a-b: Michael Fabian, Hannover; 134.V1: Dirk Blaß, Schmelz-Dorf; 135.1: Deutsches Historisches Museum, Berlin; 136.V1-2: Hans Tegen, Hambühren; 143.1: Manfred Simper, Wennigsen; 144.1: Gunnar Friege, Hannover; 147.1: Dieter Jagla, Neuwied; 147.2: vario images, Bonn; 147.3: Gunnar Friege, Hannover; 151.1: Busch & Müller, Meinerzhagen; 151.2: Panasonic Industrial Europe, Hamburg; 151.3: Michael Fabian, Hannover.

Es war nicht in allen Fällen möglich, die Inhaber der Bildrechte ausfindig zu machen und um Abdruckgenehmigung zu bitten. Berechtigte Ansprüche werden selbstverständlich im Rahmen der üblichen Konditionen abgegolten.